歌人《うたびと》の中の歌人《うたびと》

奥田裕子

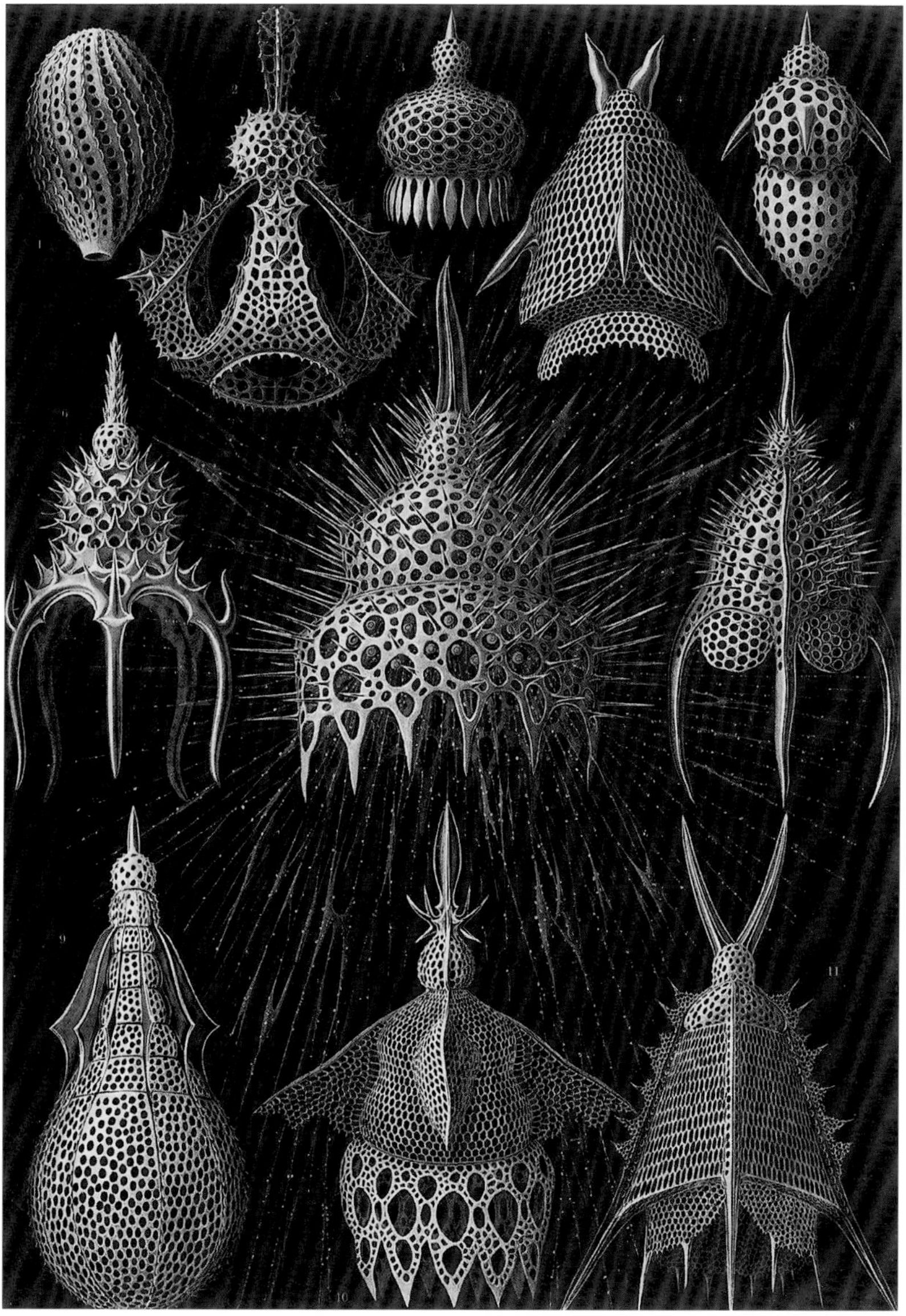

放散虫

写真二・

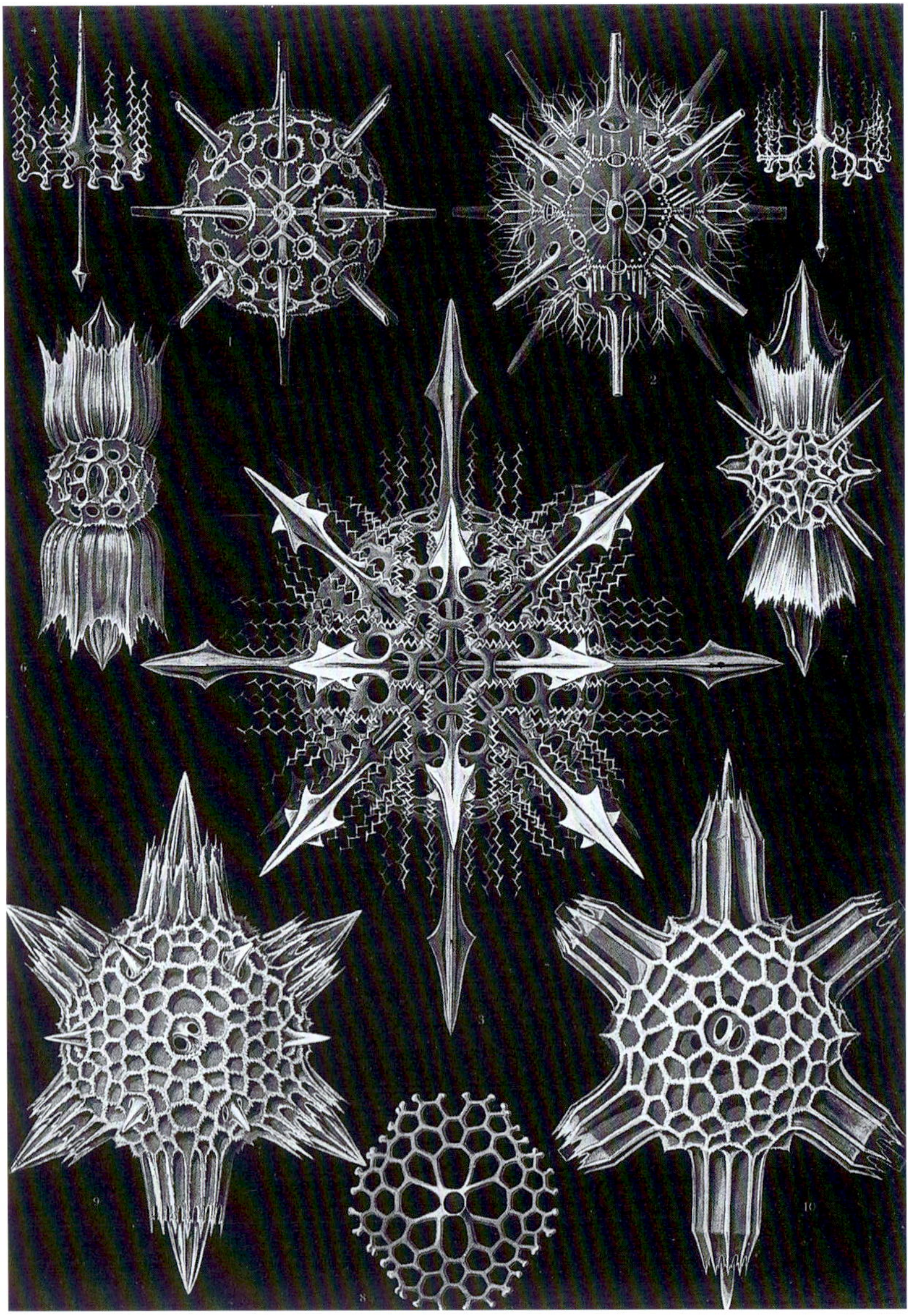

放散虫

写真三.

クラゲ

幽霊《ゆうれい》クラゲ

写真五．

アポロとダプネ

写真六、

ダンテの肖像

写真七.

アヴァルゲン

写真十四.

ボルの息子達の創造

写真十五.

世界樹

写真十六：

ユグドラシル

写真十七.

小鳥達への説教

写真十八.

樹花鳥獣屏風《びょうぶ》

写真十九.

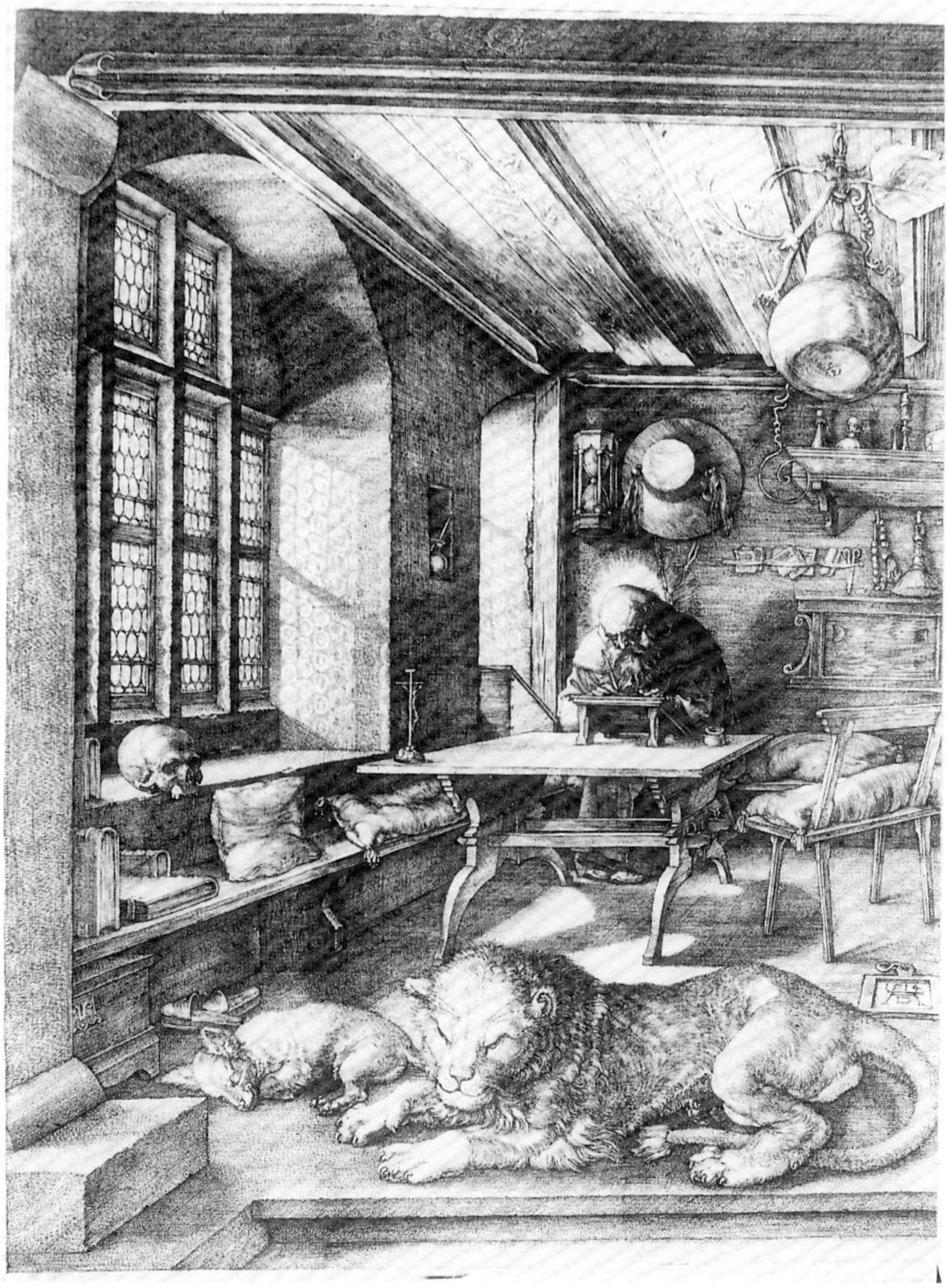

庵《いおり》の聖ヒエロニムス

はじめに

二〇〇〇年十二月に、『笛とたて琴——審美的想像力』（近代文芸社）を、二〇〇六年十一月に、『死の舞踏——倫理的想像力』（近代文芸社）を、そして、二〇一三年六月に『眩《まばゆ》い闇《やみ》——宗教的想像力』（朝日出版社）を出版し、想像力論三部作が完成した。その後書き継いだ小論をまとめたものが、本書である。

植物と人、動物と人、人と人の関《かか》わりの何たるかを解明し、更に、自然研究者、詩人、芸術家の楽園回帰について考察した。各章の要旨は、次の通りである。

第一章　モルペウス

ヘッケルは、「原形質の魂」の存在を信じ、生き物の装飾性の源を、生き物自身の中にある、「芸術的に働く魂」に帰した。ノヴァーリスに従えば、「霊は、芸術家である」。自然は、霊の受肉である。霊は、肉に術《わざ》を施す。自然を知ることは、霊の術《わざ》を知ることである。

第二章　柳の歌

デズディモウナは、「殺す女」である。デズディモウナに絡《から》む、五人もの人間が、非業《ひごう》の死を遂げる。夫のオセロウは、イアーゴウの奸計《かんけい》に嵌《は》められて、無実の妻を手に掛け、事実を知って、大本が樹液を滴《したた》らせるように、全身から涙を流し、自刃《じじん》して果てる。父は、娘がムーア人と結ばれたと知って、絶望の余り、悶死《もんし》する。不義を疑われたキャシオウと、ヴェネツィアの紳士、ロドリーゴウは、刺し殺され、侍女のエミリアは、イアーゴウに殺される。

“Desdemona”は、ギリシア語の *dusdaimonia* に由来して、不幸を意味する。可憐な、美しい若妻は、不幸の体現者であった。

第三章　嫩枝《わかえだ》

木は、神である。樫《かし》の木の中に、ゼウスの声が鳴り響く。ドルイド教の祭司も、樫《かし》の木を神木とみなし、特に、樫《かし》の木の寄生木《やどりぎ》である黄金の枝に、魔術と医術の力を認めた。キリスト教的な観点に立てば、木（the Tree）は、十字架を意味する。十字架上で流された、キリストの血によって、贖罪《しょくざい》が成就し、人類に救いがもたらされた。木の中に、神の業《わざ》の神秘が宿る。木を知ることは、神を知ることである。

第四章　「緑の木陰《こかげ》の緑の想念《おもい》」

木は、人間である。人間は、木から生まれた。人間の食べ物は、木の枝であった。木は、男性のエネルギーの象徴である。木は女性である。木は、女性の生命力の象徴である。人間は、「逆《さか》しまの木」である。「逆《さか》しまの木」は、天に根を張り、そこから、霊が下降して、肉体を養う。北欧神話に従えば、人間は木から作られた。梣《とねりこ》から、男が作られ、楡《にれ》から、女が作られた。

第五章　「兄弟《はらから》なる太陽君」

裕福な商人の家に生まれた、聖フランチェスコは、若い日、宮廷恋愛と騎士道を歌う吟遊詩人（troubadour）になることを夢見たが、病を得て、劇的な改心をした後、神に仕える者となった。聖者は、宮廷恋愛を歌う代りに、神を讃《たた》え、天地万物を寿《ことほ》いだ。聖者は、騎士道について歌う代りに、騎士道を行う者となり、キリスト教的な形で、騎士道精神を、一身に、体現した。聖者は、「洗練された丁重《ていちょう》（courteousness）」そのものであった。すべての人人に対し、取り分けて、貧しい人人や、虐《しいた》げられた人人に対し、又、すべての生き物に対し、更に、すべての無生物に対し、聖者は、礼儀正しく、優しく、親切で、丁重《ていちょう》であった。人が人と関《かか》わる時、又、人が万物と関《かか》わる時、心の底から、相手を尊び、敬い、相手の立場を理解し、心情を思い遣《や》る。そして、相手が、こうして欲しい、と思うであろうように、振舞うこと。聖者の「礼儀正しさ（courtesy）」の精髄は、これである。

第六章　歌う鳥

「楽園（Paradise）」とは、「閉じられた、楽しい場所」を意味する。囲われた庭と、水の流れと、木が、楽園の必須《ひっす》条件である。若沖の『樹花鳥獣図屏風《びょうぶ》』は、木と水と草花と鳥と獣が描かれた、楽園図である。欣求浄土《ごんぐじょうど》の志《こころざし》が、若沖に、楽園図を描かせた。ミルトンの「囲われた庭」は、創造主の手から産み出されたばかりの、「目も綾《あや》な景色《ながめ》の、楽しき田園」である。ダンテの「楽園」は、浄化された魂が、最終的に行き着く「生ける光」の「天上《てん》」である。そこには、「川の形をしたる輝き」が流れる。コウルリッジの楽園は、幻視《まぼろし》の中に、立ち現れる。しかし、それは宗教的神秘体験がもたらした楽園ではなく、ロマン主義精神の精髄が産み出した楽園である。キーツは、「小夜《さよ》鳴《な》き鳥《どり》」の歌声に耳を傾ける。全身これ笛となって、夏を寿《ことほ》ぐ鳥の歌声に、没入し、一体化し、詩人の魂は、彼方《かなた》の世界へ飛翔《ひしょう》する。詩人の魂は、「汝（小夜鳴き鳥）の幸福《さいわい》」と同じ幸福《さいわい》を享受する。これが、詩人の楽園回帰である。

第七章　歌人《うたびと》の中の歌人《うたびと》

ローレンツの動物行動学は、楽園回帰の一形体である。ローレンツ家の広大な屋敷には、「自由に暮らしている動物」が、常に、出入《ではい》りしていたが、中には、屋敷の一郭《いっかく》に根城《ねじろ》を構え、住み着いてしまった動物達もある。「立ち去ろうと思えば、立ち去ることも出来るのに」、そうしないで、動物達が留《とど》まってくれるとは、「楽園からの追放が、幾《いく》分《ぶん》なりとも、取り消されるかのように」思われた。自然の美しさに魅せられて、自然研究者になる者がある一方で、自然の素晴らしさに驚嘆して、詩や芸術家になる者がある。万物は、宇宙の生命《いのち》の根源の歌の受肉である。詩人や芸術家は、もう一つの歌の受肉を創造する。第二の創造は、物と、人と、宇宙の生命《いのち》の根源の、三重の楽園回帰である。

第一章

モルペウス

モルペウス

モルペウス（*Morphéus*）は、形を生む。モルペウスは、万物の形の源である。*Morphéus* は、*morphḗ* form に由来して、「形作る者（fashioner）」の意である。

モルペウスは、ギリシア神話の夢の神で、ヒュプノス（*Húpnos*）の息子である。ヒュプノスは、死（*Thánatos*）の弟であるから、モルペウスは、タナトスの甥《おい》に当たる。モルペウスが作り出す物が、「死の影の裡《うち》に（in his (Death) shade）」[1] 在るのは、必然である。形あるものは、すべて、死に従属し、やがては、朽ち果て、消滅する。

創造主は、「形作る者」である。創造主は、モルペウスである。創造主は、自らを形ある物と化して、この世に顕《あらわ》れ出《い》でる。創造主は、顕現の夢を夢見る。モルペウスは、夢の神である。

創造は、創造主の自己像化である。創造主の自己像化は、霊の受肉である。それは、霊が、物質の衣をまとうことである。極と極の合一は、純粋に、霊的でもなければ、純粋に、物質的でもない。受肉が、霊と物質の中間であるように、受肉に対する愛も、中間的である。

スーフィー教の教義（Sufism）は、創造主に対する人間の愛を、エロス（*Erōs*）とアガペー（*agápē*）の中間に位置付ける。

スーフィー教の原動力は、愛である。この愛は、アガペーと、完全に、同一視することは出来ない。又、これは、単に、エロスという訳でもない。アガペーとエロスの二分法は、ペルシア精神には、存在しなかったように思われる。ペルシアの人人が言う*'Ishq*、即ち、愛の情熱は、スーフィー教の教義においては、創造主なる神にのみ、向けられた。このように、専《もっぱ》ら、創造主にのみ愛を向けることが善しとされたが、その起源は、預言者ムハンマドが、神の創造行為に関する説明の中で、言ったとされる言葉である。神は、給《のたも》うた。「私は、隠れた宝であった。そして、私は、知られたいと望んだ。そこで、私は、私が知られるように、創造物を作った」。(Sufism's motive force is love. This love cannot be quite equated with agape. Nor is it simply eros. The dichotomy between these two does not seem to have been present to the Persian mind. What the Persians call *'Ishq*, the passion of love, was directed in Sufism solely towards God the Creator. This channelling of love exclusively towards the Creator derived its sanction from a saying attributed to the Prophet Muhammad in explanation of God's act of creation. God said, 'I was a Hidden Treasure and I desired to be known, so that I made the Creature that I might be know.')(2)

創造は、顕現である。神は、知られたいという願望の故に、物質の衣をまとって、此方《こなた》の世界に、躍《おど》り出《い》でる。万物は、神の自己像化である。

一匹の蠅《はえ》

万物の内には、魂が宿る。

神秘家は、言う。

であるから、創造《つく》られた物の中で、最も卑小な物ですら、神の内においては、神と同じ程高い、存在の質を有する。

(Denn *so* hohen Seinsrang hat (auch) die geringste Kreatur *in* Gott.)[3]

創造《つく》られた物の中で、最も卑小な物の実例として、エックハルト（Johannes Eckhart, otherwise known as Meister Eckhart）は、「一匹の蠅《はえ》（eine Fliege）」[4]を挙げている。一匹の蠅《はえ》は、神の内に在り、一匹の蠅《はえ》の中に、神の充溢《じゅういつ》がある。

クラゲ邸

生物学者は、生き物に目を凝らす。そして、結論に達する。自然には、魂がある、と。

ヘッケルの『自然の芸術的形態』[5]は、様様の生き物を、克明《こくめい》に描いた細密画百葉を収めた、大型の豪華本である。

ヘッケルは、イエナ大学の最初の動物学教授となった人物で、正確な、科学的観察眼を持ち、更に、若い頃、絵の道を志しただけあって、卓越した画才に恵まれていた。図版の中の生き物達――アンテロープ、鳥、亀《かめ》、蟹《かに》、地衣類、松笠、更に、微細に枝分かれしたクラゲ、クダクラゲとその仲間達、あらゆる種類の珍しい珊瑚《さんご》、蝸牛《かたつむり》、それに、超現実主義者の創作ではないかと思わせるような、突飛《とっぴ》この上ない海の生き物達は、眩《まばゆ》いばかりの多様性と、目もあやな、色と形の饗宴《きょうえん》を呈示する。

何という素晴らしさだ！　ヘッケルの驚きと感動が、絵の中の生き物達から、発散されて来る。ヘッケルの魂が、生き物の魂と一つになり、絵筆によって、もう一つの生き物が、紙の上に出現する。そして、見る者の魂が、絵の中の生き物の魂と一つになって、同じ驚きと感動を体験する。

ヘッケルは、「原形質の魂（die Seele des Plasma）」[6]の存在を信じた。ヘッケルは、細胞の中に、魂が宿る、と考えた。

それ故、我我は、すべての生きた原形質に、より下等な精神の働き方の責任を負わせなければならない。その働きを、我我は、「魂」という言葉で表す。(Wir müssen daher allem lebendigen Plasma eine Art niederer psychischer

Tätigkeit zuschreiben, die wir mit einem Worte als »Seele« bezeichnen.)(7)

人間に、魂があるのと、全く、同様に、単細胞の生き物にも、魂がある。

ヘッケルは、科学者であるというよりは、むしろ、神秘家であった。

ヘッケルは、神秘家に近かった。放散虫の網目細工の中に、自然界に漲《みなぎ》る、創造力、組成力を見出《みいだ》し、これらの、小さな、鉱化された骨格に、美学、社会学、及び宗教に関する命題を結び付けたのだから。(Haeckel was close to being a mystic, finding within the traceries of a radiolarian evidence of a creative, organizing force that pervaded nature, and hanging on these tiny mineralized skeletons a thesis about aesthetics, sociology, and religion.)(8)

写真一．及び、写真二．は、放散虫の図である。

生き物の装飾性が、取り分けて、ヘッケルの目を引き付けた。写真三．は、クラゲの図である。小さな、原始的な生き物が、何と繊細華麗な、凝った装飾を施されていることだろう。水中を浮遊する、動きの美しさもさることながら、形そのものの見事さにも、目を瞠《みは》る他《ほか》はない。

ヘッケルは、クラゲの図を、別荘の食堂の天井画として、用いた。

　先ず第一に、ヘッケルの絵は、先刻御承知の、良く知られた種類の特徴を持つ。ヘッケルの幽霊《ゆうれい》クラゲの葉状枝は、ウィリアム・モリスの版画の葉や茎にそっくりであるし、幽霊《ゆうれい》クラゲの、繁茂《はんも》した、渦巻く蔓《つる》は、ヘッケルが、これらの絵を描いていた頃、時代を強く支配していた芸術運動、即ち、アール・ヌーヴォーと、ドイツにおけるその同等物である、ユーゲントシュティールを思わせる。これは、単なる偶然の一致ではない。それというのも、ヘッケルは、この運動から影響を受け、又、ヘッケルの方でも、この運動に、影響を及ぼしたのだから。ヘッケルのクラゲの図は、自宅のクラゲ邸の天井画として用いられ、その装飾性は、アール・ヌーヴォー様式の家具と、完全に、調和していた。(First and foremost, Haeckel's illustrations have a decorative quality of a now familiar stamp. The fronds of his discomedusae resemble nothing so much as the leaves and stems of a William Morris floral print, while the swirling exuberance of their trailers make us think of the artistic movement that was very much in sway when Haeckel was making these drawings: Art Nouveau and its German equivalent, Jugendstil. That is no coincidence, for Haeckel was both influenced by this movement and influenced it in turn. His jellyfish images were used as ceiling decorations in his house, the Villa Medusa, where they were perfectly in keeping with the Art Nouveau furnishings.)(9)

アール・ヌーヴォー（Art Nouveau）は、世紀末から、二十世紀初頭にかけて、フランス、及び、ベルギーにおいて起こった、装飾美術の運動である。この運動は、ドイツにおいては、ユーゲントシュティールと呼ばれた。クラゲ邸の食堂に招じ入れられた者は、天井に開示されたクラゲの装飾と、室内の椅子《いす》やテーブルに施された装飾の、驚くべき一致と対応に、眩惑《げんわく》されたに違いない。そして、芸術は、自然を模倣する、という命題と、自然は、芸術を模倣する、という命題の、いずれが真であるのか、その答えに窮したことでもあろう。写真四・は、幽霊《ゆうれい》クラゲの図である。

装飾は、機能の対極にある。機能は、生き物が生きるための、必要であり、有用であり、不可欠である。それに反して、装飾は、余剰であり、無用であり、無駄である。装飾は、遊びである。遊びは、魂の業《わざ》である。装飾は、「芸術的に働く魂（die kunsttätige Seele）」(10)の為《な》せる業《わざ》である。

「神は、数学者だ（God is a mathematician!）」(11)と、ジーンズ卿《きょう》（Sir James Jeans）は、叫んだ。世界の数学的な美しさに感嘆する余り、吐かれた言葉である。

生き物達は、何と見事に、自分自身を飾ることだろう。様様の生き物の姿を写しながら、ヘッケルは、驚愕《きょうがく》の叫びを挙げたに違いない。「神は、芸術家だ！」と。

神は、何と遊び好きであることか！　神は、何と遊び上手であることか！　動物や、植物や、菌類《きんるい》や、鉱物等の、自然界の作品の上に、「芸術家なる神（Deus Artifex）」(12)の遊びの痕跡《こんせき》が、くっきりと、刻まれている。

アイオロス

ノヴァーリス（Novalis）は、ドイツ・ロマン派の詩人である。本名を、Baron Friedrich Leopold von Hardenbergと言い、『夜によせる讃歌（*Hymnen an die Nacht*）』（1800）、『青い花（*Heinrich von Ofterdingen*）』（1802）、『讃美歌（*Geistliche Lieder*）』（1802）、『ザイスの弟子（*Die Lehrlinge zu Sais*）』（1802）、『断章（*Fragmente*）』（1802）等等の作品を遺《のこ》したが、二十九才の若さで夭折《ようせつ》した。

ノヴァーリスは、自然の中に、霊と魂を見る。

魂と霊は、普遍である——又、熱も、その霊と、その魂を持つ。（Seele und Geist is universell—Auch die Wärme hat ihren Geist und ihre Seele usw.）[13]

神は、霊である。万物は、霊の受肉である。

神——世界——人間——動物——植物等等は、理性の範疇《はんちゅう》である。（記憶の範疇の実例）。（Gott—Welt—Mensch—Tier—Pflanze usw. sind Vernunftkategorien. (Beispiele von Gedachtniskategorien.)[14]

創造は、芸術である。神は、芸術家である。

霊は、芸術家である。構成と自然が、混合され、分離され、統合される。(Der Geist ist der Künstler. Faktur und Natur vermischt—getrennt—vereinigt.)(15)

自然の営みは、倦《う》むことなく続けられ、そして、そこに、絶え間なく、芸術家の術《わざ》が、施される。

自然は、生み、霊は、作る。(Die Natur zeugt, der Geist macht.)(16)

自然は、芸術作品である。

自然は、一つの習慣であり――かつ、又、芸術に属する。(Die Natur ist eine Gewohnheit—und also aus Kunst.)(17)

人間は、自然の一部である。動物や、植物と同じように、人間は、霊の受肉である。が、人間は、認識の能力《ちから》を与えられている。人間は、「考える人(Le Penseur)」である。

人間は、哲学的な自然である。(Der Mensch ist die Philosophische Natur.)(18)

自然は、「考える人」の認識の対象である。

「考える人」の思索は、自然に始まり、自然に帰る。

完全なる思弁は、自然に戻る。(Die vollendete Speklation führt zur Natur zurück.)(19)

自然は、それ自身において、偉大であるが、人間の思念を通り抜けることによって、自然以上のものとなる。認識された自然は、自然に勝る。

自然は、哲学的な器官を通り抜けることによって、更に、ずっと、大いなるものとなる。(Die Natur ist aber weit mehr, wenn sie durch das philosophische Organ gegangen ist.)(20)

十七世紀の詩人、トラハーン(Thomas Traherne)は、思念によって、世界を受容し、思念によって、世界を高める。トラハーンの「至福の探究(the Study of Felicitie)(21)については、宗教的想像力論(22)において、詳述した。トラハーンは、肉の目ではなく、霊の目によって、世界を見る。霊の目は、「纏《もつ》れを解かれた赤裸の感覚(A Disentangled and a Naked Sence)」(23)である。浄化された霊の目は、物の外側ではなく、物の内側を見る。「我我の悟性の目(the Ey of our Understanding)」(24)は、創造《つく》られた物ではなく、創造の最中《さなか》にある神を見る。

神の本質は、活動そのものなり。
(His [i.e. God] Essence is All Act.)(25)

霊の目は、「神が、神の術《わざ》によって、手ずから、産み出したばかりの(which God's own Hand/Had just produc'd with Art divine)」(26)物の中に、神の活動を見る。

人間は、第二の創造者である。万物は、「愛すべきイデア（Amiable Ideas）」(27)として、神の懐に憩《いこ》うていたが、物質の衣をまとって、此方《こなた》の世界に踊り出《い》でた。これが、第一の創造である。人間は、第二の創造者たるべく、「万物を見る無限の悟性（an Endless Intellect to see All Things）」(28)を与えられた。これによって、人間は、万物を受容し、万物を所有し、万物を自らの内に包含する。

世界は、我《わ》が内にありき。我《われ》が、世界の内にあるよりは。
(The World was more in me, then I in it.)(29)

悟性は、万物に、霊の衣をまとわせる。霊化された世界は、第一の創造によって、此方《こなた》の世界に生まれ出《い》でた世界より、神に近い。

そは、内なる霊の世界なり。
生ける世界にして、神が、最初《はじめ》に創造《つく》りたる世界に勝りて、
その性質《さが》は、はるかに、神に近似《ちか》し。
(It is a Spiritual World within.
A Living World, and nearer far of Kin
To God, then that which first he made.)(30)

この故に、トラハーンは、断言する。第二の創造は、第一の創造に勝る、と。

黙想《おも》うことは、創造《つく》ることに勝る。
(Tis more to recollect then make.)(31)

万物は、根源より出《い》でて、人間の悟性を通り抜け、高められた存在となって、再び、根源に回帰する。トラハーンが、万物の中に、「神の術《わざ》(Art divine)」を見るように、ノヴァーリスは、自然の中に、霊の術《わざ》を見る。人間、即ち、「哲学的な自然（die Philosophische Natur)」の為すべきことは、霊の術《わざ》の痕跡を辿り、霊と自然の融合の何たるかを知ることである。

高等なる哲学は、自然と霊の結婚を取り扱う。(Die höhere Philosophie behandelt die Ehe von Natur und Geist.)(32)

自然は、芸術作品である。霊が、自然に術《わざ》を施して、芸術作品を産み出すというよりは、自然が、内なる衝動によって、自らを、芸術作品と化すかのようである。

自然は、芸術本能を持つ。(Die Natur hat Kunstinstinkt.)(33)

すでに、言及した通り、ヘッケルは、「原形質の魂（die Seele des Plasma)」(34)の存在を信じ、生き物の装飾性の源を、生き物自身の中にある「芸術的に働く魂（die kunsttätige Seele）」[35]の業《わざ》に帰した。ノヴァーリスが、自然の中に見た物と、ヘッケルが、自然の中に見た物は、同じである。

自然は、芸術作品である。自然科学者の知識や観察よりも、詩人や芸術家の洞察力の方が、はるかに良く、自然の本質を捕らえるのは、この故である。

詩人は、科学的な頭脳の持ち主よりも、はるかに良く、自然を理解する。（Der Poet versteht die Natur besser wie der wissenschaftliche Kopf.）[36]

自然は、霊の受肉である。霊は、肉に、術《わざ》を施す。自然を知ることは、霊の術《わざ》を知ることである。自然学は、芸術学である。

自然。芸術学。一つの要素は、一つの芸術作品である。……芸術は、霊の分化（かつ、統合）であろうか？……一つの芸術作品は、一つの霊の要素である。（Natur. Kunstlehre. Ein Element ist ein Kunstprodukt…Sollte die Kunst eine Differentiation (und Integration) des Geistes sein? …Ein Kunstwerk ist ein Geistelement.）[37]

芸術家は、「遊びの名手（magister ludus）」である。「遊びの名手」の原型は、神である。

神は、遊ぶ。そして、自然も、又、遊ぶのではないか？　遊びの理論。聖なる遊び。純粋な遊び学——普通の——

そして、より高度な。応用遊び学。(Spielt Gott und die Natur nicht auch? Theorie des Spielens. Heilige Spiele. Reine Spiellehre — g e m e i n e — und h ö h e r e. Angewandte Spiellehre.)(38)

遊びは、観喜の発露である。観喜は、霊の飛翔《ひしょう》である。遊びは、飛翔《ひしょう》の形象化である。

自然、即ち、絶対なる生は、楽しむことである。楽しむことは、自然に内在する——霊は、産むことである。産むことは、超越神の業《わざ》である——産むことは、分離させることである。(Die Nature oder das absolute Leben ist das immanent G e n i e ß e n d e — der Geist ist das transzendent Produzierende — Sezernierende.)(39)

霊から物質への飛躍は、離《はな》れ業《わざ》である。自然は、神の曲芸である。

芸術に関して——「プロピュライオンの中で。芸術の発生。自然の、曲芸にも等しい技巧に関して。それが、人間の自由のために、役立つこと。自然の技巧は、あくまで、未来のものである——等等。(Über die K u n s t — in die »Propyläen«. Entstehung der Kunst. Über die Artistik der Natur. Ihre Zweckmäßigkeit für Freiheit des Menschen. Sie ist durchaus zukünftig — usw.)(40)

プロピュライオンは、古代ギリシアの神殿に至る門である。人は、芸術を学ぼうとする時、至聖所に通じる門口に立たねばならぬ。神の術《わざ》は、「曲芸にも等しい技巧(Artistik)」である。神の術《わざ》に迫る者は、「天の門口《かどぐち》で、讃《ほ》め歌《うた》を歌う(sings hymns at heaven's gate)」。(41)

自然は、神が産み出す芸術作品である。人間が産み出す芸術作品は、神が、人間を媒介として、産み出す芸術作品である。これに関しては、審美的想像力論(42)において、詳述した。いずれの作品も、神の意志の実現、神の意志の成就《じょうじゅ》である。

より高度な、芸術の神秘学——神意の遂行としての芸術、自然現象としての芸術。(Höherer Mystizism der Kunst—Als Veranstaltung des Schicksals, als Naturereignis.)(43)

自然は、常に、優しく、穏やかな相貌《そうぼう》を呈するとは限らない。時には、荒荒しく、凶暴《きょうぼう》な攻撃性を剥《む》き出しにすることさえある。同様に、芸術作品も、時に、無愛想で、突《つ》っ樫貪《けんどん》である。それればかりか、挑《いど》みかかり、刃向《はむ》かうことさえある。

最高の芸術作品は、全く、無愛想である。(Die höchsten Kunstwerke sind schlechthin u n g e f ä l l i g.)(44)

優れた芸術作品は、時代の嗜好《しこう》に阿《おもね》ることがない。それは、同時代の人人にとっては、しばしば、口当たりが悪く、受け入れ憎《にく》い。自然が、それ自身の論理に従って生きる、自律的な存在であるように、芸術作品も、芸術以外の物の支配や束縛を許さない、独立した存在である。

童話は、最高の文学形式である。童話の中で起こる事は、自然の中で起こる事と、同じだからである。起こる事も、起こり方も、同じである。

童話は、文字通り、夢の中の姿の如くである――脈絡はない――不可思議な物と出来事の一まとまり――例えば、音楽の幻想曲――エオリアンハープの和音の連続――自然それ自体。(Ein Märchen ist eigentlich wie ein Traumbild — ohne Zusammenhang — Ein E n s e m b l e wunderbarer Dinge und Begebenheiten — z. B. eine m u s i k a l i s c h e Fantasie — die harmonischen Folgen einer Äolsharfe — d i e N a t u r s e l b s t.)(45)

自然は、エオリアンハープである。自然は、風の神、アイオロス(*Aiolos*)の息吹《いぶき》に向かって差し出された、たて琴である。風の神の息吹《いぶき》は、好みのままに吹く。あたかも、聖霊(the Holy Spirit)について、「風は、己《おの》がままなる処《ところ》に吹く(the wind bloweth where it listeth)」(46)と言われるように。自然は、風の神の息吹《いぶき》の赴《おもむ》くがままに、千変万化《せんぺんばんか》の音色《ねいろ》を発し、絶妙なる協和音を奏でる。自然は、たて琴である。自然は、音楽である。

自然が、音楽であるように、童話も、音楽である。童話の中の、物と物、事と事、そして、生き物と生き物の間には、協和音的な関係が存在する。それぞれは、驚くほど突飛で、しばしば、超自然的であるが、それでいながら、全体が、一まとまりの、調和的な調べを奏で、最後に、これ又、驚くほど当たり前の、分かり切った結末に至る。一つの楽曲が、当然至極《しごく》の終結部に、流れ着くように。

童話は、完全に、音楽的である。(Das Märchen ist ganz m u s i k a l i s c h.)(47)

童話は、詩の理想である。童話は、詩の手本である。

童話は、言うなれば、詩の規範である。——すべて、詩的なるものは、童話的でなければならぬ。詩人は、偶然の成り行きを崇《あが》める。(Das Märchen ist gleichsam der Kanon der Poesie – alles Poetische muß märchenhaft sein. Der Dichter betet den Zufall an.)(48)

物事の成り行きを支配するのは、必然ではない。物事の起こり方は、しばしば、不可解で、脈絡《みゃくらく》がない。事の真相は、理解を越える。が、詩人は、「曖昧《あいまい》論理」に耐え、不可知を受容する。詩人は、偶然を「崇《あが》める」。詩人は、不可解を甘受し、不条理に耐える。「ずしりと伸《の》し掛《か》かる、不可解な憂き世の重み(the heavy and the weary weight/Of all this unintelligible world)」(49)を、詩人は、黙って、引き受ける。詩人は、「神秘の重荷(the burthen of mystery)」(50)の意味を探《さぐ》ろうとせず、その理由《わけ》を問い糺《ただ》すこともない。詩人は、「消極的能力(*Negative Capability*)」の持ち主である。

僕には、直《す》ぐに、ピンと来た。特に、文学的な大物を作り上げるのに、どんな資質が、役に立ったかが。それは、シェイクスピアが、あれ程ふんだんに持っていた資質だ。——僕が言いたいのは、消極的能力のことだ。つまり、人間が、様様の不確実や、神秘や、疑惑の中にあって、事実や理由を、カリカリ知ろうとせず、じっとしていられる能力のことだ。(...at once it struck me, what quality went to form a Man of Achievement especially in Literature & which Shakespeare possessed so enormously—I mean *Negative Capability*, that is when man is capable of being in uncertainties, Mysteries, doubts, without any irritable reaching after fact & reason.)(51)

「何故と問うことなかれ」という、至上《しじょう》命令は、詩の中にも、童話の中にも、響き渡る。何よりも、それは、実人生の中に、響き渡る。この命令に、人は、絶対の服従を強いられる。不可知の前に額《ぬか》づき、甘んじて、身を委《ゆだ》ねること。これが、詩と、童話と、実人生を支配する、共通の原則である。童話が、最高の表現形式である所以《ゆえん》である。

私は、童話の中において、私の感情を、最も良く、表現することが出来るように思う。

(詩学。すべては、一つの童話である。)

(Im Märchen glaub ich am besten meine Gemütsstimmung ausdrücken zu können.

(P o e t i k. A l l e s ist ein M ä r c h e n.) (52)

およそ、詩人たる者で、もう一人のオルペウス (*Orpheüs*) たらんと欲しない者はない。オルペウスは、歌人《うたびと》の中の歌人《うたびと》である。オルペウスの歌とたて琴は、万物を動かした。オルペウスの魂の震えが、喉《のど》の震えとなり、指先の震えとなり、更《さら》には、弦《いと》の震えとなって、草木を引き寄せ、獣《けもの》を誘《いざな》い、岩をも動かした。

オルペウスは、アポロと、ミューズの女神の一人である、カリオペの息子であった。オルペウスは、父から、たて琴を与えられ、奏《ひ》き方を教えられた。オルペウスの技倆《うで》は、完璧であったので、その音楽の魅力には、何物も、抗し得ないほどだった。人間ばかりか、野の獣《けもの》までもが、オルペウスの旋律《ふし》に、心を和らげられた。獣《けもの》達は、おとなしく、オルペウスを取り囲み、じっと、その歌に、聴き惚れた。それどころか木木や、岩までもが、オルペウスの音楽に魅せられた。木木は、オルペウスのまわりに、群がり、岩は、オルペウスの調べに和らげられて、幾分、固さを緩《ゆる》めた。(Orpheus was the son of Apollo and the Muse Calliope. He was presented by his father with a lyre and taught to play upon it, which he did to such perfection that nothing could withstand the charm of his music. Not only his fellow-mortals, but wild beasts were softened by his strains, and gathering round him laid by their fierceness, and stood entranced with his lay. Nay, the very trees and rocks were sensible to the charm. The former crowded round him and the latter relaxed somewhat of their hardness, softened by his notes.）(53)

オルペウスは、「ロドペの歌人《うたびと》（Rhodopeius...vates）」(54)である。“Vates”とは、第一義的には、「予告者、見者、占い者、予言者（foreteller, seer, soothsayer, prophet）」の謂であり、比喩的には、「詩人（poet）を意味する。“Prophet”は、ギリシア語の *prophánai* に由来して、「代わりに（*pro-*）告げる（*phánai* to say）」人を意味する。詩は、「予言の詩歌《うた》（Prophetic strain）」(55)である。詩は、「声高らかなる予言の調べ（A loud prophetic blast of harmony）」(56)である。

詩が、予言であるように、童話も、予言である。

正真正銘の童話は、同時に、予言的な表現であり——理想的な表現であり——絶対に必要不可欠な表現でなければならぬ。正真正銘の童話作家は、未来の予言者である。（Das echte Märchen muß zugleich prophetische Darstellung — idealische Darstellung — absolut notwendige Darstellung sein. Der echte Märchendichter ist ein Seher der Zukunft.）(57)

詩と童話は、最高の文学形式である。詩と童話は、予言である。詩と童話は、真実の予言である。

魔術師

形は、器《うつわ》である。形は、霊の器《うつわ》である。形の中には、霊の息吹《いぶき》が、漲《みなぎ》る。

霊は、形の中に漲《みなぎ》る。形なき息吹《いぶき》である。(the spirit is a formless breath which pervades form.)(58)

霊の息吹《いぶき》を感知し、形の中に、「形なき、霊的な本質」を見分けるのは、霊の目である。芸術家の目は、霊の目である。

霊性とは、ある種の人間が持っている能力《ちから》、即ち、形なき、霊的な本質を把握する能力《ちから》、束の間《つかま》の存在の中に、永遠なる物を見る能力《ちから》、個別具体を、普遍に関連付ける能力《ちから》、類型を、原型に結び付ける能力《ちから》である。(Spirituality is the power certain minds have of apprehending formless spiritual essences, of seeing the eternal in the transitory, of relating the particular to the universal, the type to the archetype.)(59)

芸術の目は、常に、物の本源へと向かう。

事実、芸術は、本質的に、霊的な物であり、芸術の目は、常に、物の本源へと向かう。芸術は、霊が定義出来ないように、定義出来ない。芸術は、生命《いのち》ある自然の中の、ある物と別の物との間の、名状し難い関係を、感知する。その関係は、物事を、宗教的に考える人間に対して、自然の内には、立案者が存在することを、暗示する。つまり、美しい物の魔術師が、時時刻刻と働きながら、荘厳な戦車となって、果てしなく、天空を運行し、驚くべき、風の息吹となって、絶え間なく、吹きまくり、波となって、海上をうねり進み、繊細な木《こ》の葉や、快活な翼《つばさ》となって、旋回する、ということを、暗示する。(The fact is, art is essentially a spiritual thing, and its vision is perpetually turned to ultimates. It is indefinable as spirit is. It perceives in life and nature those indefinable relations of one thing to another which to the religious thinker suggest a master mind in nature —a magician of the beautiful at work from hour to hour, from moment to moment, in a never-ceasing and solemn chariot motion in the heavens, in the perpetual and marvellous breathing forth of winds, in the motion of waters, and in the unending evolution of gay and delicate forms of leaf and wing.)[60]

自然は、驚異である。自然は、荘厳である。自然は、雄大である。自然は、繊細である。自然は、華麗である。自然は、不可思議である。自然の背後には、魔術師が存在する。魔術師は、美の魔術師である。自然界の物も、事も、すべて、魔術師の仕業《しわざ》である。芸術家は、このことを、直感的に、理解する。「常に、本能的に、霊的であるのが、真《まこと》の芸術家の習性《ならい》である」(The true artist will still be instinctively spiritual.)」[61]からである。

芸術は、霊的なものである。芸術家は、このことを、確信する。

　芸術は、霊的である。という私の信念、即ち、芸術の、正真正銘の霊感は、人間存在の、倫理的な次元、あるいは、知的な次元よりも、もっと高い次元から来る、という私の信念を、私は、すでに、明言した。(I have stated my belief that art is spiritual, that its genuine inspirations come from a higher plane of our being than the ethical or intellectual;)(62)

人間に関する見解は、二種類ある。

人間と、人間の作品に関して、我我は、霊的な見解か、さもなければ、物質的な見解を採《と》らざるを得ない。中途半端な信念は、すべて、間に合わせに過ぎず、理屈に合わない。私は、霊的な見解の方を採《と》る。霊的な見解は、自然の計り知れない神秘と空想物語を許すからである。自然の中にあって、我我は、原子の中に、無限が込《こ》められているのを悟り、又、人間の手の無意識の結果と努力仕事の中に、永遠なる御者《おんもの》が、自らの意志を働かせているのを感じる。(With man and his work we must take either a spiritual or a material point of view. All half-way beliefs are temporary and illogical. I prefer the spiritual with its admission of incalculable mystery and romance in nature, where we find the infinite folded in the atom, and feel how in the unconscious result and labour of man's hand the Eternal is working Its will.)(63)

芸術家の目は、霊の目である。霊の目は、無限を映す鏡である。

我我の内部には、宇宙のすべての糸が、集約される、中心があるのだろうか？　その中心とは、即ち、霊的な原子であって、ちょうど、肉眼が、外なる天空の鏡であるのと同じように、霊的な無限を映す。可視的な空間の中には、天と地の縮図である小宇宙を含まない、極小《きょくしょう》の点はない。(Is there a centre within us through which all the threads of the universe are drawn, a spiritual atom which mirrors the spiritual infinitudes even as the eye is a mirror of the external heavens? There is not a pin point in visible space which does not contain a microcosm of heaven and earth.) (64)

原子の中には、無限が込《こ》められている。極小《きょくしょう》の物質は、大宇宙を映す、鏡である。

だが、物質とは、一体、何であるのか？　物質の、どの原子も、無限に満たされているのではないか？　可視的な自然においてさえ、空間の中の最も小さな点が、どれも、小宇宙として、天と地の大宇宙を映しているのではないか？　(But what is matter? Is it not pregnant every atom of it with the infinite? Even in visible nature does not every minutest point of space reflect as a microcosm the macrocosm of earth and heaven?) (65)

部分の中に、全体が宿る。更に、自然界のすべての物の中に、記憶が宿る。

しかし、私は、私自身の経験と、他の人人の経験から、自然は、記憶を持つ、ということ、そして、その記憶は、我我にとって、理解可能である、ということを、どうしても、信じない訳には行かない。(But I am forced by my own experience and that of others to believe that nature has a memory, and that it is accessible to us.) (66)

芸術家は、自然界にあるすべての物の、現在の中に、過去を読む。

私の足下《あしもと》に転がっているどんぐりの中に、小さな細胞があり、その細胞の中には、大地の始まり以来の、樫《かし》の木の記憶が宿る。そして、その細胞の中には、ある能力《ちから》が、渦を巻いて、宿り、その能力《ちから》こそが、細胞自身から、完全に成長した、堂堂たる樫《かし》の木を生じさせることが出来る。(In that acorn which lies at my feet there is a tiny cell which has in it a memory of the oak from the beginning of earth, and a power coiled in it which can beget from itself the full majestic being of the oak.)(67)

「渦を巻いて宿る、ある能力《ちから》(a power coiled in it)」とは、あたかも、遺伝子のＤＮＡ螺旋《らせん》を予告するが如くである。細胞という、極小《きょくしょう》の物質の中に、潜在エネルギーの源が秘められていることを、科学的想像力が、実証的に検証するより早く、詩的想像力は、直観的に把握《はあく》する。

芸術家の目は、どんぐりの現在の中に、どんぐりの過去を読み、更に、どんぐりの未来を予見する。どんぐりの中には、太古の記憶と、未来の予見が、共存する。記憶も、予知も、完全に成長した、堂堂たる樫《かし》の木の像《すがた》である。

細胞は、分裂し、増殖する。

かの小さな源から、何らかの奇跡によって、別の細胞が、湧き出《い》でることが可能である。そして、次から、次へと、細胞が生まれ出《い》でるであろう。細胞は、分裂し続け、産み続け、互いの細胞から、無数の、数え切れない細胞を、組み立て続けるであろう。すべての細胞は、最初の細胞の中に潜在する、何らかの神秘的な能力《ちから》によって、制御される。であるから、細胞の数数は、百年後には、極小《きょくしょう》の建築家の設計図に従って、「巨大な森の、緑衣の元老院議員達」を造り上げるであろう。(From that tiny fountain by some miracle can spring another cell, and cell after cell will be born, will go on dividing, begetting, building up from each other unnumbered myriads of cells, all controlled by some mysterious power latent in the first, so that in an hundred years they will, obeying the plan of the tiny architect, have built up "the green-robed senators of mighty woods.")[68]

極小《きょくしょう》の細胞の中に、絶対者の全存在が、充満する。極小《きょくしょう》の細胞が、緑の巨木に成長する。絶対者は、潜在エネルギーである。絶対者は、魔術師である。

体の中の、どの細胞も、数え切れない記憶に包まれている、という仮定には、信じ難い所は、全く、ない。物質には、神秘のしの字もない、と考える者は、最も、真実から遠く、原子の中に、絶対者の全存在が充満する、と推測する者は、最も、真実に近い。(There is nothing incredible in the assumption that every cell in the body is wrapped about with myriad memories. He who attributes least mystery to matter is furthest from truth, and he nighest who conjectures the Absolute to be present in fullness of being in the atom.)[69]

花の中には、絶対者が、充満する。花は、花の潜在エネルギーの顕在化である。

花の姿を、じっと、眺め続けていると、それは、エネルギーに変じ、さらに、そのエネルギーは、最後に、意識の状態に変じるのが常だった。意識の状態は、実際に、それを体験している間は、良く分かってはいたものの、言葉に言い表わそうとすると、尋常普通から、余りにも、かけ離れていて、事の顚末を語ることは、不可能である。私は、おそらく、一瞬の間、神の御心《みこころ》の庭にさ迷い入っていたものであろう。『創世記』にあるとおり、その庭で、「神は、花が野に咲き出でるより早く、花を造り給い、草が茂るより早く、草を造り給うた」のだ。(The form of a flower long brooded upon would translate itself into energies, and these would resolve themselves finally into states of consciousness, intelligible to me while I experienced them, but too remote from the normal for words to tell their story. I may have strayed for a moment into that Garden of the Divine Mind where, as it is said in Genesis, "He made every flower before it was in the field and every herb before it grew.") (70)

花に魅せられた芸術家の目の前で、花は、今、正《まさ》に、花の姿を取って顕《あら》れ出《い》でんとする、エネルギーの状態に変じ、終《つい》には、完全な意識の状態に戻る。意識の状態は、イデアである。芸術家の魂は、花から、花のイデアに溯《さかのぼ》る。

ケルトの創世神話には、潜在エネルギーの顕在化の、決定的瞬間が、語られている。

しかし、リアの中には、依然として、広大無辺の、存在の深み、即ち、生きた情緒がある。その生きた情緒は、余りにも大きく、余りにも霊的で、余りにも深遠であるために、筆舌には尽くし難い。それは、いまだ、息吹を発散させていない愛である。否、愛というよりは、むしろ、言語《ごんご》に絶する、密かな優しさ、あるいは、歓喜である。あるいは、その双方の、潜在エネルギーである。神の像化力が生む像が、母なるダナの中に映されると、この潜在エネルギーが目覚めて、迸《ほとばし》り、母なるダナを抱擁する。聖なるハシバミの木の許の泉の封印が破られたのだ。創造が起ころうとしている。一《いっ》から多が流出する。エネルギー、即ち、愛、即ち、永遠の欲求が、流れ出で、それは、無数の幻想の形体を通じて再び、元の住処《すみか》の無限に戻ろうとする。これは、青年アンガスである。アンガスは、もともとは、永遠の歓喜である。その歓喜が、愛になり、愛は欲求に変じ、さらに、この世の情熱になり、終《つい》には、己れの神性を忘却するに至る。永遠の歓喜が己れ自身を形の中に没入させ、この形の前に、数数の、神神しくも美しい像が舞い、その心をはるかに惹き寄せる時、永遠の歓喜は、愛となる。……別の意味では、アンガスは、リアの中に潜在する力が、活動へ移行したものである。この力は、神の像化力を通じて働き、霊的な状態にあって、その数数の観念の刻印を自然に押し、それによって、無数の変形を生ぜしめる。(But there is still in Lir an immense deep of being, an emotional life too vast, too spiritual, too remote to speak of, for the words we use today cannot tell its story. It is the love yet unbreathed, and yet not love, but rather a hidden unutterable tenderness, or joy, or the potency of these, which awakens as the image of the divine imagination is reflected in the being of the Mother, and then it rushes forth to embrace it. The Fountain beneath the Hazel has broken. Creation is astir. The Many are proceeding from the One. An energy or love or eternal desire has gone forth which seeks through a myriad forms of illusion for the infinite being it has left. It is Angus the Young, an eternal joy becoming love, a love changing into desire, and leading on to earthly passion and forgetfulness of its own divinity. The eternal joy becomes love when it has first merged itself in form and images of a divine beauty dance before it and lure it afar.... In another sense Angus may be described as the passing into activity of a power latent in Lir, working through the divine imagination, impressing its ideations on nature in its spiritual state, and thereby causing its myriad transformations.)(71)

リアは、潜在エネルギーの神格化である。この潜在エネルギーの本質を悟るのは、ただ恍惚《こうこつ》の状態に置かれた者のみである。

恍惚《こうこつ》の状態においてのみ、幻視者は、己れの究極の幻視を越えて、リアの本質を察知するであろう。(In trance alone the seer might divine beyond his ultimate vision this being.)(72)

存在の神秘を開示されるのは、高められた魂のみである。

見るためには、高められなければならない。(To see we must be exalted.)(73)

高められた状態とは、キリスト教神秘主義で言う、照明の状態に相当する。絶対者を求める神秘家が辿る道程が、三段階に分けられることは、すでに、宗教的想像力論(74)において、詳述した。三つの段階とは、浄化の道、照明の道、一致の道である。三つの段階は、厳密に言えば、五つの局面に分けられる。照明の道は、第三の局面に属する。

浄化によって、自我が、「感覚的な物」から引き離され、「霊的婚姻の装身具」である、徳の数数を獲得してしまうと、超越的秩序についての、喜びに満ちた意識が、高揚した形で、戻って来る。プラトンの「幻影《かげ》の洞窟《どうくつ》の捕らわれ人の如く、自我は、実在の認識に目覚め、辛《つら》く、困難な道を、骨折って登り、洞窟《どうくつ》の入口にまで達した。今や、自我は、太陽を振り仰ぐ。これが、照明である。この状態には、観想の諸段階、即ち、「様様の程度の祈り」、幻視、聖テレジア、その他の神秘家達が、記述している、魂の冒険的な体験が、含まれる。これらの形は、言うなれば、道の中の道である。つまり、これらの形は、到達するための手段であって、上昇する魂を、強め、助けるように、その道の達人が工夫した、訓練である。これらの形は、言うなれば、教育を意味する。一方、厳密な意味における、本来の道は、有機的な成長を意味する。照明は、優れて、「観想的な状態」である。照明は先立つ二つの状態と共に、「最初の神秘生活」を形成する。照明の状態を越えない神秘家達も多い。その一方で、普通、神秘家のうちに区分されないような、幻視者や、芸術家達の中にも、ある程度まで、照明の状態を体験した者も、多い。照明は、絶対者についての、ある種の理解、即ち、神の存在についての意識を、もたらす。が、絶対者との、真の一致をもたらす訳ではない。照明は、幸福の状態である。(When by purgation the Self has become detached form the "things of sense," and acquired those virtues which are the "ornaments of the spiritual marriage," its joyful consciousness of the Transcendent Order returns in an enhanced form. Like the prisoners in Plato's "Cave of Illusion," it has awakened to knowledge of Reality, has struggled up the harsh and difficult path to the mouth of the cave. Now it looks upon the sun. This is *Illumination*: a state which includes in itself many of the stages of contemplation, "degrees of orison," visions and adventures of the soul described by St. Teresa and other mystical writers. These from, as it were, a way within the Way: a *moyen de parvenir*, a training devised by experts which will strengthen and assist the mounting soul. They stand, so to speak, for education; whilst the *Way* proper represents organic growth. Illumination is the "contemplative state" *par excellence*. It forms, with the two preceding states, the "first mystic life." Many mystics never go beyond it; and, on the other hand, many seers and artists not usually classed amongst them, have shared, to some extent, the experiences of the illuminated state. Illumination brings a certain apprehension of the Absolute, a sense of the Divine Presence: but not true union with it. It is a state of happiness.)(75)

芸術家の中のある者は、神秘家と同様に、照明の状態を体験する。「優れて」「観想的な状態」の最中《さなか》にあって、芸術家の魂は、「自己の原型（the ancestral self)」に直面する。

意志が、益益《ますます》強固になり、自己の原型を求める願望が、益益《ますます》強烈になるにつれて、地上の存在における、もっと歓喜に満ちた生が、朧気《おぼろげ》ながら、見えて来ました。かつて、私は、西の海の砂丘に、寝ころんでおりました。辺《あた》りは、美しい調べに満ちているようでした。風の動きが、絶え間なく、音楽的な震えを引き起こしました。時折、銀の鈴の音《ね》が、私の耳に飛び込んで来ました。（As the will grew more intense, the longing for the ancestral self more passionate, there came glimpses of more rapturous life in the being of Earth. Once I lay on the sand dunes by the western sea. The air seemed filled with melody. The motion of the wind made a continuous musical vibration. Now and then the silvery sound of bells broke on my ear.）(76)

風の動きは、砂丘を吹き渡る風の動きであったかも知れないが、その震えに身を任せているうち、詩人の魂は、いつしか、此方《こなた》の世界から、彼方《かなた》の世界へ運ばれる。アイオロスのたて琴に乗せられて、詩人の魂は、彼方《かなた》の世界へ運ばれる。銀の鈴の音《ね》は、砂丘に鳴り響く鈴の音《ね》ではない。詩人の魂が聴き分けるのは、もはや、「自然界の音楽(naturalis musica mundi)」(77)ではなく、「人間の感覚には聞こえない旋律《ふし》(melodies inaudible to human senses)」(78)である。それは、「霊の音楽（the Spirit's music)」(79)である。

観想は、最高潮に達する。

しばらくは、何も見えませんでした。それから、私の目の前に、強烈な光が射《さ》しました。それは、まるで、水晶を通り抜けた、日光のきらめきのようでした。光は、門が開くように、拡《ひろ》がりました。そして、私は、その光が、燃え立つような人物の心臓から流れ出て来るのだ、と分かりました。その人物は、体一面が光でした。あたかも、その手足には、血ではなくて、太陽の火が流れているかのようでした。体からは、光の筋が、幾筋《いくすじ》も、迸《ほとばし》っていました。その人物は、たて琴を携《たずさ》え、風に乗って、私の方へ、近付きました。たて琴の弦《いと》には、金髪《きんぱつ》の環《わ》が、掛かっていました。その人物の周《まわ》りには、鳥達が舞っていました。そして、その人物の眉《まゆ》の上には、広げた炎の翼の羽毛のような、火のような羽毛が、掛かっていました。その人物の顔には、美と永遠の若さの恍惚《こうこつ》が、顕《あらわ》れていました。他《ほか》にも人人がいましたが、威風《いふう》堂堂たる人人でした。その人人は、私のことも、私が暮らしている地上のことも、知らぬげに、風に乗って、通り過ぎて行きました。我に返ると、我が世は、灰色で、光がないように見えました。夏の太陽が、じりじりと、砂の上に照り付けていたにも拘《かか》わらず。(I saw nothing for a time. Then there was an intensity of light before my eyes like the flashing of sunlight through a crystal. It widened like the opening of a gate and I saw the light was streaming from the heart of a glowing figure. Its body was pervaded with light as if sunfire rather than blood ran through its limbs. Light streams flowed from it. It moved over me along the winds, carrying a harp, and there was a circling of golden hair that swept across the strings. Birds flew about it, and over the brows was a fiery plumage as of wings of outspread flame. On the face was an ecstasy of beauty and immortal youth. There were others, a lordly folk, and they passed by on the wind as if they knew me not or the earth I lived on. When I came back to myself my own world seemed grey and devoid of light though the summer sun was hot upon the sands.)(80)

観想の高みにあって、詩人の魂は、「自己の原型」を目《ま》の当たりにする。それは、光輝く炎の人である。炎の人は、たて琴を携《たずさ》えた、歌人《うたびと》である。詩人は、素《もと》より、すべての芸術家は、歌人《うたびと》である。そして、何よりも、すべての人間は、「歌う人 (homo cantans)」である。これについては、審美的想像力論(81)において、詳述した。光輝く炎の人は、万人の「自己の原型」である。

たて琴に掛かる、金髪《きんぱつ》の環《わ》は、三重の、象象的な意味を持つ。

第一に、髪は、生命力の象徴である。

髪は、死後も、しばらくは、伸び続けるので、人間の生命力と体力を象徴する。(Hair, which continues briefly to grow after death, symbolizes a person's life-force and strength:)(82)

髪は、活力の象徴である。

通常、髪は、活力を表し、様様の段階の象徴と、関連がある。即ち、頭髪は、頭にあるので、より高い力を象徴し、濃い体毛は、より低い力の優勢を意味する。……髪は、又、豊穣《ほうじょう》を意味する。……更に、髪は、火の元素に対応し、原始的な力の芽生《めば》えを意味する。……金髪《きんぱつ》は、日光と関連付けられ、又、広汎《こうはん》な、太陽の象徴すべてと、関連付けられる。……従って、髪は、霊化された活力の概念を象徴するに至る。(In general, hairs represent energy, and are related to the symbolism of levels. That is, a head of hair, being located on the head, stands for higher forces, whereas abundant body-hair signifies the prevalence of the baser forces....Hairs also signify fertility....Again, hairs correspond to the element of fire, signifying the burgeoning of primitive forces....golden hair is related to the sun's rays and to the whole vast sun-symbolism; ...Hairs, then, com to symbolize the concept of spiritualized energy.)(83)

第二に、金髪《きんぱつ》は、太陽の光を象徴する。黄金が、「鉱物性の光」であるなら、金髪《きんぱつ》は、毛状の光である。

ヒンズー教の教義において、黄金は、「鉱物性の光」である。ゲノンによれば、ラテン語の黄金、即ち、*aurum* は、ヘブライ語の光、即ち、*aor* と同じである。……太陽は、地球の周りを、(或《ある》いは、逆に) 何回も、何回も、繰り返し、回転することによって、黄金の糸を紡いで来た。黄金は、太陽の光の象徴であり、従って、神の叡知《えいち》の象徴である。(In Hindu doctrine, gold is the 'mineral light'. According to Guénon, the Latin word for gold—*aurum*—is the same as the Hebrew for light—*aor*... the sun, by virtue of millions of journeys round the earth (or conversely) has spun threads of gold all round it. Gold is the image of solar light and hence of the divine intelligence.)(84)

色の象徴としての黄金は、次の意味を持つ。

黄金は、太陽の色であるが故に、威厳の象徴であり、物質によって表現された、神の本質の象徴である。エジプト人達にとって、黄金は、太陽神のラーと結び付けられ、又、生命《いのち》の拠《よ》り所《どころ》である、穀物と結び付けられた。ヒンズー教徒にとって、黄金は、真理の象徴であった。古代ギリシアの人人は、黄金を、理性と不滅の象徴と見なした。——ギリシア神話においては、金毛の羊の毛皮が、永遠不滅の象徴である。金毛の羊の毛皮が、生命《いのち》の木に吊《つる》されているのを、イアソンが、発見した。(The colour of the sun, gold is the symbol of majesty and of the divine principle expressed through matter. For the Egyptians, it was linked with Ra, the sun god, and corn, upon which life depended. To the Hindu it was the symbol of truth. The ancient Greeks saw gold as the symbol of reason and immortality — the latter represented in myth by the golden fleece, which was found by Jason hanging on the tree of life.)(85)

第二に、円は、永遠と完全の象徴である。

大昔に、円は、男性的神性の象徴となり、後《のち》に、天使の頭の周《まわ》りの後光《ごこう》として、現れた。円は、初めなく、終わりなく、それ故に、無限、完全、そして、永遠を象徴する。円は、しばしば、神の象徴として、用いられる。(Early in history the circle became a symbol of male divinity, appearing later as the haloes around the heads of angels. Lacking beginning or end, it represents infinity, perfection and the eternal. It is often used as a symbol of God.)(86)

「自己の原型」が携《たずさ》える、たて琴の上の金髪《きんぱつ》の環《わ》は、生命《いのち》と、光と、永遠の象徴である。たて琴は、その持ち主《ぬし》が、歌人《うたびと》であることの証《あかし》である。たて琴は、何よりも、神神の楽器である。ケルトの神話において、たて琴は、豊穣《ほうじょう》の神の、職務上の必需品である。

ケルトの豊穣《ほうじょう》の神、ダグザは、たて琴を用いて、次次と、四季を呼び寄せた。たて琴は、又、次の世への通過を象徴する。(Daghda, Celtic god of plenty, used a harp to summon the seasons. It also symbolizes passage to the next world.)(87)

ギリシア神話において、たて琴は、歌と音楽の神、アポロ（*Apóllōn*）の楽器である。

アポロは、美々しく、背丈《たけ》高く、輝く光に包まれて、オリュンポスの神々に混じって、悠然と歩きながら、たて琴をかき鳴らした。アポロの足も、衣《ころも》も、きらきらと輝いた。アポロは、ムーサゲテース、即ち、「文芸の保護者」

として、出現し、又、キタロドス、即ち、「たて琴に合わせて歌う者」として、出現した。昔のギリシアの語り手や、詩人達によって、言うなれば、日の光が、音に変えられた。(Apollon schlug die Leier unter ihnen, schön und hoch einherschreitend, umstrahlt von Glanz. Es glitzerten die Füße und das Gewand. So erschien er als Musagetes und als *kitharodos*, als »Musenführer« und als »sänger zur Leier«. Es wurde von unseren alten Erzählern und Dichtern der Sonnenschein gleichsam in Töne verwandelt.)(88)

オルペウスは、父のアポロから、たて琴を与えられ、奏《ひ》き方を教えられた。(89)オルペウスの死後、このたて琴を奏《ひ》きこなせる者はなかった。

オルペウスのたて琴は、アポロとオルペウス以後、ふさわしい持ち主が見つからず、ゼウスによって、琴座として、星座に加えられた。(Seine Leier, die nach Apollon und Orpheus keinen würdigen Besitzer finden konnte, wurde von Zeus als Lyra unter die Sternbilder gesetzt.)(90)

たて琴は、天上の楽器である。

秩序の輝き

宇宙には、二つの、相反《あい》する傾向が、共存する。
一つは、「エントロピー的と呼ばれる、動力学的無秩序に向かう（TOWARD DYNAMICAL DISORDER called *Entropic*）」(91)傾向である。“Entropy”は、ドイツの理論物理学者、クラウジウス（R. J. E. Clausius）の造語で、['ENERGY' + Gk *tropé* turn, change] に由来し、「変形を生じること（generating a transformation）」(92)を意味する。
熱力学第二法則は、秩序に向かう傾向が提唱されるまでの百年間を支配した。

生命《いのち》の活動は、熱力学第二法則に支配される。ということは、つまり、物質の自然な状態は、混沌であり、又、すべての物は、衰え、でたらめで、無秩序になる傾向がある、ということである。(The activities of life are governed by the second law of thermodynamics. This says that the natural state of matter is chaos and that all things tend to run down and become random and disordered.)(93)

秩序は、もろく、崩れ易《やす》く、容易に、混沌《こんとん》の状態へ移行する。

冷たい物体を、熱い物体に接触させると、熱が交換され、終《つい》には、二つの物体の温度が同じになる。……自然界において、この逆の過程は、決して見られない。……一滴のインクを、水の中に落とすと、インクは、次第に広がって、終《つい》には、均一に分散される。この逆の過程は、決して、見られたことがない。(When we bring a cold body in contact with a hot body, heat is exchanged so that eventually both bodies acquire the same temperature.... The reverse process, however, is never observed in nature....When we put a drop of ink into water, the ink spreads out more and more until finally a homogeneous distribution is reached. The reverse process was never observed.)(94)

しかし、実際には、宇宙には、この反対の傾向が、存在する。それは、「形態形成的と呼ばれる、空間的秩序に向かう(TOWARD SPATIAL ORDER called *Morphic*)」(95)傾向である。ホワイト(Lancelot Law Whyte)は、秩序に向かう傾向の方が、はるかに、重要である、とさえ述べている。

我我は、次のような、避け難い、重要な結論に達した。つまり、宇宙においては、長い間無視されて来た、形態形成的な傾向の方が、エントロピー的な傾向より、概して、優勢であった、ということである。そして、太陽系が形成されて以来、この地球上においては、間違いなく、そうであった。無論、高温のような、特殊な条件の故に、ある段階の分析においては、無秩序に向かう傾向が存在した領域もある。しかし、全体としては、秩序化の傾向の方が勝っていたに違いないし、さもなければ、整った系も、階層を成す系も、存在しないであろう。私は、強調する。人間的、哲学的、かつ、科学的見地からして、自然における、秩序化の傾向は、無秩序化の傾向より、重要である、と。どのような状況にもせよ、どちらの傾向が、もう一方の傾向に対して優位を占めるかを決定する、正確な条件を発見するのは、将来の物理学が為すべき事である。私は、これまで、その条件のことを、「形態形成の諸条件」と呼んで来たのであるが。(We have reached the unavoidable and significant conclusion that in the cosmos by and large the long-neglected morphic tendency has predominated over the entropic tendency, and this has certainly been true on this earth since the solar system was formed. There are of course regions where, owing to special conditions such as a high temperature, there has been a tendency toward disorder at a certain level of analysis. But the ordering tendency must have prevailed on the whole, or there would exist no well-formed systems, and no hierarchies of systems. I emphasize: *From a human, philosophical, and scientific point of view the ordering tendency in nature is more important than the disordering tendency.* It is for the physics of the future to discover the precise conditions—I have called them the "morphic conditions"—that determine which tendency dominates over the other in any situation.)[96]

詩的、神話的想像力は、秩序と混沌《こんとん》の割合を、五分と五分には見なしていない。この世には、一日に、千人の死がある一方で、一日に、千五百人の誕生がある、と『古事記』[97]に記されている。秩序に向かう力は、混沌《こんとん》に向かう力に勝る。これについては、審美的想像力論[98]において、詳述した。
秩序を形作るのは、形態形成の力である。

「形態形成的」という用語に、更に重要な意味を与えるために、あなた御自身で、あなたのお気に召す例をお選び下さい。すべての形成は、形態形成的です。結晶の核の形成、そして、結晶の増殖。水蒸気から、雨滴や、形の良い雲が形成される。球形の地球と、殆んど平面的な太陽系が、何らかの種類の、物質的な単位から成る、余り形が整っていない、初期段階の系から、形成される。新しい組織が、染色体の、自己模写によって、形成される。花が、種《たね》から、形成され、赤ん坊が、受精卵から、形成される。人間が、事実それ自身によって、観察することが出来る、有限な物は、すべて、形を持ち、又、何か、余り形がはっきりしていなかった物から、ある時、形作られたのだ、と仮定しなければならないことが分かる。そして、「形態形成的」という用語は、こういったすべての個個の事例や、その他の数え切れない事例を、網羅《もうら》するのに便利な用語であるに過ぎない。この用語は、今日では、自然に関する合理的な思考のためには必須《ひっす》である。(To give the term "morphic" more significance, choose for yourself examples that appeal to you. All formation is morphic. The formation of a crystal nucleus and the growth of a crystal. The formation from water vapor of a raindrop or a well-shaped cloud. Of the globular earth and nearly planar solar system from some less-formed earlier system of physical unites of some kind. Of a new structure by the self-replication of a chromosome. Of flowers from a seed, or of a baby from a fertilized ovum. Every finite thing that man can observe ipso facto has form, and was, we find that we must assume, formed sometime from something less formed, and the term "morphic" is no more than a convenient term to cover all these particular cases and countless others. This term is today a necessity for rational thought about nature.)(99)

科学的想像力は、秩序に、最高の価値を置く。

昔から、秩序は、最高の価値と見なされて来た。神は、秩序である。神のみが、秩序を創造し、神のみが、秩序を回復する。至高の「秩序」は、神のものである。秩序に価値あり、と見なすことは、人間の本性に、生来備わっている。人間は、有機体であるのだから。が、これは、曖昧《あいまい》である。秩序の経験は、精神の様様の次元における、様様の事柄を意味し得るからである。我我は、様様の精神的な次元についての明確な概念を持たないので、ここでは、秩序を経験する、二つの様式のみを弁別したいと思う。先ず第一に、一個の、全体としての人間が、自分自身が関与する、秩序化の傾向の存在を経験すること。これは、非常に強力な、感情的な経験であって、内と外の秩序化の原理の力についての意識である。しかし、もっと表面的な次元においては、我我自身の外側にある、何らかの、確立した秩序の形についての、距離をおいた、知的、かつ、美的な、認識がある。今日に至るまで、科学の基礎を成して来た、秩序認識は、これである。しかし、この二つの秩序認識――内と外の、大いなる秩序化の傾向に、感情的に関与すること、そして、自然の秩序を、推定上、距離をおいて、客観的に、観察すること――は、統合された個人においては、密接不可分である。何故なら、統合された個人においては、精神の、様様の次元が、絶え間なく、交錯しているからである。(From the earliest days order has been regarded as a supreme value. God is order; he alone creates and restores order. The supreme Order is divine. It is inherent in human nature, since man is an organism, to value order. But this is ambiguous; the experience of order can mean different things at different levels of the mind. Since we lack a clear conception of the various mental levels, I shall here discriminate only two modes of experiencing order. There is, first, the experiencing by the total human person of the presence of an ordering tendency *in which he himself participates.* This is a powerful emotional experience: awareness of the power of the ordering principle within and without. But at a more superficial level there is the detached intellectual and aesthetic recognition of some established form of order outside ourselves. This is the perception of order which has until now provided the basis of science. But these two—the emotional participation in the great ordering tendency within and without, and the supposedly detached and objective observation of order in nature—are not separable in the integrated individual, for in him the various levels of the mind are in continual interplay.)(100)

「至高の「秩序」は、神のものである（The supreme Order is divine.)」。自然界の秩序は、「至高の秩序」の顕現の諸形体である。秩序を形成するのは、モルペウスなる神である。「秩序の輝き（splendor ordinis)」は、神の輝きである。神の輝きは、美である。物理学者は、美の中に、永遠を見る。

この拮抗《きっこう》する世界において、ほんの一瞬にもせよ、完全の意識をもたらす美が、可能である。原則として、人間存在を正当化する、他の何物も、必要ではない。一瞬の美は、永遠であり得る。そして、完全を経験することは、常に、可能である、ということを我我に思い出させることによって、美は、我我を、本来の姿に戻すことが出来る。

しかし、実行は、巧《うま》く出来なかった。そして、人は、完全の一瞥《いちべつ》の上に、人生の基礎を置くことは出来ない。そこで、私は、次のような考えに至った。もし、人間の精神が、非常に良く、統御《とうぎょ》され、感情、思考、行為における、精神の根元が、統合されて、単一の反応を示すことが出来るとしたら、どれ程大きな意味があるであろうか！我我は、感情、思考、行為が、未《いま》だ、分化されていなかった地点から出発して、我我の思考方法を、再構築することが出来ないであろうか？若《も》しかして、美から出発しては、どうだろう？否、無理だ。余りにも、曖昧《あいまい》だ。だが、秩序から出発しては、どうだろう？それと言うのも、何らかの形の秩序が、殆《ほと》んどすべての人間の経験の、土台を成すからである。経験の領域は、秩序と、見掛けの無秩序の混交である。今日、我我の思考方法は、乱れて、混乱しており、それ故に、現在、人類に突き付けられている課題には、如何《いか》なる実効性を持つ答えも、出されていない。我我は、事実には富んでいるが、着想には乏しい。その結果、まともに行動出来ない。秩序、即ち、美に対する愛のような、何らかの情熱に基づいた、疑問の余地のない確信がない限り、想像力豊かな導きは、あり得ない。（In this world of conflict, a beauty is possible that can bring, even if only for a moment, a sense of perfection. In principle no other justification of human existence is necessary. A moment of beauty is potentially eternal, and can restore us to ourselves by reminding us that the experience of perfection is always possible.

Yet action had been frustrated, and one cannot base a life on one glimpse of perfection. So I reached this thought. How much it would mean if the human psyche could be so ordered that its roots in feeling, thought, and action were united in a single response! Could we not reconstruct our way of thinking by starting from the point at which feeling, thought, and action are not yet differentiated? Start with *beauty*, perhaps? Hardly; that is too indefinite. But why not with *order?* For some form of order underlies nearly all human experience. The universe of experience is a cross of order and apparent disorder. Our *way* of thinking today is disordered and confused, and hence the present challenge to mankind evokes no effective response. We are rich in facts, but poor in ideas, and so inept in action. Imaginative leadership is not possible without unquestioned convictions founded on some passion such as the love of order or beauty.) (101)

物理学者は、永遠を求める。しかし、事実の集積と分析を以《もっ》てしては、そこには到達し得ない。科学的想像力は、それだけでは、人類を、永遠と完全に導く力を持たない。永遠と完全に到達するためには、「秩序、即ち、美に対する愛（the love of order or beauty）」に根差した想像力が、不可欠であることを、物理学者は、鋭く、意識する。

詩的想像力は、自然認識において、科学的想像力に勝る。

詩人は、科学的な頭脳の持ち主よりも、はるかに良く、自然を理解する。(102)

宗教的想像力は、極小《きょくしょう》の物質の中に、無限を認め、可視の中に、不可視を見る。

物質の、どの原子も、無限に満たされているのではないか？(103)

神は、「至高の秩序（The supreme Order）」である。この世の秩序は、「至高の秩序」の顕現の諸形体である。科学的想像力、審美的想像力、そして、宗教的想像力が、分裂せず、一つにまとめられて、統合的に働くなら、秩序の輝きから、「至高の秩序」に至る道が、開かれる。

第二章

「柳の歌」

「柳の歌」

哀《あわ》れ、乙女は、楓《かえで》の傍《かたわ》らに座《ざ》して、吐息《といき》を洩《も》らせり。
　歌え、青柳《あおやぎ》を。
手を胸に、頭《こうべ》を膝《ひざ》に、
　歌え、柳を、柳を、柳を。
清らかな流れが、乙女の傍《かたわ》らを流れ、嘆きと悲しみを呟《つぶや》けり。
　歌え、柳を、柳を、柳を。
辛《つら》き涙が、流れ落ち、石も和《やわ》らげり。

(The poor soul sat sighing by a sycamore tree,
　Sing all a green willow;
Her hand on her bosom, her head on her knee,
　Sing willow, willow, willow:
The fresh streams ran by her, and murmur'd her moans;
　Sing willow, willow, willow;
Her salt tears fell from her, and soften'd the stones;—) (1)

『オセロウ（*Othello*）第四幕三場において、デズディモウナが歌う、「柳の歌（"The willow song"）」は、死出の旅路に赴《おもむ》く前の歌である。

柳は、二重の意味を持つ。

第一に、「柳は、勢いの良い流れの辺《ほとり》に生《は》える、縁起《えんぎ》の良い、緑の木（le saule est l'arbre vert et bénéfigue des eaux vives）である」。[2] "Bénéfigue" とは、占星術用語で、「良い運勢をもたらす」という意味である。緑の柳は、初初《ういうい》しい、新妻《にいづま》のデズディモウナに、最も似つかわしい木である。

その一方で、柳には、不吉な連想が、付きまとう。柳は、溺死した乙女達が宿る木で、「殆《ほとん》ど、常に、禍《わざわい》をもたらす（presgue toujours maléfigues）」。[3] 占星術用語で、"étoile maléfigue" と言えば、凶星を意味する。

取り分けて、一種の水のニンフとして知られる、ルサールカは、不信の念を抱かせる。それというのも、彼女達は、若くして溺死した乙女達であって、夜、水辺を散歩する、軽卒《けいそつ》な者達を、自分達と同じ目に遭《あ》わせてやることばかり、企《たくら》んでいるように思われる。しかし、ルサールカは、しばしば、木の中にも入る。夏の初めに、川が暖かくなると、ルサールカ達は、川を出て、柳か樺《かば》を選んで、住処《すみか》にする。月明かりの夜には、彼女達が、枝の上で、ブランコをしたり、互いに、大声で何かを言い合ったり、木から降《お》りて、林間の空《あ》き地で、踊ったりしているのが見える。（Connues surtout comme des sortes de nymphes des eaux, les *roussalki* doivent inspirer la méfiance, car ce sont des jeunes filles noyées qui ne songent, semble-t-il, qu'à réserver le même sort aux imprudents qui se promènent la nuit aux bord des eaux. Mais les roussalki fréquentent aussi les arbres. Lorsque les rivières se réchauffent, au début de l'été, elles les quittent et vont élire domicile dans un saule ou un bouleau. Au clair de lune, on peut les voir se balancer sur leurs branches, s'interpeller l'une l'autre et, descendant de leurs arbres, danser dans les clairières.)(4)

「ルサールカ（*roussalki*）」、即ち、“the Rusalki”は、水のニンフである。

ルサールカは、水のニンフで、スラヴォニアの神話と、ロシアの神話の、双方に見出《みいだ》される。ルサールカは、溺死した少女達の霊である、と考えられた。冬の間、彼女達は、東ヨーロッパの大きな川に住み、地域によって、異なる形を取った。例えば、東南ヨーロッパの、ドニエプル川や、ドーナウ川のルサールカは、通常、美しい、セイレンのような生き物として描かれ、魔法の歌によって、通り掛かった人人を、思いも寄らずに、水の中へ引き込もうとした。それとは対照的に、北方の地域においては、水のニンフ達は、悪意に満ち、ぼさぼさの髪《かみ》をした、醜い生き物で、川岸から、旅人を引っつかみ、川の中へ引摺《ず》り込み、そうして、溺《おぼ》れさせようとした。夏の間、川が、太陽で暖かくなると、ルサールカは、川から出て、陸に上がり、森の中の涼しい所で暮らした。（THE RUSALKI were water nymphs and can be found in both Slavonic and Russian mythology. They were thought to be the spirits of drowned girls. During the winter months, they lived in the great rivers of eastern Europe, taking on different forms in different regions. For instance, in the Rivers Dnieper and Danube, in south-eastern Europe, they were commonly pictured as beautiful, siren-like creatures who would attempt to lure unsuspecting passers-by into the water with their magical song. In the northern regions, in contrast, the water nymphs were considered to be malevolent, unkempt and unattractive creatures, who would grab travellers from the river banks and drag them down into the river and drown them. During the summer, when the rivers were warmed by the sun, the Rusalki came out of the water on to the land and lived in the cool of the forests.)⑸

柳は、『ハムレット（*Hamlet*）』においても、悪さを働く。ハムレットに捨てられて、気が狂《ふ》れてしまったオフィーリアは、自分の手で編んだ花環《はなわ》を、柳の枝に掛けようとしたが、細い小枝が折れてしまい、そのまま、水面《みなも》に落ちる。柳の枝は、薄幸《はっこう》の乙女を、自分達と同じ運命に引き摺《ず》り込もうとする、悪意に満ちた、ルサールカの腕の如くである。

王妃：一本《ひともと》の柳の木が、小川の上に、斜めに、覆《おお》い掛かり、
灰色の葉を、鏡の如き流れに映しておる。
そこへ、オフィーリアが、奇妙奇天烈《きてれつ》な花環《はなわ》を携《たずさ》えて、やって来た。
金鳳花《きんぽうげ》やら、刺草《いらくさ》やら、雛菊《ひなぎく》やら、蘭《らん》で編んであった。
無骨《ぶこつ》な羊飼いどもは、この蘭《らん》を、下卑た名で、呼んでおるが。
だが、純潔《きよ》らかな娘達は、これを、死人《しびと》の指と呼んでおる。
それ、あそこの垂れ下がった枝に、雑草の環を
掛けようとして、よじ登ったところ、意地悪な細枝が、折れてしもうた。
そうして、雑草の栄冠もろとも、オフィーリア自身も、
涙を流す小川の中に、落ちてしもうた。衣裳《きもの》が、大きく広がって、
しばらくの間は、さながら、人魚の如くに、体を支えておった。
オフィーリアは、その間、昔の歌を、とぎれとぎれに、口ずさんでおった。

まるで、自分自身の悩み苦しみには、無感覚になってしまった者の如くに、
或《ある》いは、水から生まれて、水に帰るのが、
合っているかの如くに。だが、それも束《つか》の間《ま》、
衣裳《きもの》が、水を含んで、重くなり、
可哀相《かわいそう》に、美しい歌も止《や》んで、
死の沼に、引き摺《ず》り込まれてしもうたのじゃ。

(*Queen.* There is a willow grows aslant a brook,
That shows his hoar leaves in the glassy stream;
There with fantastic garlands did she come
Of crow-flowers, nettles, daisies, and long purples
That liberal shepherds give a grosser name,
But our cold maids do dead men's fingers call them:
There, on the pendent boughs her coronet weeds
Clambering to hang, an envious sliver broke;
When down her weedy trophies and herself
Fell in the weeping brook. Her clothes spread wide;
And, mermaid-like, awhile they bore her up:
Which time she chanted snatches of old tunes;
As one incapable of her own distress,

Or like a creature native and indued
Unto that element: but long it could not be
Till that her garments, heavy with their drink,
Pull'd the poor wretch from her melodious lay
To muddy death.(6)

百七十四行目の“envious”は、アニアンズ（Onions）に拠《よ》れば、「悪意のある（malicious）」を意味する。かつて、“envy”は「悪意（ill will）」を意味したが、現在では、すでに、廃語である。ちなみに、“envy”の語源は、ラテン語の*invidia*、即ち、「嫉妬《しっと》」である。オフィーリアを、水面《みなも》に突き落としたのは、小枝の「悪意」であると同時に、小枝の「嫉妬《しっと》」であろう。柳の木には、若くして溺死した乙女達の、生きて幸せに暮らす者達に対する、堪《こら》えようのない怒りと妬《ねた》みが潜むのだから。

百八十一行目の“that element”は、地、水、火、風の四元素の中の水を指す。

ミレイ（Sir John Everett Millais）の『オフィーリア（*Ophelia*）』には、薄幸《はっこう》の乙女の最後の瞬間が描かれている。ミレイは、ラファエロ前派の画家で、この作品は、一八五一年から、一八五二年にかけて、制作された。枝先の折れた柳の木が、川面《かわも》に覆《おお》い掛かり、その下に、気の狂《ふ》れた乙女が、仰向《あおむ》けに、浮かんでいる。半《なか》ば開《あ》いた口許《くちもと》と、虚《うつ》ろなまなざしが、痴呆《ちほう》的な心の状態を暗示する。花環は、引きちぎれて、ばらばらになってしまった。花の色の、毒毒しい鮮やかさが、やがて消え行く生命《いのち》の儚《はかな》さを、逆説的に、強調する。乙女の体の下からは、ルサールカの手が、迫っている。

オフィーリアを水底《みなそこ》に引き摺《ず》り込んだのが、北方のルサールカであるなら、デズディモウナに憑《と》り付いて、死の歌を歌わせたのは、南方の、セイレン（Siren）型のルサールカであろう。一方は、髪がぼさぼさの、醜いニンフ、もう一方は、美しい声で、魔法の歌を歌うニンフである。

ドボルザーク（Antonin Dvořák）は、『ルサールカ（*Rusalka*）』という表題のオペラを作曲した。抒情的な、美しい旋律の楽曲である。しかし、主人公のルサールカは、川縁《かわべり》の散歩者を、水底《みなそこ》に引き摺《ず》り込む、溺死した乙女の霊ではなく、アンデルセン（Hans Christian Andersen）の『人魚姫（*The Little Mermaid*）』に準《なぞら》えられた、水の精である。美しい水の精は、人間の王子を恋する余り、祖国の湖を捨てる。副題が示す通り、この作品は、「三幕の抒情的なおとぎ話　作品一一四」である。

「柳の歌」は、古くから伝わる歌である。(7)ホ短調の、美しくも、哀《かな》しい旋律《ふし》は、歌っている人が、可憐《かれん》で、無防備なだけに、迫り来る運命の無惨《むざん》と理不尽《りふじん》を、一層、際立《きわだ》たせる。

デズディモウナは、この歌を、母の小間使いから、聞き覚えた。

私の母に、バーバラって名の、小間使いがいたの。
バーバラは、恋をしたけど、恋人の気が狂《ふ》れて、
捨てられてしまったの。バーバラは、「柳」の歌を知っていたわ。
古い歌だったけど。でも、バーバラの運命《さだめ》は、歌の通りになってしまったわ。
バーバラは、柳の歌を歌いながら、死んでしまったの。
(My mother had a maid call'd Barbara:
She was in love, and he she loved proved mad

And did forsake her: she had a song of 'willow;'
An old thing 'twas, but it express'd her fortune,
And she died singing it:) (8)

かつて、母の小間使いが、柳の歌を歌いながら死んでしまったように、デズディモウナも、柳の歌と共に、死ぬ運命《さだめ》である。

純粋そのもの、無垢《むく》そのものの、美しい人は、イアーゴウ（Iago）の奸計《かんけい》にはめられて、副官のキャシオウ（Cassio）との間に不義密通を疑われ、夫の手に掛けられる。

キャシオウは、そなたに手を付けた。

（...he [i.e. Cassio] hath used thee [i.e. Desdemona].） (9)

それ故に、

デズディモウナは、結婚生活に背《そむ》いた。

（...she [i.e. Desdemona] was false to wedlock.） (10)

イアーゴウは、苺《いちご》のハンカチを、ざん言の手立てに用いた。オセロウを、散散《さんざん》、愚弄《ぐろう》した挙句《あげく》、イアーゴウは、言う。

イアーゴウ．　ま、どうか、お気をお鎮《しず》め下さい。まだ、何も、事実を見た訳ではありませんから。
奥方様は、恐らく、潔白でございましょう。ただ、これだけは、お尋ね致しますが、
奥方様が、苺《いちご》の縫い取りをしたハンカチを、お手にしておられるのを、
このところ、御覧になっておられないのではございませんか？
オセロウ．　そういうハンカチを、私は、デズディモウナに贈ったのだ。私の最初の贈り物だ。
イアーゴウ．　それは、存じませんが。しかし、それらしいハンカチで――
確か、奥方様のだったと思いますが、今日、
キャシオウが、あごひげを拭《ぬぐ》うところを、見ました。

(*Iago.*　Nay, but be wise: yet we see nothing done;
She may be honest yet. Tell me but this,
Have you not sometimes seen a handkerchief
Spotted with strawberries in your wife's hand?
Oth.　I gave her such a one; 'twas my first gift.
Iago.　I know not that: but such a handkerchief—
I am sure it was your wife's—did I to-day
See Cassio wipe his beard with.) (11)

苺のハンカチは、呪《のろ》われたハンカチである。オセロウは、これを、母から貰《もら》い受けた。

あのハンカチは、
ジプシーの女が、母にくれたのだ。
女は、魔術師で、人の心を
読むことが出来た。女は、母に言った。このハンカチを持っている限り、
母は、魅力を保ち、完全に、父の愛情《こころ》を、
自分のものにすることが出来る。が、もし失くしたり、
人にやったりすれば、父は、
母を厭《いと》わしく思い、父の心は、
新しい恋人達を求めるようになる、と。母は、死に際《ぎわ》に、ハンカチを、私に渡して、
こう言った。どうか、妻を娶《めと》ったら、
これを、その女《ひと》にやっておくれ、と。私は、その通りにして、気を付けていた。
あれは、そなたの目と同じ程、いとしく、大切だったのだ。
あれを失《な》くしたり、人にやったりすれば、
喩《たと》えようもない破滅に至るのだ。
(That handkerchief
Did an Egyptian to my mother give;
She was a charmer, and could almost read
The thoughts of people: she told her, while she kept it,
'Twould make her amiable and subdue my father

Entirely to her love, but if she lost it
Or made a gift of it, my father's eye
Should hold her loathed and his spirits should hunt
After new fancies: she, dying, gave it me;
And bid me, when my fate would have me wive,
To give it her. I did so: and take heed on't;
Make it a darling like your precious eye;
To lose't or give't away were such perdition
As nothing else could match.) (12)

ハンカチには、魔術が織り込まれていた。

確かに、あのハンカチには、魔術が織り込まれていた。
この世で、太陽が、二百周期を回るのを数えた、
齢《よわい》二百才になる巫女《みこ》が、
神に憑《と》り付かれて、縫い取りをしたのだ。
聖別された蚕《かいこ》が、絹の糸を吐き出した。
ハンカチは、ミイラに浸《つ》けて、染められた。
秘法の持ち主《ぬし》が、生娘《きむすめ》の心臓から防腐剤に作った、ミイラだ。

('Tis true: there's magic in the web of it:
A sibyl, that had number'd in the world
The sun to course two hundred compasses,
In her prophetic fury sew'd the work;
The worms were hallow'd that did breed the silk;
And it was dyed in mummy which the skilful
Conserved of maidens' hearts.)(13)

若くして死んだか、或《ある》いは、その為に、わざわざ、殺されるかした、生娘《きむすめ》達の心臓に脈打っていた、真《ま》っ赤《か》な血潮《ちしお》。苺《いちご》の赤は、人間の生き血の色である。苺《いちご》の形は、人間の心臓の形である。若くして生命《いのち》を断たれた女の、無念と怨念《おんねん》の塊《かたまり》。それが、このハンカチの苺《いちご》である。オセロウが、母から譲られて、デズディモウナに贈ったハンカチは、このようなハンカチである。「染める人の手（the dyer's hand）」(14)は、ハンカチの中に、不吉な呪《のろ》いを、しっかりと、染《し》み込ませ、封じ込めた。

呪《のろ》われたハンカチは、「かの半悪魔（that demi-devil）」(15)、即ち、イアーゴウの手に握られて、事態を、一気に、破局へ向かわせる。

オセロウは、清廉《せいれん》潔白の武将であるが、武勲《ぶくん》を立てることは知っていても、人の心の裏を読むことは知らない。対するイアーゴウは、「地獄堕《お》ちの悪党（this damned villain）」(16)である。オセロウは、「極悪《ごくあく》非道の悪党（this hellish villain）」(17)の舌先三寸に翻弄《ほんろう》されて、「手中の珠《たま》（a pearl）」(18)であった新妻を、我と我が手で、締め殺す。

かつて、あれ程、天晴《あっぱれ》な人物であった、オセロウが、
悪魔の悪巧《わるだく》みに掛かって、
(...Othello, that were once so good,
Fall'n in the practice of a damned slave,) (19)

身を滅ぼした。

悲劇の死の現場を目撃したのは、『オセロ（*Othello*）』と題された、銅版画の中である。この作品の前に立ったのは、二〇一七年三月に、「シャセリオー展（Théodore Chassériau）」を観るために、国立西洋美術館を訪れた時のことである。

デズディモウナの死の床に駆け付けた侍女のエミリア（Emilia）は、仰天して、尋ねる。

まあ、一体、誰が、こんなことを？
(O, who hath done this deed?) (20)

デズディモウナは、次の言葉を言い残して、息絶える。

誰でもないの。この私がやったの。
どうか、殿様に、よろしくお伝えしておくれ。では、さようなら！
(Nobody, I myself.

Commend me to my kind lord: O farewell!)(21)

“Desdemona”は、ギリシア語の*dusdaimonia*に由来して、不幸（misery）、及び、不幸な者（the ill-fated）を意味する。デズディモウナを殺したのは、正《まさ》しく、“desdemona”、即ち、不幸である。「この私（I myself）」が、私を殺したのだ。“Desdemona”という名前が、いみじくも、薄幸薄命の佳人の体《たい》を表していた。

私は、何の科《とが》もないのに、死ぬのです。
(A guiltless death I die.)(22)

最後に、オセロウは、事の真相を悟る。

どうか、書状の中で、
この不幸な行為《しわざ》を御報告になる時は、
私めについては、有《あ》りのままを、お話し下さい。手加減は、御無用に願います。
そうして、どんな悪意も交《まじ》えず、お書き下さい。その上で、私については、こう仰せ下さい。
思慮分別には欠けていたが、余りにも、深く愛した者であった。
滅多なことでは、嫉妬《しっと》に駆《か》られないが、謀《たばか》られたために、
極限にまで、心が掻《か》き乱された。この者の手は、
宝石《いし》の価値を知らないインド人の如くに、真珠を投げ捨ててしまった。

インド人達を全部合わせたよりも、もっと価値《あたい》高き真珠を。この者の目からは、
涙が流れないのが常であるが、
アラビアの木が、薬になるゴム汁を滴《したた》らせるが如くに、
涙が、滝のように、滴《したた》り落ちた。どうか、このように、お書き下さい。

(I pray you, in your letters,
When you shall these unlucky deeds relate,
Speak of me as I am; nothing extenuate,
Nor set down aught in malice: then must you speak
Of one that loved not wisely but too well;
Of one not easily jealous, but being wrought
Perplex'd in the extreme; of one whose hand,
Like the base Indian, threw a pearl away
Richer than all his tribe; of one whose subdued eyes,
Albeit unused to the melting mood,
Drop tears as fast as the Arabian trees
Their medicinal gum. Set you down this;) (23)

大木が、樹液を滴《したた》らせるように、オセロウは、全身から涙を流し、自刃《じじん》して果てる。
デズディモウナは、殺されたのであって、殺したのではない。しかし、デズディモウナの故に、二人の人間が、命

を落とした。夫は、自害し、父は、悶死《もんし》した。
哀《あわ》れなデズディモウナよ！そなたの御父上が、亡くなられていて良かった。
そなたが、ムーア人と結ばれたので、心痛の余り、亡くなられたのだ。嘆きと悲しみそのものが、
老いの玉の緒を、ぷっつりと、二つに断ったのだ。
(Poor Desdemona! I am glad thy father's dead:
Thy match was mortal to him, and pure grief
Shore his old thread in twain.)(24)

デズディモウナが、オセロウに殺されたことを知るより以前に、父が亡くなってしまっていて、まだしも幸いだった。

夫も死に、父も死に、更に、副官のキャシオウと、ヴェネツィア（Venèzia）の紳士、ロドリーゴウ（Roderigo）は、刺し殺され、侍女のエミリアは、夫のイアーゴウに殺された。デズディモウナに絡《から》んで、都合、五人の人間が、非業《ひごう》の死を遂げた。

デズディモウナは、無垢《むく》で、可憐《かれん》で、美しい。が、デズディモウナは、「殺す女（donne fatali）」の一人である。「殺す女」については、審美的想像力論(25)において、詳述した。

ルサールカの悪意と、心臓を摘《と》り出された乙女達の怨念《おんねん》を、一身に集めて、デズディモウナは、「殺す女」となり、復しゅうの刃《やいば》の代行者となったのだ。刃《やいば》は、先ず、デズディモウナ自身に向けられた。不本意にも、無惨《むざん》な死を遂げた乙女達は、デズディモウナが、このまま、幸福な生を全うすることを容赦《ゆる》さなかった。更に、復しゅうの刃《やいば》の恐る

べき破壊力は、デズディモウナに関《かか》わる、五人もの人人にまで及んだ。「女が、不幸であれば、恐るべきことをやってのける (If a woman is not happy, she is capable of terrible things.)」。(26) 若くして、生命《いのち》を奪われた者達の、怒《いか》りと悲しみは、単に、デズディモウナ唯《ただ》一人の死によっては、宥《なだ》められず、こんなにも凄《すさ》まじい惨事を引き起こした。髪振り乱した乙女達の、自暴自棄の狼藉《ろうぜき》の痕跡《あと》としか言いようがない。『オセロウ』は、復しゅう劇である。

ダプネ

木は、ニンフ（nymph）である。ニンフは、半神半人の乙女である。木を伐《き》る者は、ニンフを殺す。

聴け、樵夫《きこり》よ、しばし、手を止《と》めよ。
お前が、伐《き》り倒すのは、木に非《あら》ず。
堅い樹皮の下に生きていたニンフ達の
血が、どくどくと滴《したた》り落ちるのが、分からぬか？
(Escoute, Bucheron, arreste un peu le bras;
Ce ne sont pas des bois que tu jettes à bas;
Ne vois-tu pas le sang lequel degoutte à force
Des Nymphes qui vivaient dessous la dure escorce?)(27)

ニンフの血を流す者には、かつて、エリュシクトンが受けたのと、同じ罰と呪《のろ》いが降《ふ》り懸《か》かる。エリュシクトンは、

　テッサリアのドティオンの王、トリオパスの息子、又は、ミュルミドンの息子であった。エリュシクトン（歴史家のヘラニコスは、アイトンと呼んでいるが、これは、「燃える者」を意味する）は、宴会場を建てるために、木

材が必要になった。エリュシクトンは、不遜《ふそん》な男であったから、デメテルの、神聖な樫《かし》の森を、伐《き》り倒した。そこは、よく、ニンフ達が踊っている森だった。ところが、エリュシクトンが、斧《おの》を打ち下《お》ろしたとたん、深い傷口から、血が流れ出た。傍《かたわ》らで見ていた者が、それは、けしからん、と言うと、エリュシクトンは、その男の首を撥《は》ねてしまった。森のハマドリュアス（木の精）は、デメテルに助けを求めた。デメテルは、自分に仕える巫女《みこ》の姿に身をやつして、やって来て、エリュシクトンに、どうか、聖なる森を御容赦《ごようしゃ》下さい、と懇願した。しかし、エリュシクトンは、これを、一笑に付しただけだった。そこで、女神は、あなた様は、どうしても、食堂が御《ご》入《い》り用《よう》なのでしょうから、どうぞ、御予定通りに、お進め下さい、と言って、オレイアス（山のニンフ）を、ペイナ（飢え）の所へ遣《つか》わし、エリュシクトンを、がつがつ貪《むさぼ》る食欲で苛《さいな》んでやってくれ、と頼んだ。そこで、ペイナは、エリュシクトンが眠っている寝室へ飛んで行き、エリュシクトンの体の中へ、潜《もぐ》り込んだ。エリュシクトンは、焼け付くような食欲と共に、目が覚めたが、食欲は、どうにも、治《おさ》まらなかった。エリュシクトンが、食べ物を手に入れるために、全財産を使い果たしてしまった時、残るは、娘のメストラだけだった。メストラは、ポセイドンの恋人である。エリュシクトンは、更に食べ物を調達するために、娘を奴隷《どれい》に売り飛ばした。しかし、娘は、ポセイドンに救いを求めた。そこで、ポセイドンは、恋人に、あらゆる種類の動物に、姿を変える能力《ちから》を与えた。という訳で、メストラは、父のために、いろいろな種類の食べ物をあてがうことが出来た。しかし、ポセイドンから与えられた能力《ちから》も、エリュシクトンを、いつまでも、救ってはくれなかった。そして、終《つい》に、エリュシクトンは、自分自身の肉《からだ》を貪《むさぼ》り始めて、死んでしまった。(Son of Triopas, king of Dotion in Thessaly, or of Myrmidon. Erysichthon (called Aethon, 'the blazing', by the historian Hellanicus) needed timber to build a banqueting-hall. An impious man, he cut down Demeter's sacred oak-grove where the nymphs were wont to dance. But as he laid his axe to the wood, blood frowed from the gash, and when a bystander objected, Erysichthon lopped off his head. The hamadryads (tree-spirits) of the grove called on Demeter, who came in the guise of her own priestess and begged him to spare the holy wood. However he only laughed at her. Whereupon the goddess, telling him to carry on with his plans, since he would find himself very much in need of a dining room, sent an Oread (mountain nymph) to Peina ('Hunger'), asking her to plague Erysichthon with a ravenous appetite; and Peina flew to his bedroom where he was asleep, and crept into his body. He woke up with a burning desire to eat, which could not be appeased. When he had consumed all his wealth in supplying himself with food, he had nothing left but his daughter Mestra, Poseidon's mistress. To procure further provisions, he sold the girl into slavery. She, however, asked Poseidon to rescue her, and he gave her the power to change into the shape of all manner of animals, so that she was able to find various kinds of food for her father. Even this gift, however, did not save Erysichthon for ever, and in the end he started to devour his own flesh and died.)(28)

木を殺す者は、最終的に、自分自身を殺す。木は、人間である。これについては、第四章において、詳述する。

写真五は、追うアポロと、追われるダプネの図である。ダプネは、今、正《まさ》に、木に変身しようとしており、アポロは、辛《かろ》うじて、追い付いたものの、抱《だ》き抱《かか》えたニンフの腰は、次の瞬間には、木になってしまう筈である。ベルニーニ（Gian Lorenzo Bernini）の『アポロとダプネ（*Apòllo e Dafne*）は、神童の名を縦《ほしいまま》にした彫刻家の超絶技巧（virtuosità）が産んだ、名品である。白い大理石の、薄い月桂樹《げっけいじゅ》の葉を透かして、光が見える、と言われる。ダプネの指先から、今、正《まさ》に、生《は》え出《い》でつつある葉の重なりを眺めていると、あたかも、変身の瞬間に立ち合ってい

るかのような興奮を覚える。物語を造形化することによって、「語る彫刻」が成就した。つまり、これは、聴覚芸術の視覚芸術化である。

詩と絵画の関係について、ホラチウス（Quintus Horatius Flaccus）の『詩学（*Ars Poetica*）』(361)には、こう記されている。

詩は、絵画の如くである（ut pictura poesis）。

詩は、語る絵である、というのが、ホラチウスの主張である。誌の如き絵画の逆は、絵画の如き詩である。視覚芸術の聴覚芸術化は、ekphrasis と呼ばれ、絵画や工芸品のような、視覚的、造形的な芸術を、精密に描写する、詩や物語の技法である。後《のち》に言及する、キーツ（John Keats）の「ギリシアの壺《つぼ》に寄せる頌詩《うた》"Ode on a Grecian Urn"」は、その典型的な例である。

ダプネは、

木のニンフで、テッサリアのペネイオス川の神（或《ある》いは、アルカディアの話では、ラドン川の神となっているが）の娘であった。ダプネは、アルテミスのように、処女の狩人《かりゅうど》であった。ダプネに関しては、二つの物語がある。……。ダプネに関する、もっと良く知られた、二番目の物語によると、アポロ自身も、又、ダプネを口説《くど》き損なった。アポロが、ダプネを恋するようになったのは、恋の神、エロスを馬鹿にしたからだった。それというのも、アポロは、自分自身の弓の腕前があっぱれであるのにひきかえ、エロスの弓矢は、すぐにも折れそうだし、それに、エロスは、背丈がちんちくりんだ、と悪し様《あざま》に言ったので、エロスは、アポロの奴め、目に物見せてくれようとばかり、パルナッソスの天辺《てっぺん》から、二本の矢を、自分の弓から、放った。一方の矢は、黄金の先端で、アポロの心臓を貫《つらぬ》き、そのため、アポロは、死に物狂いで、ダプネを求めるようになった。もう一方の矢は、先端が、鈍い、鉛の矢で、ダプネを突き刺し、そのせいで、ダプネは、どんな恋人も、受け付けなくなってしまった。アポロは、森から森へ、ダプネを追いかけたが、とうとう、ダプネの父の川である、ペネイオス川の堤《つつみ》で、ダプネを捕《つか》まえる、すれすれの所まで来た。そこで、ダプネは、川の神に、どうか、お願いですから、助けて下さい、と、必死に、懇願した。すると、立ち所に、そこに根が生《は》えて、ダプネは、月桂樹《げっけいじゅ》に変えられた。この木は、ダプネから、名前を与えられた。アポロは、求愛を断念せざるを得なかったが、音楽と弓術の神として、以後、我がたて琴と、箙《えびら》と、歌人《うたびと》達の頭《こうべ》を、月桂樹《げっけいじゅ》の栄冠が、飾るべし、と命じ、定めた。(A nymph, the daughter of the River Peneius in Thessaly (or, in an Arcadian version, of the River Ladon); she was a virgin huntress like Artemis. Two stories are told of her....According to the second and more famous story relating to Daphne, Apollo himself also failed to win her. It was through his mockery of Eros, the god of love, that Apollo fell in love with Daphne. For after he had unfavourably compared Eros' flimsy weapons and slight stature with his own prowess at archery, Eros, to punish him, loosed two shafts from his bow from the top of Parnassus. One pierced Apollo's heart with its gold tip and made him desperate for Daphne; the other, a blunt arrow with a leaden tip, struck Daphne and made her impervious to any lover. Apollo pursued Daphne through the woodlands until, on the banks of her father's river, the Peneius, he very nearly caught her. Here she prayed fervently to the river-god to save her, and was at once rooted to the spot and changed to a laurel tree, to which she gave her name. Apollo had to abandon his courtship but, as god of music and the bow, decreed that henceforward a laurel garland should decorate his lyre, his quiver, and the heads of minstrels.) (29)

詩人の中の詩人、ダンテ（Dante Alighieri）は、月桂樹《げっけいじゅ》の冠《かんむり》を戴《いただ》く姿に描かれる。写真六．に見る通りである。この姿に出会ったのは、二〇〇四年の十月のある日、「フィレンツェ——芸術都市の誕生展」を見るために、東京都美術館を訪れた折のことである。

月桂樹《げっけいじゅ》は、詩人の、永遠の誉《ほまれ》れである。

私には、墓石《はかいし》も、
碑文《うた》も、要《い》りません。
唯《ただ》、どうか、私の埋められた地面《ところ》から、
一本《ひともと》の、聖なる月桂樹《げっけいじゅ》が生《は》え出《い》でて
くれますように。
その木が、永久《とわ》に、
緑の葉を繁《しげ》らせ、
大本になったら、
唯《ただ》の木ではなくて、
私の永遠の記念碑《しるし》となるように。
(A funerall stone,

Or Verse I covet none;
But onely crave
Of you, that I may have
A sacred Laurel springing from my grave:
Which being seen,
Blest with perpetuall greene,
May grow to be
Not so much call'd a tree,
As the eternall monument of me.)(30)

英国における、初代の桂冠《けいかん》詩人（Poet Laureate）は、ベン・ジョンソン（Ben Jonson）であるが、それ以前にも、チョーサー（Geoffrey Chaucer）、スケルトン（John Skelton）、スペンサー（Edmund Spenser）、ダニエル（Samuel Daniel）は、王室詩人（*Versificator Regis*）と呼ばれていた。

桂冠《けいかん》詩人とは、月桂樹《げっけいじゅ》の冠《かんむり》（laurel wreath）を戴《いただ》く大詩人のことで、昔、大学で、修辞学と詩学を修《おさ》めた者に、月桂樹《げっけいじゅ》の環《わ》を授与したことに由来する。桂冠《けいかん》詩人は、王室付きの詩人で、首相から任命され、国王の誕生日や、国家の行事を祝うために、国民感情を歌うことを務《つと》めとする。

ローマ時代には、月桂樹《げっけいじゅ》の葉や実は、万能薬（panacea）と見なされ、人人は、病人がいる家の戸口に、月桂樹《げっけいじゅ》の小枝を下げた。若い医師が、月桂樹《げっけいじゅ》の実（bacca lauri）を頭上に載せる習慣は、ここから生じた。学士の称号（bachelor's degree）が、"baccalaureate"と呼ばれるのは、この故である。

ダプネが、月桂樹《げっけいじゅ》に変身したことは、元を糺《ただ》せば、アポロの心臓を貫《つらぬ》いた、エロスの矢に起因する。
エロスの矢ならぬ、エロスの花の使い方を誤ると、思わぬ逆転が起こる。

アポロが逃げ、ダプネが追う。
(Apollo flies and Daphne holds the chase)(31)

エロスの花とは、「野性の三色菫《すみれ》(wild pansy)である。

エロスの矢は、小さな、野性の三色菫《すみれ》の上に落ちたのだ。
この花は、元は、乳白色であったが、今では、恋の神に傷つけられて、深紅に染まっておる。
若い娘達は、この花を、戯《たわむ》れの恋と呼んでおるが。
……
男であれ、女であれ、眠っている間に、この花の汁を、瞼《まぶた》に落とされれば、
目を覚ました時、最初に見た生き物を、
死にもの狂いで溺愛するようになるのだ。
(It [i.e. the bolt of Cupid] fell upon a little western flower,
Before milk-white, now purple with love's wound,
And maidens call it love-in-idleness
……

The juice of it on sleeping eye-lids laid
Will make or man or woman madly dote
Upon the next live creature that it sees.）(32)

現実の世の中においては、この種の行き違いと逆転が、しばしば、起こる。その模様は、倫的想像力論(33)において、詳述した。

「ギリシアの壺《つぼ》（a Grecian Urn）」(34)の表面に、遠い昔の、ギリシアの森の光景が、刻まれている。壺《つぼ》は、大理石の壺《つぼ》であるので、表面に刻まれた牧歌は、「冷たき牧歌（Cold Pastoral）」(35)である。

汝、未《いま》だ犯されざる、静寂の花嫁よ、
汝、沈黙と長き時間《とき》の養《やしな》い子よ、
森の語り手よ、汝は、斯《か》くの如《ごと》く、我等《われら》の詩歌《うた》よりも、
はるかに甘美《あま》き、花に被《おお》われた物語を語る。
汝の形の周《まわ》りには、縁《へり》に、葉の模様が施《ほどこ》されているが、そこには、どんな言い伝えが、表現《あら》わされているのか？
テンペーやアルカディアの、
神神や人間達や、或《ある》いは、双方についての、どんな言い伝えが、表現《あら》わされているのか？
ここに刻まれているのは、どんな人間達か？それとも、どんな神神か？嫌《いや》がる乙女達は、誰《だれ》なのか？
如何《いか》なる狂おしい追跡か？如何《いか》なる死に物狂いの逃走か？

如何《いか》なる笛か、そして、如何《いか》なるタンバリンか？如何《いか》なる狂おしい恍惚《こうこつ》か？

(Thou still unravished bride of quietness,
Thou foster-child of silence and slow time,
Sylvan historian, who canst thus express
A flowery tale more sweetly than our rhyme:
What leaf-fringed legend haunts about thy shape
Of deities or mortals, or of both,
In Tempe or the dales of Arcady?
What men or gods are these? What maidens loth?
What mad pursuit? What struggle to escape?
What pipes and timbrels? What wild ecstasy?)(36)

「冷たき牧歌」の中に、追う者と追われる者が、歌われる。二人が、未《ま》だ、ペネイオス川の堤《つつみ》に辿《たど》り着く以前の、森から森を駆け抜ける、追跡と逃走の姿が、大理石の壺《つぼ》に刻まれ、結晶した。壺《つぼ》は、これまで、長い間、静寂の裡《うち》に、存在し続けて来たように、これから先も、永遠に、同じ姿《すがた》と同じ形を留《とど》め続けるであろう。恋する神の「狂おしい追跡（mad pursuit）」は、永久に、果てることなく、嫌《いや》がる乙女の「死に物狂いの逃走（struggle to escape）」も、永久に、終息《しゅうそく》を知らないであろう。大理石の彫刻の中で、今も、神は、追い、ニンフは、逃げる。

第三章

嫩枝《わかえだ》

木《こ》の葉擦《はず》れ

ゼウス（Zeus）は、クロノス（Kronos）とレア（Rhea）の末息子である。クロノスは、生まれた子供達を、次次と貪《むさぼ》り喰って、皆殺しにしてしまった。子供達が、大きくなって、自分の王位簒奪《さんだつ》者になることを、恐れたからである。これについては、すでに、審美的想像力論(1)において、詳述した。

レアは、ゼウスが生まれると直《す》ぐ、幼児《おさなご》を連れて、クレタ（Creta）島へ赴《おもむ》いた。

レアは、生まれたばかりの子供に、その頃、漸《ようや》く、湧き出《い》でたばかりの、アルカディアのネダ川の源で、水浴びをさせた。そして、赤子を連れて、クレタ島へ急いだ。そこで、三人の、ディクテ山の梣《とねりこ》のニンフ、即ち、ディクタイアイ・メリアイが、乳母《うば》として、幼い神を、出迎えた。(Rhea badete den Neugeborenen in der Quelle des arkadischen Flusses Neda, die damals erst entsprang, und eilte mit ihm nach Kreta, wo drei diktäische Eschennymphen, Diktaiai Meliai, das göttliche Kind als Ammen in Empfang nahmen.)(2)

メリアイは、ウラノス（Ouranós）の血から生まれたニンフである。ウラノスは、転《うた》た寝をしている時、息子のクロノスに、男根を切断された。メリアイは、その血の中から生まれ出た。ゼウスは、ウラノスの孫に当たり、メリアイは、ウラノスの娘である。メリアイは、梣《とねりこ》の中に住む。

別の言い伝えによれば、幼児《おさなご》の面倒を見たのは、ヘラ（Hera）である。ヘラは、ゼウスの実の姉で、末の弟が生まれると、直《す》ぐ、自分の夫と思い定めた。ヘラが、あれ程までに、嫉妬《しっと》深く、支配的であったのも、正真正銘《しょうしんしょうめい》の姉女房であったればこそである。

レアが、クロノスとの間に、末息子のゼウスを産んだ時、ヘラは、母に、弟を自分に任せてくれ、と頼んだ。この物語に拠《よ》ると、クロノスは、ハデスをタルタロスに投げ込み、ポセイドンを、海の深みに投げ込んでいた。今や、クロノスが、レアに、産んだものを見せてくれ、と頼むと、レアは、クロノスに、おむつにくるんだ石を押し付けた。クロノスは、これを、がつがつ飲み込んだ。が、クロノスは、直《す》ぐさま、策略に気付いた。そうして、ゼウスを、地上の至る所で、探し始めた。その間に、ヘラは、未来の夫を、クレタ島へ連れて行ってしまっていた。そして、アマルティアが、揺《ゆ》り籠《かご》を、木の枝に吊《つ》るした。幼児《おさなご》が、天にも、地にも、海にも、見つからないようにするためである。(...als Rhea dem Kronos Zeus als jüngsten Sohn geboren hatte, bat Hera die mutter, daß der Bruder ihr überlassen würde. Nach dieser Erzählung hatte Kronos den Hades in den Tartaros, den Poseidon in die Meerestiefe geschleudert. Als er jetzt Rhea bat, ihm zu zeigen, was sie geboren hatte, bot sie ihm einen eingewickelten Stein. Diesen verschlang Kronos. Er bemerkte aber die List sofort und begann Zeus überall auf der Erde zu suchen. Hera hatte unterdessen ihren künftigen Gatten schon nach Kreta gebracht, und Amaltheia hängte die Wiege am Zweig eines Baumes auf, damit das Kind weder im Himmel, noch auf der Erde, noch im Meer zu finden sei.)(3)

幼児《おさなご》ゼウスの世話をしたのは、ニンフのアルマテイアである。アルマテイアは、ゼウスの揺《ゆ》り籠《かご》を、木の枝に吊《つ》るした。ゼウスは、天にも、地にも、海にも属さない。ゼウスは、木のものである。

クレタ島には、「クレタ島の人人のゼウス」がいた。

実際、クレタ島には、ゼウスの先駆者である、木の神がいた。それは、遅ればせながら、ある注釈者が、「ウェルカノス、即ち、クレタ島の人人のゼウス」と呼んでいる神である。このウェルカノスというのは、ウォルカヌスと同一である。(Il y eut en effet en Crète un dieu arbre, prédécesseur de Zeus, celui qu'un glossateur tardif appelle « Velkhanos, Zeus chez les Crétois ». Ce Velkhanos est identique à Volcanus.)(4)

ウォルカヌスとは、即ち、ローマ神話のウルカヌス (Vulcanus) である。

クレタ島には、あたかも、木から生まれ出たかのような、神の像がある。

別の像は、木の枝の股に座っているウェルカノスを表わしている。あたかも、木の中に、神が顕現することを示すかのように。(D'autres représentations montrent Velkhanos assis sur la fourche des branches, comme s'il s'agissait d'une théophanie dans l'arbre.)(5)

木は、「神の顕現 (une théophanie)」である。もし、神が、在るがままの姿で、立ち現れるなら、人間は、神の光に焼き尽くされてしまうであろう。しかし、神が、木の形を取って、この世に現れ出《い》でるなら、神は、人間にとって、接近可能な存在となる。木は、神と人間を結ぶ、つなぎ目である。

木は、覆《おお》いである。木は、光を覆《おお》う、覆《おお》いである。木の中には、超自然の光の横溢《おういつ》がある。木は、人間が、直接光を浴びないための、覆《おお》いである。

木は、神である。木の声は、神の声である。

「ドドナには、ゼウスに捧げられた樫《かし》の木があった。そして、この樫《かし》の木の中に、神託があり、女達が、神託の預言者であった。神託を求める者が、樫《かし》の木に近付くと、一瞬、樫《かし》の木が揺れ動き、その後《あと》、女達が、その言葉を解釈して、こう言う。「ゼウスのお告げは、これこれ然然《しかじか》です」と」。(« À Dodone, il y avait un chêne consacré à Zeus, et dans ce chêne était un oracle dont des femmes étaient les prophétesses. Les consultants s'approchaient du chêne, et l'arbre s'agitait un instant, après quoi les femmes prenaient la parole, disant: "Zeus annonce telle ou telle chose". »)[6]

「預言者」とは、「代りに言う者」を意味する。語源を辿《たど》れば、次の通りである。

prophet 〖? late OE *prophete* □ (O)F *prophète* □ L *prophēta, -tēs* □ GK *prophḗtēs* spokesman ← PRO- + *phánai* to say (← IE *phā* to speak)〗

樫《かし》の木は、神託の木である。

しかし、木の中には、落ちた種《たね》から生《は》え出《い》でるものもある。丈《たけ》の高い栗《くり》や、ゼウスのために、木陰を拡げる、森の王者、樵《ぶな》や、ギリシアの人人が、神託の木と見なした、樫《かし》の木の如く。(But some spring from fallen seed, as tall chestnuts, and the mast tree, monarch of the woodland, that spreads its shade for Jove, and the oaks,

deemed by the Greeks oracular.)
(pars autem posito surgunt de semine, ut altae
castaneae, nemorumque Iovi quae maxima frondet
aesculus, atque habitae Grais oracula quercus.)(7)

“Chestnut”は、クリ《ブナ科クリ属（Castanea）の総称》、“mast”は、カシワ、ブナ、クリ等の実、“oak”は、オーク《カシワ、ナラ、カシ等、ブナ科ナラ属（Quercus）の樹木の総称》である。但《ただ》し、“mast”に相当する言葉は、ラテン語の原文にはない。参考までに、ウィルキンスンによる、この部分の訳を、以下に挙げる。

落ちた種《たね》より生《は》え出《い》づる木木もあり。丈《たけ》高き栗《くり》や、
樫《かし》の木の如く。樫《かし》の葉は、ゼウスの森を支配し、
又、ギリシアの人人が、託宣所と見なす森を支配する。
(Some spring from fallen seed, the lofty chestnut,
The oaks whose foliage dominates the groves
Of Jove and those the Greeks deemed oracles.)(8)

樫《かし》の木は、神託の木である。樫《かし》の木に寄生《やど》る、黄金の枝の中に、神が在る。
アエネーアース（Aeneas）は、冥界へ降《くだ》る時、先ず、黄金の枝を手に入れなければならなかった。異界へ入るための、通行許可証である。

陰なす木の中に、一本《ひともと》の枝が潜《ひそ》む。葉は、黄金《こがね》色にして、茎は、しなやか。下界のユノー、即ち、プロセルピナに捧《ささ》げられたものと見なされる。森全体が、この枝を被《おお》い隠し、小暗《おぐら》き谷間の影が、この枝を隠す。しかし、先ず、この木から、金髪の果実《みのり》を捥《も》ぎ取らぬ限り、人は、地下の隠された場所に降《くだ》る力を与えられることはない。麗《うるわ》しきプロセルピナは、これを、自分自身への捧げ物として、持ち来《きた》るよう定めた。最初《はじめ》の枝が、捥《も》ぎ取られようとも、次なる枝が、必ずや、出《い》で来《きた》り、これ又、黄金である。然《しか》して、小枝には、全く同じ、黄金の葉が出《い》で来《きた》る。されば、目を挙げて、探し求めよ。然《しか》して、見出《みいだ》したなら、滞《とどこお》りなく、それを手折《たお》るがよい。何となれば、もし、運命の女神が汝を呼んでいるなら、枝は、自《おの》ずから、進んで、難無《なんな》く、汝に従うであろうから。さもなくば、汝は、枝を、力ずくで手に入れることも、硬《かた》き鋼《はがね》で裂《さ》き取ることも、敵《かな》わぬであろう。(There lurks in a shady tree a bouth, golden in leaf and pliant stem, held consecrate to nether Juno; this all the grove hides, and shadows veil in the dim valleys. But it is not given to pass beneath earth's hidden places, before someone has plucked from the tree the golden-tressed fruitage. This has beautiful Proserpine ordained to be borne to her as her own gift. When the first is torn away, a second fails not, golden too, and the spray bears leaf of the selfsame ore. Search then with eyes aloft and, when found, duly pluck it with your hand; for of itself will it follow you, freely and with ease, if Fate be calling you; else with no force will you avail to win it or rend it with hard steel.)

（　　…latet arbore opaca
aureus et foliis et lento vimine ramus,
Iunoni infernae dictus sacer; hunc tegit omnis
lucus et obscuris claudunt convallibus umbrae.

sed non ante datur telluris operta subire,
auricomos quam quis decerpserit arbore fetus.
hoc sibi pulchra suum ferri Proserpina munus
instituit; primo avulso non deficit alter
aureus, et simili frondescit virga metallo.)[9]

アエネーアースは、果てしのない森の深みを進みながら、思わず、こう祈る。

「おお、深き森の木に寄生《やど》る、かの黄金の枝が、今や、姿を顕《あらわ》さんことを！」(O if now that golden bough would show itself to us on the tree in the deep wood!)
(“si nunc se nobis ille aureus arbore ramus ostendat nemore in tanto!”)[10]

アエネーアースの祈りに誘われたかのように、天空から、二羽の鳩が飛来する。

二羽の鳩は、すっと舞い上がり、一点の曇りもない空を下降し、選ばれた、目当《めあ》ての木の上に、並んで止《と》まる。暗い枝枝を通して、対照的な黄金の微光が、閃《ひらめ》いた。厳寒の最中《さなか》、森の奥深くに、異質《べつ》の木の種《たね》から生《は》えた、寄生木《やどりぎ》が、珍《めずら》かなる葉を、艶《つや》やかに輝かせ、黄金の実《み》によって、形良き茎を取り囲むのが常である。暗き常磐樫《ときわがし》に寄生《やど》る、黄金の葉の有様は、斯《か》くの如きであった。斯《か》くして、薄き葉は、優しき微風《そよかぜ》に揺れて、葉擦《はず》れの音を響かせた。アエネーアースは、直ぐさま、寄生木《やどりぎ》を捥《も》ぎ取り、幹にしがみつく枝を、貪《むさぼ》るように、引きちぎり、預言者シビュラの家に、運び行く。（...they swiftly rise and, dropping through the unclouded air, perch side by side on their chosen goal—a tree, through whose branches flashed the contrasting glimmer of gold. As in winter's cold, amid the woods, the mistletoe, sown of an alien tree, is wont to bloom with strange leafage, and with yellow fruit embrace the shapely stems: such was the vision of the leafy gold on the shadowy ilex, so rustled the foil in the gentle breeze. Forthwith Aeneas plucks it and greedily breaks off the clinging bough, and carries it beneath the roof of the prophetic Sibyl.)
(tollunt se celeres liquidumque per aëra lapsae
sedibus optatis geminae super arbore sidunt,
discolor unde auri per ramos aura refulsit.
quale solet silvis brumali frigore viscum
fronde virere nova, quod non sua seminat arbos,
et croceo fetu teretis circumdare truncos:
talis erat species auri frondentis opaca
ilice, sic leni crepitabat brattea vento.
corripit Aeneas extemplo avidusque refringit
cunctantem, et vatis portat sub tecta Sibyllae.）(11)

「預言者シビュラ（the prophetic Sibyl）の姿は、ドラクロワ（Ferdinand Victor Eugène Delacroix）の『黄金

の枝のあるシビュラ像（*La Sibylle au rameaud'or*）』の中に、見ることが出来る。緋《ひ》の衣をまとった巫女《みこ》が、頭上に、水平に引き延びた黄金の枝を、右手の人差し指で、意味ありげに、さし示している。うっ蒼《そう》たる森の奥深く、樫《かし》の木に寄《や》生《ど》る黄金の枝の中に、神の声が隠されている。

黄金の枝

太古の昔、世界は、深い森に被《おお》われ、人人は、森に育《はぐく》まれ、森に護《まも》られ、森を畏《おそ》れ、崇《あが》め、敬った。

ケルト族の間で、ドルイドによる樫《かし》の木の崇拝は、誰にでも良く知られている。そして、聖所を意味する、古いケルト語は、起源も、意味も、ラテン語のネムスと同じであるように思われる。ネムスとは、森、或《ある》いは、林間の空き地のことであり、今でも、ネミという名前の中に、残存している。聖なる森は、太古のドイツの人人の間にも、良く知られていたが、樹木崇拝は、今日《こんにち》でも、彼等《かれら》の子孫達の間に、存続している。その昔、樹木崇拝が、如何《いか》に真剣《しんけん》なものであったかは、昔のドイツの法律が、大胆不敵にも、立ち木の皮を剥《は》ぐような真似《まね》をした人間に、どれ程残忍な刑罰を定めたかによって、推測し得るであろう。罪人の臍《へそ》が抉《えぐ》り出され、木の皮を剥《は》いだ部分に、釘付《くぎづ》けにされなければならなかった。罪人は、木の周《まわ》りを、ぐるぐる回りながら、腸《はらわた》が、全部、木の幹にまきつけられるまで、駆り立てられなければならなかった。この刑罰の趣旨は、明らかに、死んだ樹皮を、罪人から取り出した、生きた代用物と、取り替えることであった。つまり、生命《いのち》と引き替えに、生命《いのち》を、木の生命《いのち》と引き替えに、人間の生命《いのち》を、という趣旨であった。(Amongst the Celts the oak-worship of the Druids is familiar to every one, and their old word for a sanctuary seems to be identical in origin and meaning with the Latin *nemus*, a grove or woodland glade, which still survives in the name of Nemi. Sacred groves were common among the ancient Germans, and tree-worship is hardly extinct amongst their descendants at the present day.

How serious that worship was in former times may be gathered from the ferocious penalty appointed by the old German laws for such as dared to peel the bark of a standing tree. The culprit's navel was to be cut out and nailed to the part of the tree which he had peeled, and he was to be driven round and round the tree till all his guts were wound about its trunk. The intention of the punishment clearly was to replace the dead bark by a living substitute taken from the culprit; it was a life for a life, the life of a man for the life of a tree.)(12)

木には、魂が宿る。

未開人にとって、世界は、全般に、生命《いのち》があり、草や、木も、その例に洩《も》れない。未開人は、草や木には、自分自身の魂と同じような魂がある、と考え、草や木を、そのように扱う。(To the savage the world in general is animate, and trees and plants are no exception to the rule. He thinks that they have souls like his own, and he treats them accordingly.)(13)

木は、生命《いのち》と魂を持つ。

木に生命《いのち》があるのであれば、木は、必然的に、感じ易《やす》い。であるから、木を伐《き》り倒すことは、細心の注意を要する作業となる。そして、この作業は、被害者の感情に対して、可能な限り、優しい心遣《こころづか》いを以て、行われなければならない。さもなければ、被害者は、ぞんざいでへまな作業者を、引っ繰り返すか、引き裂くかする。樫《かし》の木は、伐《き》り倒されている最中《さいちゅう》に、「一種の悲鳴か、呻《うめ》き声のようなものを挙げるので、一マイル離れたところからも、聞こえる程である。それは、まるで嘆き悲しむ樫《かし》の木の守護神の如くである。E・ワイルド氏は、これまで、何回か、その声を聞いたことがある」。(If trees are animate, they are necessarily sensitive and the cutting of them down becomes a delicate surgical operation, which must be performed with as tender a regard as possible for the feelings of the sufferers, who otherwise may turn and rend the careless or bungling operator. When an oak is being felled 'it gives a kind of shriekes or groanes, that may be heard a mile off, as if it were the genius of the oake lamenting. E. Wyld, Esq., hath heard it severall times.')(14)

ドルイド(the druids)は、ガリア(Gallia)、ブリタニア(Britannia)、アイルランド(Ireland)の、古代ケルト族が信奉した、ドルイド教(druidism)の祭司である。

祭司達は、見者、予言者、治療者、呪術《じゅじゅつ》師、占《うらな》い師の代表者と見なされていた。つまり、各種の祈禱《きとう》師、奴術《ようじゅつ》師と見なされていた。(they were seen as representatives of seers, prophets, healers, magicians and diviners: the assorted medicine-men and witch-doctors of the ancient world.)(15)

写真七.は、ドルイドの祭司、アヴァルゲン(Amairgen)の像《すがた》である。

アヴァルゲンは、しばしば、アヴェルジンとして、知られているが、アイルランドの、最初のドルイドの祭司の一人であった。アヴァルゲンは、ミレシウスの子孫達と共に、アイルランドにやって来た。ミレシウス、即ち、ミールは、スペインに住んでいたケルト族の指導者であったが、その子孫達は、現在のアイルランド人の祖先であると考えられていた。アイルランドは、トゥアサ・デ・ダナンという神神に統治されていたが、ミレシウスの子孫達は、神神を打ち負かした後《あと》、自分達の指導者のうち、誰が国王になるかについて、意見がまとまらなかった。ミールの二人の息子、即ち、エーレヴォーンとエーベルが、王位を争ったが、平和のために、島は、二つに分割され、一つは、北の王国に、もう一つは、南の王国になった。しかしながら、平和は、長く続く筈もなかった二人の兄弟の部下達の間に、新たな戦いが起こって、アイルランドは、恐るべき紛争状態に陥《おちい》った。戦いは、エーベルの死を以て、漸《ようや》く、終わりを告げた。そこで、アヴェルゲンは、タラで、エーレヴォーンを、アイルランド大王に任命した。それでも尚《なお》、弱小支配者達の間に、絶え間なく、抗争が起こっては、依然として、争いが続いた。

(AMAIRGEN, sometimes known as Amergin, was one of the first Irish druids, the ancient priests in Celtic lands. He came to Ireland with the Milesians. These children of MILESIUS, or Mil, who was a leader of the Celts who lived in Spain, were believed to be the ancestors of the present-day Irish. Having defeated the divine rulers of Ireland, the TUATHA DE DANANN, the Milesians could not agree on which of their leaders should be king. Two sons of Mil, Eremon and EBER, contested the throne and for the sake of peace the island was divided into two kingdoms, one in the north, the other in the south. However, peace was not to survive for long, and renewed fighting between the followers of the two brothers plunged the country once again into dreadful strife. The fighting came to an end only with the death of Eber. Amairgen then installed Eremon as High King of Ireland at Tara. Even then conflicts still occurred because of the ceaseless rivalries between lesser rulers.) (16)

「ドルイド（druid）」の語源は、次の通りである。

〖《1563》□ F. *druide*// L. *Druidae* (pl.) Druids　Gaulishi *druides* □ O Celt (i) *deruijes*（原義）soothsayer ← *deruwos* (true)// (ii) *dru-wid* (they who know the oak (*daru-*, *dru-*'oak TREE' + *wid-*to know (⇨ wit)): cf. O Ir. *drūi* the druids〗

「ドルイド」とは、「樫《かし》の木を知る者」である。

ケルト族が、樫《かし》の木の形の下《もと》に崇めていたゼウスが、何者であったにせよ、ケルト族においては、樫《かし》の木の崇拝は、非常に古くから、存在した。彼等《かれら》は、長い移動の間にも、ずっと、この崇拝を保ち続けた。(Quel qu'ait pu être le Zeus adoré par les Celtes sous forme de chêne, le culte de cet arbre était chez eux très ancien. Ils l'avaient apporté au cours de leur longue migration.)[17]

樫《かし》の木と、取り分けて、その寄生木《やどりぎ》が、重要な意味を持つ。

我我は、南ヨーロッパから、中部ヨーロッパへ移動しても、依然として、広大な、太古の森に住んでいた、野蛮なアーリア民族の間で崇拝されていた、偉大なる樫《かし》の木と雷《いかずち》の神に出会う。という訳で、ガリアのケルト族の間で、ドルイドの祭司達は、樫《かし》の木と、そこから生《は》え出《い》でる寄生木《やどりぎ》を、何よりも神聖なものと見なした。祭司達は、神聖な儀式の場所として、樫《かし》の木の杜《もり》を選び、樫《かし》の木の葉なしには、どんな儀式を執《と》り行《おこな》うこともなかった。ギリシアの著述家が言っているが、「ケルト族は、ゼウスを崇拝するが、ケルト的ゼウス像は、丈の高い樫《かし》の木である」。(When we pass from southern to central Europe we still meet with the great god of the oak and the thunder among the barbarous Aryans who dwelt in the vast primaeval forests. Thus among the Celts of Gaul the Druids esteemed nothing more sacred than the mistletoe and the oak on which it grew; they chose groves of oaks for the scene of their solemn service, and they performed none of their rites without oak leaves. 'The Celts,' says a Greek writer, 'worship Zeus, and the Celtic image of Zeus is a tall oak.')(18)

写真八は、祭司達の儀式の模様を示す。

ドルイドの祭司達は、ケルト集団の中で、政治的な権力と霊的な権力の、双方を有していた。そして、シャーマンの道士の能力と、見者の能力に恵まれていただけではなく、法律上の助言者としての能力にも、道徳上の助言者としての能力にも恵まれていた。祭司達は、少くとも、二十年の、長い見習い期間を経たが、その間に、秘法奥義《おうぎ》を諳《そら》んじた。写真の中の祭司達は、雪山の上で、寄生木《やどりぎ》の枝を採集して、冬至《とうじ》の儀式を行っている。寄生木《やどりぎ》は先頭の祭司が携《たずさ》えている、聖なる黄金の鎌で、切り落とされる。(DRUIDS held both political and spiritual power in Celtic society and were gifted not only as shamans and seers but also as legal and moral advisors. Druids underwent a long apprenticeship of at least twenty years, learning the mysteries and laws by heart. Here, druids on a snowy hill celebrate the winter solstice by gathering a bough of mistletoe, cut with the sacred golden sickle borne by the foremost druid.)(19)

寄生木《やどりぎ》の何たるかについて、フレイザーは、プリニウス（Gaius Plinius Secundus）の言葉を借りて、説明する。

様様の種類の寄生木《やどりぎ》を列挙した後《のち》、プリニウスは、次のように、言葉を続ける。「この主題を扱うに当たって、ガリア中至る所において、人人が、寄生木《やどりぎ》に対して抱いていた崇敬の念を、無視する訳にはいかない。ドルイドの祭司達、というのも、魔術師は、こう呼ばれるのであるが、その祭司達は、寄生木《やどりぎ》と、寄生木《やどりぎ》が寄生《やど》る木を、何物にも増して、神聖であると考える。もっとも、寄生木《やどりぎ》が寄生《やど》る木が、樫《かし》の木である場合に限られるが。これはさておき、祭司達は、聖なる杜《もり》として、樫《かし》の森を選び、樫《かし》の葉なしに、聖なる儀式を行うことは、決してない。であるから、正《まさ》しく、ドルイドという名前そのものが、樫《かし》の崇拝に由来する、ギリシア語の呼称であると見なされる。それというのも、祭司達は、樫《かし》の木に生《は》えるものは、何でも、天から授《さず》かったものであり、又、その木が、神自身によって選ばれた徴《しるし》である、と信じるからである。寄生木《やどりぎ》を見出《みいだ》すことは、ごく稀《まれ》である。が、もし見つけた時は、荘厳な儀式を行って、採集する。何よりも、祭司達は、これを、月の第六日目に行う。祭司達は、この日から、月の初め、年の初め、三十年の周期の初めを定める。月の六日目までに、月は、活力に満ち、まだ、道程の半分も辿《たど》っていないからである。樫《かし》の木の下に、犠牲《いけにえ》と、祝祭のための、然《しか》るべき準備を整えた後《あと》、祭司達は、寄生木《やどりぎ》に、万病の癒《いや》し手よ、と呼びかけ、二頭の白い雄牛を、そこに、連れて来る。雄牛は、まだ、角を縛られたことのない牛である。白衣をまとった祭司が、木に登り、黄金の鎌で、寄生木《やどりぎ》を切り落とす。寄生木《やどりぎ》は、白い布の中に、受け止められる。それから、祭司達は、犠牲《いけにえ》を捧《ささ》げ、神の贈り物が、贈り物を与えられた人人に、望み通りの恩恵を施《ほどこ》し給うようにと祈る。祭司達は、寄生木《やどりぎ》から調合した一服が、子供を産まない動物に、子を産ませると信じ、又、寄生木《やどりぎ》は、あらゆる毒に対する解毒剤になる、と信じる」。（After enumerating the different kinds of mistletoe, he [i.c. Pliny] proceeds: 'In treating of this subject, the admiration in which the mistletoe is held throughout

Gaul ought not to pass unnoticed. The Druids, for so they call their wizards, esteem nothing more sacred than the mistletoe and the tree on which it grows, provided only that the tree is an oak. But apart from this they choose oak-woods for their sacred groves and perform no sacred rites without oak-leaves; so that the very name of Druids may be regarded as a Greek appelation derived from their worship of the oak. For they believe that whatever grows on these trees is sent from heaven, and is a sign that the tree has been chosen by the god himself. The mistletoe is very rarely to be met with; but when it is found, they gather it with solemn ceremony. This they do above all on the sixth day of the moon, from whence they date the beginnings of their months, of their years, and of their thirty years' cycle, because by the sixth day the moon has plenty of vigour and has not run half its course. After due preparations have been made for a sacrifice and a feast under the tree, they hail it as the universal healer and bring to the spot two white bulls, whose horns have never been bound before. A priest clad in a white robe climbs the tree and with a golden sickle cuts the mistletoe, which is caught in a white cloth. Then they sacrifice the victims, praying that God may make his own gift to prosper with those upon whom he has bestowed it. They believe that a potion prepared from mistletoe will make barren animals to bring forth, and that the plant is a remedy against all poison.') (20)

寄生木《やどりぎ》の、万能薬としての効力を、現代の医学は否定する、という見方もある。

ドルイドの祭司達は、寄生木《やどりぎ》が、万病を癒《いや》すと考えたが、現代の医師達は、寄生木《やどりぎ》は、何一つ癒《いや》さない、と考えるように思われる。(Whereas the Druids thought that mistletoe cured everything, modern doctors appear to think that it cures nothing.)(21)

しかし、実際には、ドルイドの祭司達が信じた、寄生木《やどりぎ》の薬効《やっこう》は、現代の医学も認めるところである。

ドルイド教の二級祭官は、「我我が、今日、動脈の高血圧と関連付けする病気の治療に、寄生木《やどりぎ》を用いたが、植物療法は、寄生木《やどりぎ》の降圧剤、血管拡張剤、強心剤の特性を利用する。植物療法は、又、寄生木《やどりぎ》を、外傷にも、用いる。寄生木《やどりぎ》は、ある種の腫瘍《しゅよう》に対して、抑制的な、壊死《えし》を起こさせる作用を及ぼす。祭官は、こうした作用を体得していて、潰瘍《かいよう》も、このようにして、治療した」。(Conformément aux prescriptions des ovates, pour qui le gui était « un remède à des troubles que nous rattacherions aujourd'hui à l'hypertension artérielle, la phytothérapie en utilise les propriétés hypotensives, vasodilatatrices et tonicardiaques, elle l'emploie aussi, en usage externe, contre certaines tumeurs sur lesquelles le gui exerce une action inhibitrice et nécrosante, ce que savaient les ovates qui guérissaient ainsi les unlcères ».)(22)

寄生木《やどりぎ》には、魔術の力と医療の力が、二つながら、備わっている。

であるから、次のように推測しても、理に適《かな》うであろう。あれ程《ほど》恭《うやうや》しく、寄生木《やどりぎ》を崇《あが》めた祭司達の目から見て、聖なる寄生木《やどりぎ》は、その二重の、神秘的な特性を、恐らく、六月の夏至に獲得したのであろうし、従って、祭司達は、真夏の日の前夜に、荘厳な儀式を行って、定期的に、寄生木《やどりぎ》を切ったのであろう。(Hence it seems reasonable to conjecture that in the eyes of the Druids, also, who revered the plant so highly, the sacred mistletoe may have acquired a double portion of its mystic qualities at the solstice in June, and that accordingly they may have regularly cut it with solemn ceremony on Midsummer Eve.)(23)

寄生木《やどりぎ》には、木の霊と、木の生命《いのち》が宿る。

　樫《かし》の木の生命《いのち》が、寄生木《やどりぎ》の中に宿る、という考えは、すでに、言及した通り、恐らく、樫《かし》の木に生《は》えた寄生木《やどりぎ》は、冬の間、樫《かし》の木自体が、葉を落としてしまっていても、相変わらず緑である、ということが観察されて、思い付かれたのであろう。しかし、寄生木《やどりぎ》の位置、つまり、地面から生《は》えるのではなく、樫《かし》の木の枝の樹幹から生《は》える、という位置が、この考えを確証するであろう。原始の人は、自分自身と同様に、樫《かし》の木の霊が、自分の生命《いのち》を、どこか安全な場所に取って置こうとして、そのために、寄生木《やどりぎ》の上に居場所を定めたのだ、と考えたのであろう。寄生木《やどりぎ》は、ある意味で、地上にも、天上にもいないのであるから、まずまず、害を受けないで済むのだから。(The idea that the life of the oak was in the mistletoe was probably suggested, as I have said, by the observation that in winter the mistletoe growing on the oak remains green while the oak itself is leafless. But the position of the plant — growing not from the ground but from the trunk or branches of the tree — might confirm this idea. Primitive man might think that, like himself, the oak-spirit had sought to deposit his life in some safe place, and for this purpose had pitched on the mistletoe, which, being in a sense neither on earth nor in heaven, might be supposed to be fairly out of harm's way.)(24)

樫の木の霊は、天と地の中間に位置する寄生木《やどりぎ》の中に居場所を定め、それによって、危害から護《まも》られる。中間の位置は、ギリシア神話においても、同じ意味を持つ。幼児《おさなご》ゼウスの世話をした、ニンフのアマルテイアは、「揺《ゆ》り籠《かご》を、木の枝に吊《つ》るした。子供が、天にも、地にも、海にも、見つからないようにするためである」。(25)中間の位置は、ゼウスの身の安全を確保した。

寄生木《やどりぎ》が、地面に接触していないことが、寄生木《やどりぎ》の神秘の中核を成す。

その上、寄生木《やどりぎ》の神秘的な特質は、一部には、それが、地面から生《は》えていない、という所に起因する。こういう考え方は、ユーカリや七かまどに関する、類似の迷信によっても、確証されている。ユトラントにおいては、七かまどが、別の木の天辺《てっぺん》から生《は》えているのが見つかると、それは、「魔術に対して、非常に、有効である。地面に生えていないので、魔女達は、力を及ぼすことが出来ないからである。七かまどが、完全に、効力を発揮するためには、キリスト昇天の日に、切らなければならない」と考えられていた。(Again, the view that the mistletoe owes its mystic character partly to its not growing on the ground is confirmed by a parallel superstition about the mountain-ash or rowan-tree. In Jutland a rowan that is found growing out of the top of another tree is esteemed 'exceedingly effective against witchcraft: since it does not grow on the ground witches have no power over it; if it is to have its full effect it must be cut on Ascension Day.')(26)

人も知る「黄金の枝」は、寄生木《やどりぎ》である。

「黄金の枝」が、寄生木《やどりぎ》であった、というのは、何も、新説ではない。事実、ウェルギリウス (Publius Vergilius

Maro）は、黄金の枝を、寄生木《やどりぎ》と同一視している訳ではなく、唯《ただ》、寄生木《やどりぎ》に喩《たと》えているだけである。しかし、これは、さもない植物に、神秘的な魅力を投げかけるための、詩的な趣向に過ぎないであろう。或《ある》いは、むしろ、ウエルギリウスの描写は、寄生木《やどりぎ》が、一定の時期に、超自然的な黄金の壮観を放つ、という民間の迷信に基づいていたのであろう。（It is not a new opinion that the Golden Bough was the mistletoe. True, Virgil does not identify but only compares it with mistletoe. But this may be only a poetical device to cast a mystic glamour over the humble plant. Or, more probably, his description was based on a popular superstition that at certain times the mistletoe blazed out into a supernatural golden glory.）[27]

アエネーアースと「黄金の枝」については、すでに、言及した。
寄生木《やどりぎ》は、太陽の火を招き、太陽に火を供給する。

すでに見た通り、古代アーリア民族は、夏至《げし》と冬至《とうじ》の儀式や、その他の儀式の火を、一部には、太陽の呪《まじな》いとして、点火したのであろう。つまり、太陽に、新たな火を供給する、という意図を以て、点火したのであろう。そして、こうした火は、通常、樫《かし》の木の摩擦《まさつ》や燃焼によって、点火されたので、古代アーリア民族にとっては、太陽が、神聖な樫《かし》の木に備わっている火から、定期的に、補給されているように思われたことでもあろう。言い換えれば、アーリア民族にとつて、樫《かし》の木は、火の根源的な貯蔵所、或《ある》いは、貯蔵器であって、その火が、太陽を養うために、時折、引き出された、と思われたのであろう。しかし、もし、樫《かし》の木の生命《いのち》が、寄生木《やどりぎ》の中に存在する、と考えられたのであれば、寄生木《やどりぎ》は、そうした見解に基づけは、樫《かし》の木の森から、摩擦《まさつ》によって引き出された火の種《たね》、即ち、火の根源を、含んでいたに違いない。であるから、寄生木《やどりぎ》が、太陽の火の放射である、と言う代りに、太陽の火は、寄生木《やどりぎ》の放射と見なされた、と言う方が、より正確であろう。だとすれば、寄生木《やどりぎ》が、黄金のきらめきを以て、光り輝き、黄金の枝と呼ばれたのも、不思議ではない。(We have seen that the old Aryans perhaps kindled the solstitial and other ceremonial fires in part as sun-charms, that is, with the intention of supplying the sun with fresh fire; and as these fires were usually made by the friction or combustion of oak-wood, it may have appeared to the ancient Aryan that the sun was periodically recruited from the fire which resided in the sacred oak. In other words, the oak may have seemed to him the original storehouse or reservoir of the fire which was from time to time drawn out to feed the sun. But if the life of the oak was conceived to be in the mistletoe, the mistletoe must on that view have contained the seed or germ of the fire which was elicited by friction from the wood of the oak. Thus, instead of saying that the mistletoe was an emanation of the sun's fire, it might be more correct to say that the sun's fire was regarded as an emanation of the mistletoe. No wonder, then, that the mistletoe shone with a golden splendour, and was called the Golden Bough.)(28)

太陽の火に養われ、太陽に火を供給した寄生木《やどりぎ》は、火を支配し、火の力を自在に制御《せいぎょ》する。

太古の時代、寄生木《やどりぎ》は、驚くべき消火の力を持つと考えられていた。(in antiquity mistletoe was believed to possess the remarkable property of extinguishing fire.)(29)

寄生木《やどりぎ》は、火から受ける害を癒《いや》す力がある。

寄生木《やどりぎ》は、火の性質を持つが故に、又とない火傷《やけど》の治療薬、或《あ》いは、予防薬として、際立っている。これは、類似療法に基づく。(Its fiery nature marks it out, on homoeopathic principles, as the best possible cure or preventive of injury by fire.)(30)

寄生木《やどりぎ》は、魔除《まよ》けの効力を持つ。

すでに、見た通り、近年においてさえ、寄生木《やどりぎ》は、魔女とトロールに対するお守りと見なされて来た。であるから、太古の人人が、寄生木《やどりぎ》が、同じ魔法の力を持つと考えたとしても、もっともであろう。(Even in recent times, as we have seen, mistletoe has been deemed a protection against witches and trolls, and the ancients may well have credited it with the same magical virtue.)(31)

ゼウスは、雷《いかずち》の神である。ゼウスの神託は、稲光《いなびかり》と雷鳴《らいめい》の直中《ただなか》で、下される。樫《かし》の木が、ゼウスの木となったのは、この木の並外《なみはず》れた高さの故である。

古代ヨーロッパの民族が、樫《かし》の木に対して払った崇敬と、彼等《かれら》が、樫《かし》の木と天上の神との間に突き止めた関係は、樫《かし》の木が、ヨーロッパの森の、他のどの木より、雷に打たれる頻度《ひんど》が、遥《はる》かに高い、という事実に由来する、とは、もっともらしい学説である。樫《かし》の木の、こうした特殊性は、主張するべき神話的論理を持たない、科学的研究者達によって、近年開始された、一連の観測によって、確立されたように思われる。我我は、電気は、他のどんな樹木よりも、た易《やす》く、樫《かし》の木を通過する、ということによって、或《あ》いは、何らかの、別の方法によって、これを説明出来るかも知れないが、この事実そのものが、我我の原始的な祖先達の注意を引いたとしても、もっともであろう。祖先達は、当時ヨーロッパの大部分を覆《おお》っていた、広大な森の中に住んでいたのだから。そして、当然のことながら、祖先達は、単純な、宗教的な方法で、これを説明するであろう。つまり、祖先達が崇拝した天上の神、そして、彼等《かれら》が、その畏敬《いけい》の念を起させる声を、雷鳴《らいめい》の轟《とどろき》の中に聞いた、天上の神は、森の中のどの木より、樫《かし》の木を好み、しばしば、暗い雲の中から、稲光《いなびかり》の閃《ひらめ》きのうちに、樫《かし》の木の中に降《くだ》り、引き裂かれて、黒焦《こ》げになった幹や、吹き飛ばされた木《こ》の葉の中に、神の存在の証拠《しるし》、或いは、神の通過の証拠《しるし》を残した、と祖先達は、想像したのだ。(It is a plausible theory that the reverence which the ancient peoples of Europe paid to the oak, and the connexion which they traced between the tree and their sky-god, were derived from the much greater frequency with which the oak appears to be struck by lightning than any other tree of our European forests. This peculiarity of the tree has seemingly been established by a series of observations instituted within recent years by scientific enquirers who have no mythological theory to maintain. However we may explain it, whether by the easier passage of electricity through oakwood than through any other timber, or in some other way, the fact itself may well have attracted the notice of our rude forefathers, who dwelt in the vast forests which then covered a large part of Europe; and they might naturally account for it in their simple religious way by supposing that the great sky-god, whom they worshipped and whose awful voice they heard in the roll of thunder, loved the oak above all the trees of the wood and often descended into it from the murky cloud in a flash of lightning, leaving a token of his presence or of his passage in the riven and blackened trunk and the blasted foliage.)(32)

樫《かし》の木の寄生木《やどりぎ》は、神の光の顕現である。

ドルイドの祭司達が、森の中の他のどの木にも勝って、寄生木《やどりぎ》を生《は》やした樫《かし》の木を崇《あが》めた理由は、そのような樫《かし》の木は、どれも、稲妻に打たれただけではなく、枝の間に、天上の火の、目に見える放射を身に付けている、と信じたからである。であるからこそ、祭司達は、秘教の儀式を用いて、寄生木《やどりぎ》を伐《き》ることによって、落雷の魔術的な特性を、自分で使うために、確保したのである。(...the real reason why the Druids worshipped a mistletoe-bearing oak above all other trees of the forest was a belief that every such oak had not only been struck by lightning but bore among its branches a visible emanation of the celestial fire ; so that in cutting the mistletoe with mystic rites they were securing for themselves all the magical properties of a thunder-bolt.)(33)

雷《いかずち》の神の木に寄生《やど》る木は、稲妻《いなずま》の放射である。寄生木《やどりぎ》を我が物とすることは、稲妻《いなずま》を我が物とすることである。稲《いな》妻《ずま》の中には、雷《いかずち》の神の力が宿る。

フレイザーは、大作の着想を、ターナー(Joseph Mallord William Turner)の『黄金の枝(*The Golden Bough*)』から得た。

ターナーの黄金の枝の絵を知らぬ物があろうか?この風景は、黄金の赤熱《せきねつ》に満たされている。黄金の赤熱《せきねつ》は、想像力の所産である。ターナーの非凡な知力は、最も美しい自然の景色でさえ、この赤熱《せきねつ》の中に浸し、この赤熱《せきねつ》の中で変容させた。この風景は、小さな森林地帯のネミ湖の、夢のような幻影である。昔の人人は、ネミ湖を「ディアナの鏡」と呼んでいた。(Who does not know Turner's picture of the Golden Bough? The scene, suffused with the golden glow of imagination in which the divine mind of Turner steeped and transfigured even the fairest natural landscape, is a dream-like vision of the little woodland lake of Nemi — 'Diana's Mirror,' as it was called by the ancients.)(34)

赤い輝きに浸された画面の右端には、石棺と蛇が描かれている。石棺は、死の象徴である。木の下の蛇は、キリスト教的には、悪魔を表すであろうが、一般的に言えば、蛇の持つ象徴的な意味は、多種多様である。ネミ湖は、火口湖で、すりばち状の地形の底にあり、冥界《めいかい》への入口の象徴である。白衣《びゃくえ》をまとった、左端の人物は、シビュラで、黄金の枝を、高く、掲げている。中央より少し左寄りに、数人の踊り手達の姿が見える。ギリシアの牧歌的な田園風景を表現するための、ターナーの常套《じょうとう》手段である。白衣《びゃくえ》の巫女《みこ》が掲げる黄金の枝は、碩学《せきがく》の探究心を駆り立て、想像力を鼓舞して、膨大《ぼうだい》な量の著作を産み出させた。これぞ、正《まさ》しく、黄金の枝の魔術的な力(magical virtue)である。

楽園の中央《ただなか》に、二本の木がある。知恵の木と、生命《いのち》の木である。

さて主なる天主は、始めより楽園《らくえん》を設《もう》け給い、その形造《つく》りませる人をそこに置き給いぬ。なお主なる天主は、観賞《なが》むるに快美《こゝろよ》く、食《くら》うに佳《よ》きもろもろの樹《き》を、大地《だいち》より生《は》え出《い》でしめ給い、更《さら》に生命《いのち》の樹《き》と善悪《よしあし》を識別《しりわ》くる樹《き》とをも、楽園《らくえん》の中央《ただなか》に生《は》え出《い》でしめ給えり。(35)

楽園に置かれたアダムに、神は、一つの禁忌《きんき》を課した。

かくて主なる天主は、かの人を執《と》りて歓楽《たのしみ》の園《その》の中に置き給いそのところを耕《たがや》し、且《かつ》守《まも》らしめ給えり。主かの人に命じて曰《のたま》いぬ、「汝は楽園《らくえん》のいかなる樹《き》の果《み》をも食《くら》い得《う》べし　たゞ善悪《よしあし》を識別《しりわ》くる樹《き》よりは、その果《み》を食《くら》うべからず、汝、これを食《くら》う日には、必ず死ぬべければなり。」次に主なる天主曰《のたま》いけるは、「凡《およ》そ人孤独《ひとり》なるは善《よ》からず我、彼に適《ふさ》う如き輔者《たすけ》を、彼の為《ため》に造《つく》らん。」(36)

次に、神は、アダムに、「彼に適《ふさ》う如き輔者《たすけ》」として、一人の女を与え給うた。

ここにおいて主《しゅ》なる天主は、アダムに深き眠《ねむり》を催《もよお》さしめ給い、彼眠りたる時その肋骨《あばらぼね》の一つを取り、肉をもてその処《ところ》を塡《う》め塞《ふさ》ぎ給いぬ。次《つ》いで主《しゅ》なる天主は、アダムより取り給いし肋骨《あばらぼね》にて一箇《ひとり》の女を造《つく》り成《な》し、アダムの許《もと》に連れ来《きた》り給えり。その時アダム云《い》いけるは、「これぞ、いよよ、わが骨よりの骨、わが肉よりの肉なる。こは女人《おんな》とこそ名づくべけれ、これ、男人《おとこ》より取りたるものにてあれば」と。(37)

そして、「一箇《ひとり》の女」から、楽園に、罪が忍び込んだ。

さて、蛇は主なる天主の造《つく》り給える地のいかなる動物よりも狡猾《わるがしこ》かりき。その蛇、かの女に云《い》いけるは、「天主はなにゆえ『汝等園《なんじらその》のいずれの樹《き》の果《み》をも食《くら》うべからず。』と命じ給いしか」と。かの女、之《これ》に応《こた》えけるは、「園《その》にある樹木《きぎ》の果《み》をば、我等《われら》食《くら》い得《う》るなり。されど、園《その》の中央《ただなか》なる、かの樹《き》の果《み》は、天主我等《われら》に、之《これ》を食《くら》うなかれ、また、之《これ》に触《ふ》るゝなかれ、と命じ給えり、これ我等《われら》の死なざらん為《ため》なり。」と。しかるに蛇は、かの女《おんな》に言いぬ、「汝等《なんじら》必《かなら》ず死ぬることあらじ、汝等《なんじら》そを食《くら》わん日には、汝等《なんじら》の眼《まなこ》開《ひら》けて、汝等善悪《なんじらよしあし》を識《し》り別《わ》け、神々《かみがみ》の如くにならんことを、天主《てんしゅ》は知り給うが故《ゆえ》なり。」こゝにおいてかの女仰《おんなあお》ぎ見たるに、その樹《き》の果《み》は食《くら》うに佳《よ》く、眼《め》に美しく、観賞《なが》むるに快《こころよ》かりければ、その果《み》を取りて食《くら》い、己《おの》が夫《おっと》にも与《あた》えしかば、彼も食《くら》いぬ。すなわち彼等二人《かれらふたり》ながら眼《まなこ》開けて、その裸《はだか》なるを覚《さと》るに至《いた》りしかば、無花果樹《いちじく》の葉を編みつゞりて、おのれらの為《ため》に腰裳《こしも》を作れり。やがて彼等《かれら》、楽園《らくえん》の中《うち》に、午後《ご》の涼風《すゞかぜ》の頃、そゞろ歩きし給う主なる天主の声を聞きしかば、アダムとその妻とは主なる天主の御面前《みまえ》を避けて、園《その》の木《こ》の間《ま》に身を隠しぬ。その時主なる天主、アダムに声かけて、之《これ》に曰《のたま》いぬ。「汝《なんじ》、何処《いずこ》にかある」彼《かれ》、応《こた》えけるは、「我《われ》は楽園《らくえん》の中《うち》にて、汝の御声《みこえ》を耳にしたれども、この身は裸《はだか》にてあれば、畏《おそ》れ憚《はゞか》りて身を隠しぬ。」よりて、天主之《これ》に曰《のたま》いけるは、「誰《たれ》ぞ、汝にその身の裸《はだか》なるを告げ知らせしは。わが食《くら》うべからずと言いつけおきし、かの樹《き》の果《み》を食《くら》いしよな。」アダム云《い》いけるは、「汝《なんじ》がわが伴侶《とも》として与え給える、かの女《おんな》こそかの樹《き》の果《み》を我《われ》に与えたれ。されば、我食《われくら》いぬ。」と。主なる天主かの女《おんな》に対《むか》いて曰《のたま》いき、「何《なに》すれぞ、かくは為《な》したる。」かの女《おんな》答えけるは、「蛇、我を欺《あざむ》きたれば、我、食《くら》えるなり。」こゝにおいて、主なる天主、蛇に対《むか》いて曰《のたま》えり、「汝は、かゝる事を為《な》したるによりて、総《すべ》ての動物《いきもの》、野のあらゆる獣《けもの》の中《うち》にて、呪《のろ》わるべし。汝は腹《はら》ばい、且生存《かついきながら》うる限り、土《つち》を喰《くら》うべし。しかして汝とかの女《おんな》との間に、また汝の苗裔《すえ》と女《おんな》の苗裔《すえ》との間に、我《われ》は敵対《はむかい》をあらしめん、彼女《かのじょ》は汝の頭《かしら》を踏《ふ》み砕《くだ》き、汝は彼女《かのじょ》の踵《くびす》を窺《うかゞ》わん。」次《つ》いで女《おんな》に対《むか》いて曰《のたま》いぬ、「我《われ》汝の艱《なやみ》と懐妊《みごもり》とを増《ま》さん。汝は苦しみて児《こ》を産《う》むべからん。また汝は男の権下《した》になりて、彼は汝を治《おさ》むべし。」またアダムに対《むか》いて曰《のたま》いけるは、「汝は、妻《つま》の声《ことば》に耳傾《かたむ》けて、わが汝に食《くら》うべからずと命じたりし樹《き》の果《み》を食《くら》いしによりて、汝の耕作《はたら》く土壌《つち》は呪《のろ》わる。汝は生《い》くる日《ひ》の限り、労働《ろうどう》しつゝそれより糧《かて》を得《え》ざるべからず。土壌《つち》は汝に茨《いばら》と薊《あざみ》とを芽生《めば》えしめん。しかも汝は土《つち》の草蔬《くさ》を食《くら》うべし。汝は面《おもて》に汗して汝の糧《かて》を食《くら》うべし、土壌《つち》に汝の帰《かえ》るまで、蓋《けだ》し汝はそれより取り出《いだ》されたるものなればなり。げに汝は塵土《ちり》なり、されば塵土《ちり》にこそ帰《かえ》るべけれ。」やがてアダムはおのが妻に、エワと名づけぬ。そは、総《す》べて生ける者の母にてあればなり。さて主なる天主は、アダムとその妻とに、皮衣《かわごろも》を作りて着せ給いぬ。しかして曰《のたま》いけるは、「看《み》よ、アダムは善悪《よしあし》を識《し》り別《わ》けて、我等《われら》の一《ひとり》の如くになれり。されば今《いま》また手を伸ばし、生命《いのち》の樹《き》の果《み》をも採《と》りて食《くら》い、永久《とわ》に生《い》き存《なが》らえやすらん。」と。故《ゆえ》に主なる天主は、彼《かれ》を楽園《らくえん》より逐《お》い出《いだ》し給いぬ。そは、彼をしてその以前《さき》に取り出《い》だされし土壌《つち》を耕《たがや》さしめんとてなり。かくてアダムを逐《お》い出《い》だし給いて、楽園《らくえん》の前に、智天使《ケルビム》ときらめく焔《ほのお》の剣《つるぎ》とを置《お》きて、生命《いのち》の樹《き》への道を守護《まも》らしめ給えり。[38]

写真九・は、「知恵の木（The Tree of Knowledge）」の図である。説明文は、次の通りである。

これは、善と悪を識ることを具現化する、二元的な象徴である。アダムとイヴは、木の実を食べるように誘惑され、二元対立の世界に、運命付けられた。蛇は、誘惑する悪魔としての、お馴染《なじ》みの役割を持つが、更に、木に巻き付いた蛇は、地上のエネルギーの上昇を表す、古代の神秘的な象徴である。知恵の木は、又、ぶどうの木としても、描かれる。(This is a dualistic symbol, embodying the knowledge of good and evil. Tempted to taste the fruit, Adam and Eve were doomed to the world of opposites. In addition to its familiar role as Tempter, the serpent entwined around the tree is an ancient mystical symbol of earth energy rising. The Tree of Knowledge is also depicted as a vine.)(39)

神の命に背《そむ》いたアダムとイヴは、楽園を逐《お》われ、「面《おもて》に汗して」、「土壌《つち》を耕《たがや》す」よう運命付けられた。

ボッス（Hieronimus Bosch）の『最後の審判（*The Last Judgment*）』は、三枚のパネルから成り、左翼のパネルには、原罪が、中央のパネルには、最後の審判が、右翼のパネルには、地獄が、描かれている。縦長の、左翼のパネルは、四つの部分に分けかれ、四つの場面を呈示する。最上部には、球を手にして、王座に在《ましま》す神の姿がある。球は、世界の象徴である。神の足下《あしもと》からは、黒い昆虫のような、異様な生き物が、無数に、落下している。これが、堕落した天使の姿である。最下部は、イヴの創造の場面である。赤い衣をまとった神が、寝ているアダムから、イヴを造り終わったばかりである。下から二番目は、原罪の場面である。中央に、沢山の赤い実《み》をつけた、大きなりんごの木があり、木の下では、イヴが、アダムに、一つを差し出している。木の間からは、人面蛇身の悪魔が、姿を覗《のぞ》かせている。下らか三番目は、楽園追放の場面である。大刀を振りかざした、大天使ミカエルが、恐ろしい見幕《けんまく》で、アダムとイヴを追い立てている。

アダムとイヴが犯した罪は、原罪（the original sin）である。魂の死をもたらす地獄堕《お》ちの重罪は、人類のすべてに及んだ。人は、皆、原罪を背負って、この世に生まれる。

しかも、尚《なお》、原罪は、「幸いな罪（Felix Culpa）」である。それは、キリストを呼んだからである。神の独り子の磔刑《たっけい》によらずしては、これ程の重罪は、贖《あがな》い得ない。キリストの体が十字架上に磔《はりつけ》にされ、犠牲《いけにえ》として、神に捧げられて、初めて、神と人類との間に、和解が成立した。木を介して犯された罪が、木を介して償《つぐな》われた。知恵の木が、死をもたらしたように、キリストの十字架、即ち、「木（the Tree）」が、新しい生命《いのち》をもたらした。

我等《われら》が、贖《あがない》を得《え》、罪の赦《ゆるし》を得《う》るは、キリストに在りて其御血《そのおんち》によれり、即《すなは》ち神の豊《ゆたか》なる恩寵に由《よ》れるなり。(40)

キリストの磔刑と流血によって、人類は、死の軛《くびき》から解放された。

十字架上のキリストは、苦しみの極限に置かれた。頭《かしら》に食い込む「茨《いばら》の冠《かんむり》」。(41)両の手首、足首に打ち込まれた釘《くぎ》が引き起こす激痛。肉体に課された、恐るべき苦痛に加えて、精神に課せられた、言語を絶する苦悶《くもん》と懊悩《おうのう》。父なる神からも見棄てられた、という絶対の孤独が発する、悲痛な叫びと共に、キリストは、息絶えた。

斯《かく》て十二時より三時まで地上偏《あまね》く黒暗《くらやみ》となりしが、三時頃、イエズス声高く呼《よば》わりて曰《のたま》いけるは、エリ、エリ、ラマ、サバクタニ、と、是即《これすなわち》、我神《わがかみ》よ、我神《わがかみ》よ、何《なん》ぞ我《われ》を棄《す》て給《たま》いしや、の義《ぎ》なり。(42)

惨《むご》たらしい、恥辱《ちじょく》の死を遂げたキリストの心臓に、槍《やり》が突き刺《さ》された。

然《さ》れど兵卒《へいそつ》の一人鎗《やり》もて其《その》脇を抜《ひら》きしかば、直《ただち》に血と水と流出《い》でたり。(43)

神の独り子の懐《ふところ》から流れ出《い》でた血こそ、人類を、死の呪《のろ》いから救う、贖罪《しょくざい》の血である。十字架から降《お》ろされ、墓に葬《ほうむ》られたキリストの体は、そのまま朽ち果てた訳ではない。

ナザレトのイエズスは、汝等《なんじら》も知れる如く、神が之《これ》を以て汝等《なんじら》の中《うち》に行い給いし奇蹟《きせき》と不思議と徴《しるし》とを以《もっ》て、神より汝等《なんじら》の中《うち》に證明《しょうめい》せられたる人にして、神の予定の思召《おぼしめし》と予知とによりて付《わた》されしを、汝等不法人《なんじらふほうじん》の手を以《もっ》て之《これ》を磔《はりつけ》にして殺したるなり。彼冥府《よみ》に止《とゞ》めらるること能《あた》わざりければ、神冥府《よみ》の苦を解きて之《これ》を復活せしめ給えり。(44)

婦人達が、キリストの墓を訪れると、中は、裳抜《もぬ》けの殻《から》だった。

斯《かく》て安息日《あんそくじつ》の終《おわり》、即《すなは》ち一週《いつしう》の首《はじめ》の黎明《よあけ》に、マグダレナ、マリアと他《ほか》のマリアと、墓を見んとて至りしに、折しも大《おおい》なる地震あり、即《すなは》ち主《しゅ》の使《つかい》天より降《くだ》り、近づきて石を転《まろ》ばし退《の》け、然《さ》て其《その》上に坐《ざ》せしが、其容《そのかたち》は電光《いなづま》の如く、其《その》衣服は雪の如し。番兵等《ら》怖《おそ》れ慄《おのゝ》きて死人《しにん》の如くなれり。天使婦人等《ふじんら》に答えて云《い》いけるのは、汝等懼《なんじらおそ》るゝこと勿《なか》れ、蓋《けだし》我汝等《われなんじら》が十字架に釘《つ》けられ給いしイエズスを尋《たず》ぬるを知れり。彼《かれ》は此処《ここ》に在《いま》さず、即《すなは》ち曰《のたま》いし如く復活し給《たま》えり。来《きた》りて主《しゅ》の置かれ給いたりし処《ところ》を見、且疾《かつと》く往《ゆ》きて弟子等《たち》に其《その》復活し給《たま》いし事を告げよ。彼は汝等《なんじら》に先《さきだ》ちて既《すで》にガリレアに往《ゆ》き給う、汝等彼処《なんじらかしこ》に之《これ》を見るべし〔と云《い》え〕、我 預 之《われあらかじめこれ》を汝等《なんじら》に告げたるぞ、と。婦人等《ら》畏《おそれ》と大《おおい》なる喜《よろこび》とを懐《いだ》きて速《すみやか》に墓を去り　弟子等《たち》に告げんとて走れり。(45)

スケドーニ（Bartolomeo Schedoni）の『墓を訪れる三人のマリア（*Le Marie al sepolcro*）』という作品の中に、婦人達の「畏《おそれ》と大《おおい》なる喜《よろこび》」の表情を見てとることは難しい。三人の婦人達の一人は、横顔を見せており、もう一人は、腰を屈《かが》めて、俯《うつむ》き加減の顔の大部分は、陰に被《おお》われている。三人目の一人は、両膝《ひざ》を突いているが、後《うし》ろ姿しか見えない。婦人達の不安定な姿勢と、踊るような指先の動きが、徒《ただ》ならぬ驚愕《きょうがく》を物語っている。明暗対象法が、この場の緊張感を、一層、強める。天使のまとった白衣《びゃくえ》と、背後の光の眩《まばゆ》い輝き。後《うし》ろ向きの婦人の白い頭巾《ずきん》と黄色の上衣《うわぎ》。婦人達の、華奢《きゃしゃ》な白い指先。これらが明の部分に属し、背景の青緑《あおみどり》の暗がりと、人物達が作る影が、暗の部分に属する。婦人達の顔の表情は、窺《うかが》い知る術《すべ》もないが、指先の表情が、強烈な印象を残す。

「自然」と「技《わざ》」の拮抗が、パルマのバロック絵画の特徴であると言われる。その典型とも言うべき、この作品に出会ったのは、二〇〇七年の六月のある日、「パルマ（Parma）」展を観るために、国立西洋美術館を訪れた時のことである。

復活したキリストは、マグダラのマリア（Maria Magdalene）、及び、弟子達の前に、姿を現した。[46]しかし、聖母マリアを訪れた、という記録はない。グエルチーノ（Giovanni Francésco Barbière, détto Guercino）の『聖母のもとに現れる復活したキリスト（*Cristo risorto appare alla Vergine*）』は、画家の想像力の産物であろう。この大作に出会ったのは、二〇一五年、三月のある日、「グエルチーノ」展を見るために、国立西洋美術館に訪れた時のことである。

キリストは、死を滅ぼし、死は、死んだ。アダムによって、死がもたらされ、キリストによって、生がもたらされた。

蓋《けだし》死は人に由《よ》りて来《きた》り、死者の復活も亦《また》人に由《よ》りて来《きた》れり。一切の人アダムに於《おい》て死するが如く、一切の人亦《また》キ

リストに於《おい》て復活すべし。(47)

原罪の結果は、アダムの子子孫孫にまで及ぶが、贖罪《しょくざい》の結果も、人類のすべてに及ぶ。

蓋《けだし》我等《われら》は其死《そのし》に倣《なら》わん為《ため》に、洗礼を以《もっ》て彼と共に葬られたるなり、是《これ》キリストが父の光栄を以《もっ》て死者の中《うち》より復活し給いし如く、我等《われら》も亦《また》新しき生命に歩まん為《ため》なり。蓋我等《けだしわれら》は彼に接《つ》がれて其《その》死の状態《ありさま》に肖似《あやか》りたれば、其《その》復活にも亦肖似《またあやか》るべし。(48)

救いの恩恵は、人類だけではなく、天地万物が享受する。「被造物も、自ら腐敗《ふはい》の奴隷《どれい》たることを脱《のが》れる」(49)からである。

御子《おんこ》は即《すなは》ち見え給《たま》わざる神の御像《みすがた》にして、一切の被造物に先《さき》だちて生《うま》れ給《たま》いし者なり。蓋《けだし》万物は彼に於《おい》て造られ、天にも地にも見ゆるもの、見えざるもの、或《あるい》は玉座《ぎょくざ》、或《あるい》は主権《しゅけん》、或《あるい》は権勢《けんせい》、或《あるい》は能力《のうりょく》、皆彼を以《もっ》て且《かつ》彼の為に造られ、御自《おんみずか》らは万物《ばんぶつ》に先《さき》だちて在《ましま》し、万物《ばんぶつ》は彼の為《ため》に存す。彼《かれ》は又其体《またそのからだ》なる教会の頭《かしら》にて在《ましま》す、蓋《けだし》原因に在《ましま》して其《その》死者の中《うち》より先《さき》んじて生《うま》れ給《たま》いしは、万事《ばんじ》に於《おい》て自《みずか》ら先《さき》んずる者と成《な》り給《たま》わん為《ため》なり。其《そ》は充満《じゅうまん》せる徳《とく》を全く彼に宿《やど》らしめ、彼を以《もっ》て万物《ばんぶつ》を己《おのれ》と和睦《わぼく》せしめ、其《その》十字架の血を以《もっ》て地に在《あ》るものをも天に在るものをも和合せしむる事の、御意《みこゝろ》に適《かな》いたればなり。汝等《なんじら》も曽《かつ》て悪業によりて神に遠ざかり、心より其仇《そのあだ》となりしを、神は今御子《おんこ》の肉体《にくたい》に於《おい》て其《その》死によりて己《おのれ》と和睦《わぼく》せしめ、聖にして汚《けがれ》なく罪なき者たらしめ、以《もっ》て御前《みまえ》に供《そな》えんとし給《たま》えり。(50)

キリストは、様様の物に、喩えられる。

キリストは、太陽である。

されどわが名を畏《おそ》るる汝等《なんじら》には、正義の太陽さし昇《のぼ》らん、その翼《つばさ》には癒《いや》す力あり。汝等《なんじら》は群《むれ》の犢《こうし》の如く、出《い》でて跳《お》躍《ど》るべし。(51)

キリストは、石である。

主《しゅ》は活《い》ける石にして、人よりは棄《す》てられしも神《かみ》より選《えら》まれて尊《とうと》くせられし石にて在《まし》せば、汝等之《なんじらこれ》に近づき奉《たてまつ》りて、己《おのれ》も亦《また》活《い》ける石の如く、其上《そのうえ》に立てられて霊的家屋《かおく》と成《な》り、聖なる司祭衆《しさいしゅう》と成《な》り、イエズス・キリストを以《もっ》て神の御意《みこゝろ》に適《かな》える霊的犠牲《ぎせい》を献《さゝ》ぐる者と成《な》れ。(52)

キリストは、道である。キリストは、真理である。キリストは、生命《いのち》である。

イエズス之《これ》に曰《のたま》いけるは、我は道なり、真理なり、生命なり、我に由《よ》らずしては父に至る者はあらず。(53)

キリストは、善《よ》き牧者《ぼくしゃ》である。

我《わ》が来《きた》れるは、羊《ひつじ》が生命《せいめい》を得、しかも、尚豊《なおゆたか》に得ん為《ため》なり。我《われ》は善《よ》き牧者《ぼくしゃ》なり、善き牧者はその羊の為に生命《いのち》を棄《す》

つ。(54)

キリストは、神の羔《こひつじ》である。

明日《あくるひ》ヨハネ、イエズスの己《おのれ》に来《きた》り給《たも》うを見て云《い》いけるは、看《み》よ神の羔《こひつじ》を、看よ世の罪を除《のぞ》き給《たも》う者を。(55)

キリストは嫩枝《わかえだ》である。

主曰《のたま》わく、見よ、その日来《きた》らば、我《われ》ダヴィドに一つの義《ただ》しき嫩枝《わかえだ》を起《おこ》さん。彼王として治《おさ》め、賢明にして、公平と正義とを地に行うべし。その日ユダは救われ、イスラエルは安らかに住まわん。「主《しゅ》、我等《われら》の義《ただ》しき者」―是《これ》ぞ彼を称《よ》ぶべき名なる。(56)

キリストは、イェッセ（Jesse）のひこばえより咲き出《い》でた花である。

さて、イエッセの根より一つの小枝出《こえだい》で、その根より一つの花生《しょう》ぜん。しかしてその上には主《しゅ》の霊鎮《れいしず》まり給うべし、是《これ》すなわち、上智《じょうち》と聡明《そうめい》との霊《れい》、賢慮《けんりょ》と剛毅《ごうき》との霊《れい》、知識《ちしき》と孝愛《こうあい》との霊《れい》なり。

イェッセ（Jesse）は、ヘブライ語の Yišay で、ダヴィデ王の父である。『サムエル書』上第十六章において、言及されているが、そこでは、イサイと表記されている。ダヴィデ王家が没落して、切り倒された木の如くになっ

た時、根元から、一つの小枝が生《は》え出《い》でて、花を咲かせ、実を結んだ。その小枝が、メシアである。(57)

キリストは、真紅のバラである。キリストは、十字架上で、贖罪《しょくざい》の血を流すことによって、救いをもたらした。

キリスト教においては、赤いバラは、童貞《おとめ》マリア、又は、十字架上で、キリストが流した血を象徴し得る。（In Christianity, the red rose can symbolize the Virgin Mother or the blood shed by Jesus on the cross.）(58)

キリストは、十字架上に花開いた、真紅のバラである。

知恵の木を介して犯された罪が、「木」によって償《つぐな》われ、生命《いのち》の木へ至る道が開かれた。
写真十．は、「生命《いのち》の木（The Tree of Life）」の図である。説明は、次の通りである。

楽園の中央《ただなか》に立つ「生命《いのち》の木」は、完全な調和の表象である。枝の中は十二（十であることもあるが）の果実は、霊的成長の報いである。報いとは、叡知《えいち》、愛、真実、美等等である。果実は、太陽の顕現の数数である。果実を食する者、或《ある》いは、木自体から抽出されたエキスを飲む者には、不死が与えられる。（Standing at the centre of Paradise, the Tree of Life is a representation of perfect harmony. The twelve (sometimes ten) fruit in the branches are the rewards of spiritual growth — among these are wisdom, love, truth and beauty. The fruits are manifestations of the sun. Immortality is given to those who eat them, or drink an essence extracted from the tree itself.）(59)

「歓楽《たのしみ》の園《その》（The Garden of Eden）」の中央《ただなか》に立つ「生命《いのち》の木」は、永遠の生命《いのち》と真《まこと》の喜びの源である。“Eden”は、ヘブライ語の‘*ēdhen* に由来して、喜び（delight, pleasure）を意味する。

木を知ることは、神を知ることである。ギリシアの人人や、ケルトの人人が、樫の木を知ることによって、ゼウスを知ったように、キリスト者は、「木」を知ることによって、「霊にて在《まし》ます」(60)神、「永遠《とこしえ》より永遠《とこしえ》に在す」(61)神を知る。

木は、顕現である。木は、啓示である。

木は、それ自体を目的として、崇《あが》められたことは、決してない。そうではなくて、木は、常に、木を通して「啓示」されるところのものを目的として、つまり、木が意味するところのもの、木が表明するところのものを目的として、崇《あが》められた。（Jamais un arbre n'a été adoré *rien que* pour lui-même, mais toujours pour ce qui, à travers lui, se « révélait », pour ce qu'il impliquait et signifiait.）(62)

木は、宗教の対象である。

木が、宗教の対象になるのは、木の力による。つまり、木が表明するところのもの（そして、木を越えるところのもの）の力による。（c'est en vertu de sa *puissance*, c'est en vertu de ce qu'il *manifeste* (et qui le dépasse), que l'arbre devient un object religieux.）(63)

木は、生成し、消滅し、再生する。

木は、単なる存在（「力」）によって、又、その固有の発展の法則（「再生」）によって、古代の人人の経験にとっては、宇宙全体であるところのものを、繰り返す。(Par sa simple présence (« la puissance ») et par sa loi propre d'évolution (« la régénération »), l'arbre répète ce qui, pour l'expérience archaïque, *est* le Cosmos tout entier.)[64]

木の中に、宇宙全体の発展の模様が表される。木は、大宇宙を写す、小宇宙である。木は、一つの宇宙像（*imago mundi*）である。

宇宙は、我我に、神の創造力の顕現として、啓示される。(Le Cosmos se révèle à nous comme manifestation des forces créatrices divines.)[65]

木は、宇宙を象徴する。

宇宙は、木によって、象徴される。神性は、木の形を取って、現れる。多産、豊富、可能性、健全、——或《ある》いは、より高い程度においては、不死、或《ある》いは、永遠の若さ——が、草木の中に、凝縮《ぎょうしゅく》されている。人類、即ち、人間という種《しゅ》は、植物という種《しゅ》に、源を発する。人間の生命《いのち》は、期限が来るより以前に、策略によって、中断されると、植物的な形の中に避難する。要するに、存在するところのものすべて、生きているところのものすべて、創造的であるところのものすべては、連続的再生が可能であるが故に、植物的な象徴によって、表現される。宇宙は、木の形を取って、表された。宇宙は、木と同様に周期的に、再生するからである。(Le Cosmos est symbolisé par un arbre ; la divinité se manifeste dendromorphe ; la fécondité, l'opulence, la chance, la santé — ou, à un stade plus élevé, l'immortalité ou la jeunesse éternelle — sont concentrées dans les herbes ou les arbres; l'humanité ou la race dérivent d'une espèce végétale ; la vie humaine se réfugie dans les formes végétales quand elle est interrompue par ruse avant terme ; bref, tout ce qui *est*, tout ce qui est *vivant* et *créateur*, en état de régénération continue, s'exprime par des symboles végétaux. Le Cosmos a été représenté sous la forme d'un Arbre car, de même que ce dernier *il se régénère périodiquement*.)[66]

木は、生成、消滅、再生を繰り返す。木の営みは、宇宙全体の営みの縮図である。

植物の力は、宇宙の生命《いのち》の顕現である。（Les forces végétatives sont une épiphanie de la vie cosmique.）[67]

木は、神の創造力の顕現である。木は、神性の受肉である。木は、神性の啓示である。木を知ることは、神を知ることである。

第四章

「緑の木陰《こかげ》の緑の想念《おもい》」

「緑の木陰《こかげ》の緑の想念《おもい》」

樫《かし》の木からは、どんぐりの実が落ちる。樫《かし》の木の下には、恋人も落ちている。

ロザリンド．　でも、あのお方は、私が、この森にいて、しかも、殿方《とのがた》の服装《なり》をしているなんて、
御存知かしら？　あのお方は、お相撲《すもう》を取った時と
同じ位、筋骨隆隆《きんこつりゅうりゅう》かしら。

シーリア．　恋人の問いに答えるのに比較《くら》べれば、
日光の中の細かい埃《ほこり》の微粒《つぶ》を数える方が、まだ易しいわ。でも、私が、あのお方をお見かけした時の
御様子を、お話し致しますから、篤《とく》と、お聞きなさいな。
あのお方は、木の下においでだった。落ちたどんぐりみたいにね。

ロザリンド．　そんな実を落とすなんて、
その木が、ゼウス様の木って呼ばれるのも、尤《もっと》もね。

(*Ros.*　But doth he know that I am in this forest
and in man's apparel? Looks he as freshly as he
did the day he wrestled?

Cel.　It is as easy to count atomies as to resolve

the propositions of a lover; but take a taste of
my finding him, and relish it with good observance.
I found him under a tree, like a dropped acorn.
Ros. It may well be called Jove's tree, when
it drops forth such fruit.)(1)

木は、恋文である。恋する者は、思いの丈《たけ》を、木に刻む。

ジェイクウィズ.　どうか、これ以上、恋の歌を書きつけて、木の皮を破損《いた》めないで戴きたい。

オーランドウ.　どうか、私の詩文《うた》を、おかしな読み方をして、台無しにしないで戴きたい。

ジェイクウィズ.　ロザリンドというのが、君の恋人の名前かね？

オーランドウ.　その通り。

ジェイクウィズ.　どうも、その名前は、良くないな。

オーランドウ.　誰《だれ》も、あんたに気に入られたくて、あの人に洗礼の名前を付けた訳じゃない。

ジェイクウィズ.　その人の背丈は、どの位かね？

オーランドウ.　ちょうど、僕の心臓《こころ》と、同じ高さだ。

ジェイクウィズ．　なかなか、気の利《き》いた返答《こたえ》をするな。

(*Jaq.* I pray you, mar no more trees with writing love-songs in their barks.

Orl. I pray you, mar no moe of my verses with reading them ill-favouredly.

Jaq. Rosalind is your love's name?

Orl. Yes, just.

Jaq. I do not like her name.

Orl. There was no thought of pleasing you when she was christened.

Jaq. What stature is she of?

Orl. Just as high as my heart.

Jaq. You are full of pretty answers.) (2)

木は、手帳（memorandum-books）である。

オーランドウ．　紙切れを持って、登場。

オーランドウ．　我が詩文《うた》よ、我が愛の証拠《あかし》として、そこに掛かれ。

　そして、汝、三重の冠《かんむり》を戴く、夜の女王よ、
青白き光を放つ天球より、汝の純潔《きよ》き眼《まなこ》もて、
我が生命《いのち》のすべてを支配する、汝の狩猟《かり》のニンフなるロザリンドの名を見そなわし給え。
ああ、ロザリンドよ！これらの木木を、我が手帳としよう。
　そして、木の皮に、我が思いの丈《たけ》を、刻印しよう。
そうすれば、この森を訪れる、すべての人人の目が、
　至る所に、汝の美徳が証言されているのを見るであろう。
走れ、走れ、オーランドウよ。あの木にも、この木にも、刻むのだ。
　麗《うるわ》しく、純潔《きよ》らかで、筆舌に尽くし難い女人《ひと》のことを。
(*Enter* ORLANDO, *with a paper*.

Orl, Hang there, my verse, in witness of my love:
And thou, thrice-crowned queen of night, survey
With thy chaste eye, from thy pale sphere above,
Thy huntress' name that my full life doth sway.
O Rosalind! these trees shall be my books
And in their barks my thoughts I'll character;
That every eye which in this forest looks
Shall see thy virtue witness'd every where.

Run, run, Orlando; carve on every tree
The fair, the chaste and unexpressive she.)(3)

月の女神は、天上では、ルーナ（*Lūna*）、或《ある》いは、キュンティア（*Cynthia*）と呼ばれ、地上では、ディアナ（*Diāna*）と呼ばれ、冥府では、プロセルピナ（*Proserpina*）と呼ばれる。それ故に、月は、「三重の冠《かんむり》を戴く、夜の女王」である。因《ちなみ》に、ローマ神話のルーナは、ギリシア神話のアルテミス（*Ártemis*）である。

月の女神は、純潔の女神である。月の女神の眼《まなこ》は、「純潔《きよ》き眼《まなこ》」である。

月の女神は、狩猟《かり》の女神である。ロザリンドは、月の女神に純潔を捧げ、狩猟《かり》の伴《とも》をするニンフ（nymph）に喩えられている。「汝の美徳」は、純潔の美徳である。

アーデン（Arden）の森の中で、オーランドウとロザリンドの恋は、成就する。二人は、最後に、めでたく結ばれる。

しかし、木の皮に刻まれた恋文は、常に、功《こう》を奏するとは限らない。月の女神に純潔を捧げた乙女は、「エロスの支配下にはない（fancy-free）」(4)からである。そういう乙女が、女神に仕《つか》えるのを止《や》めて、人間の男に心を向ける見込みは、殆《ほとん》ど、ないであろう。一方、男は、エロスの矢を、何本も、胸に射込まれて、「恋を煩い（fancy-sick）」(5)、「恋の熱に浮かされ（love-shaked）」(6)て、木の根元に倒れ伏すようなことも、しばしば、起こる。

「叶《かな》わぬ恋（Love unpaid）」(7)の傷《いた》みや、その他諸諸《ほかもろもろ》の俗世の煩いの一切から解放されて、精神の安息を享受する方法はないものか。

この世は虚妄であり、人生は、極彩色の夢に過ぎぬ、という苦《にが》い認識は、バロックの詩人をして、想像上のエデンの園へと逃避せしめた。その上、もともと、エデンの園は庭園であり、又、ルネサンス人が、宮廷や軍隊を退いて、引き籠もろうとしたのも田園であったから、田園、或いは庭園は、十七世紀に於ては、内的及び外的静寂の象徴となったのである。(PLAGUED by agonized intimations that the world was illusion and life no more than a brightly coloured dream, the Baroque poet was driven to seek refuge either in metaphysical speculation or in imaginary Edens. Moreover, since the original Eden was a garden, and it was to the country that the Renaissance man had longed to withdraw, forsaking court and camp after the Roman fashion, the country and the formal garden became for the seventeenth century a symbol of inward as of outward quiet.)[8]

マーヴェル(Andrew Marvell)の『庭園(*The Garden*)』は、想像上のエデンの園である。「のどかな哲学者(*easie Philosopher*)」[9]に従って、庭園の愉悦《たのしみ》を満喫させて戴くとしよう。

『庭園(*The Garden*)』

I

ああ、世の人人の愚かしさよ、
たった一枝の棕櫚《しゅろ》、月桂樹《げっけいじゅ》、樫《かし》を手に入れんが為に、
営々として、
空しい苦労を費やすとは。

冠の木や草も、無言のうちに、
彼らの愚かな徒労を、非難《とが》めているではないか。
見るがいい、ここでは、生い繁る木や花が、密集して、
安息の花環を編んでいる。

(How vainly men themselves amaze
To win the Palm, the Oke, or Bayes ;
And their uncessant Labours see
Crown'd from some Single Herb or Tree.
Whose short and narrow verged Shade
Does prudently their Toyles upbraid ;
While all Flow'rs and all Trees do close
To weave the Garlands of repose.)

「閉じたる園」から追憶するこの世の営みは、狂気と喧噪以外の何物でもない。戦勝を意味する棕櫚《しゅろ》の枝も、命の救助者に授けられる樫《かし》の冠も、名誉と光栄の象徴、月桂樹《げっけいじゅ》も、すべては虚妄であり、愚にもつかない虚飾に過ぎぬ。

緑の木木の存在は、狂言役者の頭飾りになる為ではなく、庭園に生い繁って、休息をもたらす為のものなのだ。欺瞞《ぎまん》と虚偽の充満する人間界にひきかえ、庭園は、単純と無垢の支配する場所 (Where Nature was most plain and pure)(10)である。ここでは、樹木や花が、自《おの》ずから円形を描いて生い繁り、安息の花環を編んでいる。花環は、やがて、安楽境の、時を計ることを教えるであろう。

II

ああ、麗しの静寂よ、私は、お前と、
お前の妹、無垢を、この庭園に見出した。
愚かな私は、長いこと、お前達を、
騒々しい人の交際《まじわり》の中に、探し求めたものだった。
お前達の聖なる蘖《ひこばえ》が、この下界に、咲き出でるとすれば、
そこは、外《ほか》ならぬこの庭の中。
ああ、この甘美なる孤独に比べれば、
人の交際《まじわり》など苦味《にがみ》に過ぎぬ。

(Fair quiet, have I found thee here
And Innocence thy Sister dear!
Mistaken long, I sought you then
In busie Companies of Men.
Your sacred Plants, if here below,
Only among the plants will grow.
Society is all but rude,
To this delicious Solitude.)

庭の千草は、静寂と無垢の化身である。この聖なる姉妹の化身、緑の草草の間を、詩人は、独り、逍遙《しょうよう》を楽しみつつ、「独り（Solitude l. 16)」のもたらす幸いを、殆んど味覚的な方法で感受する。*delicious* が、芳《かんば》しく、美味な、という意味であれば、人の交際《まじわり》の *rude* とは、当然、口にまずく、苦《にが》い、という意味であろう。

孤独な散歩者は、俗世を捨てて、庭園に退いたが、禁欲の隠者とならずして、かえって、これまで以上のエピキュリアンとなるようである。

III

この愛らしい緑程、婀娜《あだ》に、艶《なまめ》かしい色はない。
どんな白も、どんな赤でも、較べに合わぬ。
恋に身を焦がす男達は、残酷にも、
恋人の名を木に刻む。
が、何と愚かな者どもよ、木木の美しさは、
婦人のそれに、はるかに勝るを悟らぬとは！
ああ、麗しの樹木《じゅもく》よ！もし、私が、お前に名を刻むとすれば、
それは、外《ほか》ならぬ、お前自身の名でなくてはならぬ。

(No white nor red was ever seen
So am'rous as this lovely green.
Fond Lovers, cruel as their Flame,

Cut in these Trees their Mistress name.
Little, Alas, they know, or heed,
How far these Beauties Hers exceed!
Fair Trees! where s'eer your barkes I wound,
No name shall but your own be found.)

赤き唇と、白い肌の魅惑に訣別した詩人は、庭園に退いて、思わぬ恋人に巡り会う。幸いなる孤独のうちにあって見出《みいだ》された恋人とは、即ち、静寂と無垢の化身、緑の木木である。かって、無垢と共に、未熟をも意味した緑は、今や、赤や白にも勝る艶《あで》やかさを放っている。

恋する者の顰《ひそみ》に倣《なら》って、詩人も、又、幹に恋人の名を刻もうとする。我我が、後に、それを読む時、樫《かし》の幹には「樫《かし》」と、月桂樹《げっけいじゅ》には、「月桂樹《げっけいじゅ》」と書かれているのが認められるであろう。何故なら、緑の樹木こそ、詩人の、唯一の恋人なんだから。

IV

欲情の炎が消え去れば、
愛は、ここにこそ退き、憩うのだ。
神神に追われた乙女達は、
昔、終《つい》には、木になった。

アポロに追われたダプネは、
逃走の果てに、月桂樹《げっけいじゅ》に姿を変え、
パンに追われたシュリンクスは、
ニンフの姿を葦《あし》に変えたのだった。

(When we have run our Passions heat,
Love hither makes his best retreat.
The *Gods*, that mortal Beauty chase,
Still in a Tree did end their race.
Apollo hunted *Daphne* so,
Only that She might Laurel grow.
And *Pan* did after *Syrinx* speed,
Not as a Nymph, but for a Reed.)

緑の木木に対する愛は、詩人自らの言葉を借りれば、「植物的な愛（vegetable Love）」[11]というのであろう。恋する者の植物的な愛にも、恋される側の静寂と無垢にも、欲情の炎は存在しない。この様な恋人には、もはや、エロスの毒矢も届くまい。艶《あで》やかな緑は、エロスに対する保護色、防エロス色（?!）の役割を果しているようだ。恋情に迷って、乙女達を追ったギリシアの神神も、月桂樹や葦《あし》に姿を変えられては、もはや、手出しも出来ぬ。緑の木木に変身した後は、追われる者も、追う者も、等しく、安らかな休息を享受する。

V

ああ、庭園の生活《くらし》の愉悦《たの》しさよ！
熟したりんごが頭上に落ち、
甘いぶどうが、酒の雫《しずく》を、
口元に滴《した》らせる。
ずばい桃や、見事な桃が、
われから、手の中に落ちてくる。
踏み分けながら、私は、メロンに躓《つまず》き、
花に足を取られ、終《つい》に、草の茵《しとね》に倒れ伏す。
(What wond'rous Life in this I lead!
Ripe Apples drop about my head ;
The Luscious clusters of the Vine
Upon my Mouth do crush their Wine ;
The Nectaren, and curious Peach,
Into my hands themselves do reach ;
Stumbling on Melons, as I pass,
Insnar'd with Flow'rs, I fall on Grass.)

「艶《なま》めかしい（amorous）」果実に取り巻かれ、詩人は、無邪気な放蕩に身を任せる。

真赤に熟れたりんごの実、枝もたわわなぶどうの房、甘露の滴《したた》るずばい桃、そして、この上なく芳《かぐわ》しい桃。庭園の宴《うたげ》に饗された「悦楽の目録（locus amoenus）」は、これである。そして、目録の各各《おのおの》には、それぞれ特有の「味」が秘められている。

先ず、「庭園」そのものが、『雅歌』に於ては、愛する恋人《ひと》の象徴になっているが、「閉じたる園」、即ち、花嫁が、未来の花婿に向って差し出す果実は、「りんご」である。


わが愛する者、己が園（＝花嫁）に来《きた》りて、そのりんごの果《このみ》を食せよかし。(12)


もっとも、「りんご」は、愛の果実であるばかりではなく、人祖を堕落へと誘《いざな》った、善と悪とを識り別ける、苦《にが》い果実でもあるのだが、第八スタンザが明かす通り、時は、未だ、そこに到っていない。イヴという配偶者《つれあい》が、アダムに与えられる以前の話である。

「ぶどう」は、楽園の酒。紫の房から滴《したた》る、甘美で濃厚な、強い味と香りが、「植物愛」の官能的芳烈さを物語っている。ぶどう酒は、後の新約の時代に到って、神の正義に捧げられる犠牲《いけにえ》の血に変ずるが、贖罪《しょくざい》の血も、ここ安楽境では、エピキュリアンの杯《さかずき》を満たす甘露である。

「ずばい桃」から滴《したた》る蜜は、語源の *nektar* から察するに、「神神の酒」の味がするのであろう。

「桃」の語源を溯れば、ME の *peche*、更に、平俗ラテン語では *pessic-am*、これは、古典ラテン語の *persic-um*、ギリシア語の *persikón* に相当し、「ペルシアの」を意味している。「桃」とは、即ち、「ペルシアのりんご」である。

さて、果実の幸に恵まれて、独り逍遙《しょうよう》を楽しんでいた詩人は、突然、足許のメロンに躓《つまず》き、絡みつく花に足を取られて、草の茵《しとね》に倒れ伏す。

トリヴァー(13)が、称して「樹木のエロティシズム」(dendro eroticism) と呼ぶだけあって、欲情が消え去った後の、庭園での植物愛も、豊饒艶麗な官能性を有している。とりわけ、この最終の二行は、愛の法悦の極致とも思われるが、ここには、二重映し的に、「失楽園」の瞬間のドラマが予見されている。

孤独な散歩者を躓《つまず》かせた「メロン」とは、ギリシア語の *melopépōn*、即ち、「熟したりんご」の意であって、前出の「りんご」及び「ペルシアのりんご」と共に、これ又、禁断の果実《このみ》を暗示する。

ensnare とは、「罠に掛けて捕えること」と共に「誘惑」をも意味している。誘惑の主《ぬし》は、むろん、花に隠れた悪魔の化身、蛇であろう。「斑点のある蛇が、色取り取りの花の中に身を潜《ひそ》め、とぐろを巻いて (the Serpent old, / That, twining in his speckled breast,/About the flowers disguised does fold)」(14)、誘惑の折を窺っているのである。

やがてイヴという配偶者《つれあい》を得て、禁を犯し、「悪魔の誘惑に陥ちて堕落するアダム」の、幸いなる孤独な時代の姿こそ、この「花に捕われて草に倒れ伏すエピキュリアン」である。

VI

一方、私の精神は、感覚の快楽《たのしみ》を捨てて、
それ自身の至福《さいわい》に引き籠《こ》もる。
海の生物は、皆、地上の生物の写し絵。
同様に、精神も、又、外界の鏡であるが、

それは、物質の世界を遙かに越えて、
全くの別世界、別の海を創造する。
精神は、創造《つく》られた存在《もの》すべてを無に帰して、
緑の木陰《こかげ》の緑の想念《おもい》に浸《ひた》るのだ。

(Mean while the Mind, from pleasure less,
Withdraws into its happiness
The Mind, that Ocean where each kind
Does streight its own resemblance find ;
Yet it creates, transcending these,
Far other Worlds, and other Seas ;
Annihilating all that's made
To a green Thought in a green Shade.)

感覚が、植物愛の法悦に浸る一方で、精神は、それ自身の至福《さいわい》を享受する。

『霊魂《たましい》と快楽の対話（*A Dialogue Between the Resolved Soul, and Created Pleasure*）』、及び『霊魂《たましい》と肉体との対話（*A Dialogue between the Soul and Body*）』等の作品に示される如く、マーヴェルにあっては、霊魂《たましい》と肉体は、しばしば、二元的対立の関係に置かれて、両者の間に激しい論戦が繰り広げられるが、ここ安楽境では、霊魂《たましい》は、肉の獄《ひとや》に閉じ込められず、肉体も、又、霊魂《たましい》の圧制を免れる。肉体は果実の幸《さち》を享《う》け、霊魂《たましい》は、それ自身の至福《さいわい》に退いて、新たな緑の世界を創造する。

中世の伝説に従えば、海には、陸に在る、あらゆる種類の生物の、「写し」が存在するという。物事を、複雑な対応関係に於て認識する、十七世紀的思考方法も、これと軌を一にするものであろう。精神の鏡には、海と同様、地上のあらゆる存在が写されて、一つの小宇宙を成している。

が、外界受容の能力と共に、内的創造の能力をも賦与されている精神は、今や、外界そのものも、精神の鏡に写された外界をも超越して、それ自身の自律的世界を創造する。

そこでは、一切の形象は無に帰され、唯《ただ》一面に、緑一色の海原が広がるのみ。樹木と花で編まれた安息の花環も、静寂と無垢の化身、緑の草木も、艶《あで》やかな愛の緑も、庭園で恵まれる孤独も、緑の木木よりも濃い緑の想念（my thoughts more green）(15)の海原で、皆、一つに溶け合って、自己充足の至福の世界を実現する。

Ⅶ

さんざめく泉のほとりや、
苔むす木木の根元で、
肉体の衣《ころも》を投げ捨てた
私の霊魂《たましい》は、枝の間に滑り込む。
そこで、小鳥の様に、止まって歌い、
銀の翼《つばさ》を梳《くしけず》る
より高い飛翔に備えて整えられる
羽毛には、七色の光が煌《きら》めき反射する。

(Here at the Fountains sliding foot,
Or at some Fruit-trees mossy root,
Casting the Bodies Vest aside,
My Soul into the boughs does glide :
There like a Bird it sits, and sings,
Then whets, and combs its silver wings ;
And, till prepar'd for longer flight,
Waves in its Plumes the various Light.)

形象を、一度は否定した霊魂《たましい》は、肉体の衣《ころも》を投げ捨てると、再び、小鳥の姿に変身し、より大いなる霊の飛翔に備えて、虹色の光を煌《きら》めかせながら、銀の翼を梳《くしけず》る。

鳥は、魂の象徴である。

翼のある生き物は、すべて、霊化の象徴である。ユングに拠《よ》れば、鳥は、恩恵をもたらす生き物で、霊、或《ある》いは、天使、超自然の扶助、想念、及び、空想の飛翔《ひしょう》を意味する。……鳥は、魂の象徴である、という解釈は、世界中、至る所で、民間伝承の中に、極《ごく》一般的に、見出《みいだ》される。フレイザーの再話による、インドの物語の中で、人食い鬼が、自分の魂を、どこに隠しているかを、娘に、打ち明ける。「ここから、十六マイル離れた所に、一本の木がある。その木の周《まわ》りに、虎《とら》と、熊《くま》と、蠍《さそり》と、蛇がいる。木の天辺《てっぺん》には、恐ろしくでかい、太った蛇がいる。その蛇の頭の上に、小さな鳥籠《かご》が、乗っている。鳥籠《かご》の中には、鳥がいる。おれの魂は、その鳥の中にあるのだ。」(Every winged being is symbolic of spiritualization. The bird, according to Jung, is a beneficent animal representing spirits or angels, supernatural aid, thoughts and flights of fancy....This interpretation of the bird as symbolic of the soul is very commonly found in folklore all over the world. There is a Hindu tale retold by Frazer in which an ogre explains to his daughter where he keeps his soul: 'Sixteen miles away from this place', he says, 'is a tree. Round the tree are tigers, and bears, and scorpions, and snakes; on the top of the tree is a very great fat snake; on his head is a little cage; in the cage is a bird; and my soul is in that bird'.)(16)

『庭園』の鳥は、天上の魂の象徴である。

鳥は、しばしば、人間の魂の象徴として用いられ、最も初期の例のいくつかは、古代エジプトの芸術の中に見出《みいだ》される。……ムハンマドが、天上へ至った時、大きな、正方形の広場の真《ま》ん中に、生命《いのち》の木が、立っていた。その木の実を食べる者は、すべて、若さを取り戻す。この生命《いのち》の木は、木立《こだち》や、葉の茂る木木の並木道に囲まれている。木木の枝には、目も綾《あや》な、光り輝く鳥達が、数多く止まっていて、美しい歌を歌っている。これらの鳥達は、信心深い者達の魂である。(Birds are very frequently used to symbolize human souls, some of the earliest examples being found in the art of ancient Egypt....when Mohammed went to heaven, he found, standing in the middle of a great square, the Tree of Life whose fruit restores youth to all those who eat of it. This Tree of Life is surrounded by groves and avenues of leafy trees on whose boughs perch many birds, brilliantly coloured and singing melodiously: these are the souls of the faithful.)(17)

Ⅷ

人間が、配偶者《つれあい》なしでいた頃の
楽園の至福《さいわい》とは、この様なものだった。
あんなにも、清らに甘美な楽園に、
どうして、その上、扶助者《たすけて》など欲しかろう。
だが、楽園での孤独な散歩など、
所詮は、死すべき者の分に過ぎたのだ。
楽園に、独り暮すとは、
二つの楽園が、一つに合わされた様なものだったから。

(Such was that happy Garden-state,
While Man there walk'd without a Mate :
After a Place so pure, and sweet,
What other Help could yet be meet!
But 'twas beyond a Mortal's share
To wander solitary there :
Two Paradises 'twere in one
To live in Paradise alone.)

突然、緑の瞑想から覚めた散歩者は、人間が、この様な至福《さいわい》を、かって、享受していたことを思い出す。が、しかし、この孤独な時代のアダム＝楽園のもたらす静寂と、無垢と、充足を、ただ享受するというにとどまらず、自らも、又、楽園の主人《あるじ》として、この聖なる至福の具現者でもあったアダム＝への遙かな追憶は、「かってはあんなにも素晴しかった」という切ない追慕であるよりも、むしろ、「今はもう、そんなものは持っていないのさ」という、いささかの自嘲を込めた、冷たい皮肉であることが、中の四行の響きから、伺われる。

「凡《およ》そ人孤独《ひとり》なるは善からず。我、彼に適《ふさ》う如き輔者《たすけ》を、彼の為に造らん」(18)と、神は宣《のたも》うて、アダムにイヴという配偶者《つれあい》を賜ったが、女性的存在は、男性の「輔者《たすけ》」となるどころか、かえって、男性の孤独の、従って、その至福《さいわい》の、剥奪者であり、破壊者になったという訳だ。何しろ、イヴの出現は、「独り楽園に在る、という二つの楽園」を、一時《いちどき》に、アダムから奪ったのだから。

二つの楽園が、即ち、一つの楽園である、という奇妙な計算の謎《なぞ》を、ハイマンは、「堕落以前のアダムは、両性具有で、自らの内に、男性と女性を宿していた、という伝説（the tradition ... that Adam before the Fall was androgynous, containing both sexes within himself)」(19)によって、解明する。イヴという配偶者《つれあい》がいなかった頃のアダムは、性が未分化の状態の、自己充足的な、孤独と至福を享受していた。

ヘルマプロディトス（Hermaphroditos）は、その名の通り、ヘルメスを父とし、アプロディテを母とする。

ヘルマプロディトスは、神神の使者、ヘルメスと、愛の神、アプロディテから生まれた、両性の子供であった。ギリシア神話の一つによれば、この美しい少年は、サルマキスの恋情《こいごころ》を掻《か》き立てた。サルマキスは、小アジアのハリカリナッソスという都市の近くの、泉のニンフであった。若いヘルマプロディトスは、サルマキスの心尽くしを無視したので、サルマキスは、ヘルマプロディトスと自分が、永遠に、結ばれるよう、神神に懇願した。願いは、聞き届けられた。ヘルマプロディトスが、水浴びをしていた時、サルマキスは、ヘルマプロディトスと、体と体を合わせた。その結果、女の男の子が生まれた。両性具有という言葉は、これに由来する。(HERMAPHRODITOS was the bisexual offspring of the messenger god *HERMES* and *APHRODITE*, the goddess of love. According to one Greek myth, this handsome boy excited the passion of Salmacis, who was a nymph of a fountain near to the city of Halicarnassus in Asia Minor. When the young Hermaphroditos ignored her attentions, Salmacis prayed to the gods that she might be eternally united with him. The wish was granted when he bathed in some waters and she merged with him physically. The result was a female boy, hence the term hermaphrodite.)(20)

ヘルマプロディトスの、うつ伏せに横たわる、美しい裸身の大理石像に出会ったのは、二〇〇三年、八月のある日、東京国立博物館を訪れた折のことである。「アレクサンドロス大王と東西文明の交流展（Alexander the Great: East-West Cultural Contacts from Greece to Japan）」を観るためである。展示されていた作品は、帝政ローマ時代、二世紀に作られた模刻で、原作は、ヘレニズム時代、紀元前百五十年頃の作品である。シュプランガー（Bartholomeus Spranger）の『ヘルマプロディトス（*Hermaphroditos*）』は、一五八一年頃に制作された、油彩画である。絵の中で、肝腎《かんじん》のヘルマプロディトスは、何やら、影が薄い。それにひきかえ、サルマキスは、姿形《すがたかたち》も大きく、堂堂として、美しさも、際立《きわだ》っている。

両性具有に対する嗜好《しこう》は、シェイクスピアの詩行にも見られる。

そなたは、自然が手ずから描いた女の面《かお》を持っている。

男にして、また女なる我が愛《いと》しの人よ。
(A woman's face with Nature's own hand painted
Hast thou, the master-mistress of my passion) (21)

IX

ああ、巧妙なる庭師は、何と素晴しい
花時計を描いたことか。
和《やわ》らかな太陽が、
芳香を放つ花の十二宮を周《めぐ》りゆく。
働き者の蜜蜂も、
今開いた花によって、「時」を知る。
これ程健《すこ》やかに、甘美な「時」は
草花以外の何によって計られよう！
(How well the skilful Gardner drew
Of flow'rs and herbs this Dial new;
Where from above the milder Sun
Does through a fragrant Zodiack run;
And, as it works, th'industrious Bee

Computes its time as well as we.
How could such sweet and wholsome Hours
Be reckon'd but with herbs and flow'rs!)

クラショーは、聖女の涙から、水時計を案出したが、『庭園』の詩人は、花時計を創造する。円形を描いて生い繁る、安息の花環の中で、詩人は、今、目の前に開いた花によって、「時」を知る。朝顔から昼顔、そして夕顔、という具合に、安息の花環には、咲き出《いで》る「時」の順に従って、草花が植えられている。その草花の帯で出来た十二宮を、太陽が、あたかも、横道帯の十二宮を進む如くに、周《めぐ》りゆく。まこと、堕落以前の、時なき時は、この様な芳草《かおりぐさ》によってのみ、計られたことでもあろう。

『庭園』に退いた散歩者は、木立《こだち》の中で、緑の安息を享受する。

　　　　　　我は、
我《わ》が精神《こころ》を、木陰《こかげ》に、宿らせたり。
（　　　　　behind
These Trees have I incamp'd my Mind.) (22)

「緑の木陰《こかげ》の緑の想念《おもい》(a green Thought in a green Shade)」は、本源回帰である。木は、人間の本源である。

木は、人間である。木は、人間を産む。

かつて、これらの森林地帯には、この土地の、ファウヌスやニンフ達が、住んでおり、又、人間の一族が、様様の木木や頑丈な樫《かし》の木の幹から、生まれ出た。人間達は、生活の規則《のり》も術《わざ》も持たず、牛を軛《くびき》につなぐことも、食糧を貯《たくわ》えることも、収穫を節約して管理することも、知らなかったが、木の枝と、狩人《かりゅうど》が捕らえる、野生の飲食物が、人間達を養った。(In these woodlands the native Fauns and Nymphs once dwelt, and a race of men sprung from trunks of trees and hardy oak, who had no rule or art of life, and knew not how to yoke the ox or to lay up stores, or to husband their gains; but tree branches nurtured them and the huntsman's savage fare.)
(“haec nemora indigenae Fauni Nymphaeque tenebant
gensque virum truncis et duro robore nata,
quîs neque mos neque cultus erat, nec iungere tauros
aut componere opes norant aut parcere parto,
sed rami atque asper victu venatus alebat.)(23)

木木の中でも、取り分けて、樫《かし》の木が、人間の産みの親である。

原始時代において、樫《かし》は、人類よりずっと以前に、地上に出現したので、樫《かし》が、人類を産み出した、と考えられていた。例えば、アルカディアの人人は、人間になる前は、樫《かし》であった、と信じ込んでいた。『宮廷詞華集』の作者の一人、サルデニア人のゾナスは、警句の中で、古代ギリシア人の人人は、樫《かし》を、「最初の母」と呼んだ、と記している。(Dans les temps archaïques, le chêne, apparu sur terre bien avant les hommes, était censé leur avoir donné naissance. Les Arcadiens, par exemple, étaient persuadés d'avoir été des chênse avant de devenir des hommes. L'un des auteurs de l'*Anthologie palatine*, Zonas de Sardes, écrit dans une épigramme que les anciens Hellènes appelaient les chênes les « premières mères ».)(24)

木は、男性である。写真十一・は、「男性としての木（Tree as Man)」を示す。この図についての説明文は、次の通りである。

これは、最も強力な、豊穣《ほうじょう》の象徴の一つであって、男性のエネルギーを表している。このエネルギーは、大地に生命《いのち》を注入するが、それ自身、腐朽《ふきゅう》と再生の、果てしのない循環に隷属している。(This is one of the most powerful fertility symbols, representing the male energy which impregnates the earth with life but is itself subject to the eternal cycle of decay and renewal.)(25)

木は、女性である。写真十二・は、「女性としての木（Tree as Woman)」を示す。この図の説明は、次の通りである。

外側から見れば、この像は、母なる大地の女神、即ち、養い育てる、女性原理の象徴であるが、内側においては、これは、又、目に見えない生命力でもある。それは、風と雨と太陽の男性的エネルギーによって、授精されるまで、大地の中に眠っている。(Outwardly this image symbolizes the Earth Mother, the nurturing feminine principle. But inwardly it is also the invisible life-force slumbering within the Earth until inseminated by the masculine energy of the wind, rain and sun.)(26)

人間は、「逆《さか》しまの木」である。写真十三は、「逆《さか》しまの木(The Inverted Tree)」の図である。この図の説明は、次の通りである。

逆《さか》しまの木は、霊界に根差しており、地上に向かって下降しながら、生長する。逆《さか》しまの木は、霊の創造力を象徴し、又、人間の生命《いのち》は、霊が肉体の中に下降したものである、という信念を象徴する。この象徴は、魔術師に用いられた。ここに挙げた例は、カバラの生命《いのち》の木で、セフィロス、即ち、神の十相を表している。(The Inverted Tree has its roots in the spiritual world and grows down towards the Earth. It symbolizes the creative power of the spirit, as well as the belief that human life is the descent of spirit into bodily form. This symbol was used by magicians: the example here is a Kabbalistic Tree of Life showing the sefiroth — the ten aspects of God.)(27)

カバラ(cabala、又は、cabbala)は、ヘブライ語の *qaballah* に由来し、伝説(tradition)を意味する。カバラは、旧約聖書の神秘的な解釈に基づく、神知学で、九世紀から十三世紀にかけて、発達した。『創造編(*Sepher Yezirah*)』、及び、『光耀《こうよう》編(*Zohar*)』を経典とする。
セフィロスは、カバラ神学の要《かなめ》である。

カバラ「神学」の、神秘的な特長は、十のセフィロスの教義において、最も明確に、示される。セフィロスとは、即ち、活《い》ける神の活動の潜在能力であり、且《か》つ、活動様式である。神の力動的な単一性というカバラの教義は、スペインのカバラ主義者に見られるように、神が、その隠れた存在と、言語《ごんご》を絶する存在から出《い》で来《きた》り、創造《つく》り主《ぬし》として、我我の前に立ち現れる、神神の起源の過程を記述している。この過程の諸段階は、限りなく豊富な、数数の像や象徴によって、辿《たど》ることが出来る。各各の像や象徴は、神の特定の局面と関連がある。しかし、神が顕《あらわ》されている、これらの像は、すべての存在の本源的な像に他《ほか》ならない。カバラの象徴の複合体の、特殊な神話的構造を構成するのは、神が示される、限りなく多くの様相を、十の基本的な範疇《はんちゅう》に制限すること、つまり、セフィロスという概念の礎《いしずえ》となっている考えの呼び方はともかくとして、十の基本的な範疇《はんちゅう》に制限することである。（The mythical character of Kabbalistic 'theology' is most clearly manifested in the doctrine of the ten *sefiroth*, the potencies and modes of action of the living God. The Kabbalistic doctrine of the dynamic unity of God, as it appears in the Spanish Kabbalists, describes a theogonic process in which God emerges from His hiddenness and ineffable being, to stand before us as the Creator. The stages of this process can be followed in an infinite abundance of images and symbols, each relating to a particular aspect of God. But these images in which God is manifested are nothing other than the primordial images of all being. What constitutes the special mythical structure of the Kabbalistic complex of symbols is the restriction of the infinitely many aspects under which God can be known to ten fundamental categories, or whatever we may wish to call the conception underlying the notion of the *sefiroth*.）(28)

カバラは、十七世紀、及び、十八世紀の英国に、非常な影響を及ぼした。以下に挙げるのは、マーヴェルの作品の一部である。

斯くして、我、のどかな哲学者は、

鳥達や木木の間《なか》に交《まじ》われり。
今や、鳥や植物（くさ）の仲間に
変身《かわ》るは、いと易《やす》し。
唯《ただ》、我に、彼等《かれら》と同じく、翼《つばさ》を与えよ。さすれば、
我は、一直線に、空中に浮かぶべし。
或《ある》いは、唯《ただ》、我を回転させよ。さすれば、
我は、逆《さか》しまの木となるべし。

(Thus I, *easie Philosopher*,
Among the *Birds* and *Trees* confer:
And little now to make me, wants
Or of the *Fowles*, or of the *Plants*.
Give me but Wings as they, and I
Streight floting on the Air shall fly:
Or turn me but, and you shall see
I was but an inverted Tree.) (29)

ダンテは、ベアトリーチェに導かれて、木星天に至り、そこで、「頂《いただき》によりて生くる木」、即ち、天に根差した木を目《ま》の当たりにする。

その者の曰《いわ》く、「頂《いただき》によりて生き、
常に、実を結び、決して、葉を失わぬ木の、
この第五の拠点に、
至福《さいわい》なる霊は在る。彼等《かれら》は、天上に来《きた》るより以前に、
下界に在りし時、世に大いなる名声を博し、
詩人《うたびと》達は、皆、こぞりて、霊感を鼓舞されたり。

(El cominciò: 'In questa quinta soglia
dell'albero che vive della cima
e frutta sempre e mai non perde foglia,
spiriti son beati, che giù, prima
che venissero al ciel, fuor di gran voce,
sì ch'ogni musa ne sarebbe opima.)[30]

人間は、木である。人間は、木で作られた。

ボルの息子達が、海辺を歩いていると、二本の木があったので、それを拾い上げて、木から人間を形作った。第一の息子が、人間に、霊と生命《いのち》を与えた。二番目の息子は、知恵と感情を与えた。三番目の息子は、形と、言葉と、聴覚と、視覚を与えた。息子達は、人間に、衣服《きもの》と名前を与えた。男は、アスクと呼ばれ、女は、エンブラと呼ばれた。そして、この二人から人類が生まれ、ミッドガルドの下《もと》に、住む所を与えられた。(When the sons of

Borr were walking along the sea-strand, they found two trees, and took up the trees and shaped men of them: the first gave them spirit and life; the second, wit and feeling; the third, form, speech, hearing, and sight. They gave them clothing and names: the male was called Askr, and the female Embla, and of them was mankind begotten, which received a dwelling-place under Midgard.)(31)

ボルの息子達とは、三人の神神、即ち、オーディン（Odin）、ヴィレ（Vile）、ヴェー（Ve）を指す。三人の神神は、浜に打ち上げられた木から、人間を作った。写真十四．は、三人の神神の創造の模様を示す。オーディンは、梣《とねりこ》から、男を創造《つく》り、二人の弟達は、楡《にれ》から、女を創造《つく》った。最後に、オーディンが、二人に息を吹き込んだ。人間は、「見すぼらしい、赤裸《あかはだか》の、二本足の生き物（a poor, bare, forked animal）」(32)であるが、神の手が、創造の初めに与えた形は、「見すぼらし」くはなかったであろう。そして、神神は、人間に、衣服《きもの》を与えることも忘れなかった。

人間は、木から作られたが、木偶《でく》の坊《ぼう》ではなかった。人間には、霊と生命《いのち》が与えられたからである。人間は、肉体《からだ》を物質界に置いているが、霊は、彼方《かなた》の世界に上昇する。

写真十五．は、「世界樹（The World Tree）」を示す。

世界樹は、地球の周《まわ》りを、根で囲み、枝は、天に向かって、延びており、人類が、濃厚な物質界から、希薄な霊の領域に上昇する潜在力を象徴する。この象徴の顕著な例は、ユグドラシル（梣《とねりこ》）である。ユグドラシルは、スカンディナヴィアの宇宙樹である。北欧の神オーディンは、この木に吊《つ》るされて、九日九晩苦しんだ。(With its roots around the earth and its branches in the heavens, the World Tree symbolizes the potential ascent of humankind from the dense realm of matter to the rarefied reaches of the spirit. A notable version of this symbol is Yggdrasil, the Scandinavian Cosmic Tree, from which the Nordic god Odin hung and suffered for nine days and nights.)[33]

宇宙樹は、崇拝の対象である。崇拝（cult）は、ラテン語の*colere*に由来する。

[L. *cult-us* culture, worship ← *colere* to till]

*Colere*とは、土を「耕す（cultivate, plow）」という意味であり、更に、精神を「培《つちか》う（cultivate）」という意味でもある。"Cultivate"も、同じ語源を持つ。

[ML *cultivātus* (p.p.) ← *cultivāre* to till ← *cultīvus* tilled L*cultus* (p.p.) ← *colere* to till]

どの民族も、それぞれに固有の宇宙樹を持つ。アルタイ（Altai）の人人は、樅《もみ》の木を、インド人の人人は、蓮《はす》を、中国の人人は、建木《けんぼく》を、日本の人人は、葦《あし》を、宇宙樹として、尊《とうと》んだ。[34]
樫《かし》を宇宙樹として崇《あが》めた民族は、多い。

ローマ人が、樫《かし》の巨木を見て、それらの木が、「天地開闢《かいびゃく》と同時」に存在し、又、「殆《ほとん》ど、不滅である」と考えたとしたら、ゲルマン民族は、尚《なお》のこと、そうであった。彼等《かれら》は、樫《かし》の木の内に、神なる祖先を崇《あが》め、いわば、絶対

light elves, lying under the rainbow bridge; next, the worlds of mortals, dwarfs and dark elves rise from the ocean, with the frost giants' land at the icy edge.)(41)

宇宙樹は、人間に、宇宙の中の人間の位置を知らしめる。人間は、木であるが、木を崇《あが》め、木を養い、育てることによって、木以上のものとなる。

第五章

「兄弟《はらから》なる太陽君」

「兄弟《はらから》なる太陽君」

プラトンは、人間を、天から生え出《はい》でた植物に喩《たと》える。人間の頭は、植物の根に相当する。植物は、大地に根差すが、人間は、根を天に置く。人間は、逆立《さかだ》ちした植物である。

わたしたちのもとで最も支配的な魂については、次のように考えなければならない。そもそも神はそれを各人にダイモーンとして与えたのである。わたしたちは主張するが、この部分はわたしたちのからだの頂上に住み、わたしたちを大地にではなく天に根を持つ植物のように、大地から天上の同族たちの所へ引き上げるのである。このことは全く正しい主張である。なぜなら、神的部分は頭ないしわたしたちの根を魂の最初の誕生が由来するその場所〔天〕に懸らせ、そしてからだ全体を直立させたからである。(1)

植物は、喩《たと》えである。プラトンは、人間を、植物に喩えるが、人間と植物を同一視してはいない。木や草は、人間の食べ物である。神神は、人間の生命《いのち》を養うために、人間と同質的な生き物を創造した。

だが、可死的な動物の諸部分と四肢が全部合わさって一つの生命となった場合でも、それは必然によって火と空気の中で生きねばならず、そのためそれらによってばらばらにされたり、空っぽにされたりすると消滅してしまうので、神々はこれに対する助け手を工夫された。すなわち、人間と同族の本性に形と知覚の異なる本性を混合し、別種の生き物が生ずるようにとそれを植えつけた。それが現在栽培されている木や草や種子であって、植生によって手が入れられ、わたしたちにとってなじんだものとなっているが、以前は野生の類だけであって、そのほうが栽培されたものより古いのである。実際、生命にあずかっているものはみな、生き物と呼ばれるのが当然最も正しいのだ。ところで、わたしたちが今言ったこのものは第三の種類の魂にあずかっている。それは横隔膜とへその間に置かれていると述べたものであって、そこには、臆見や思考や理性は全くないが、快と苦と欲望の知覚はある。なぜなら、それはすべてに対して受身であり続け、そしてそれの生成は、自分の中で自分を中心に自分の方へ向かって回転し、外からの運動を斥けて自分本来の運動にはげみ、自分に属する諸情態の何かを見て推理するといったことを、本性上許さなかったからである。それゆえ、それはたしかに生きており、生き物以外のものではないが、自己運動を欠いているために、ひとりきりで根を下し、立ちどまっている。(2)

『創世記』においても、植物は、食べ物として、意味付けられている。神は、天地万物を創造し、創造の六日目に、人間を作った。

また天主曰《のたま》いけるは、「我等《われら》の像《すがた》の如く、我等《われら》に肖《かたど》りて、我等《われら》人間を造らん。しかしてその者に、海の魚《うお》、天《そら》の禽《と》鳥《り》、獣《けもの》、地の総《す》べて及び地に動くあらゆる爬蟲《はうもの》を治《おさ》めしめん。」と。かくて天主はその御像《みすがた》の如《ごと》く、人間を創造《つく》り給えり。天主の御像《みすがた》の如くに、そを創造《つく》り給えり。そを男性《おとこ》と女性《おんな》とに創造《つく》り給えり。しかして天主これらを祝して曰《のたま》いけるは、「生《お》い立《た》てよ、殖《ふ》えよ、地に満《み》てよ、そを従《したが》わせよ。海の魚《うお》をも、天《そら》の禽鳥《とり》をも、地に動く総《す》べての生《い》ける物をも治《おさ》めよ。」と。また天主曰《のたま》いけるは、「見よ、我は地の上の種生《たねな》る総《す》べての草蔬《くさ》を、また内部《うち》に己《おの》が類《たぐい》の核《さね》有《も》つ総《す》べての樹《き》を、汝等《なんじら》に与《あと》う、そは汝等《なんじら》の糧食《かて》たるべきものなるぞ。また地のあらゆる獣《けもの》、天《そら》の総《す》べての禽鳥《とり》、地《ち》に動《うご》く総《す》べてのものにして凡《およ》そ生魂《いのち》あるものには、我《われ》糧食《かて》として総《す》べての青草蔬《あおくさ》を与《あと》う。」と。すなわちその如くになりぬ。(3)

人間は、万物の長《おさ》であって、植物は、その人間を養う糧として、神から与えられた。しかし、キリスト教の聖者の中には、人間の優位を完全に否定する、徹底した平等主義者もある。アッシジの聖フランチェスコ (San Francésco d'Assisi) にとって、人間も、他の生き物達も、無生物でさえも、全く、同等である。聖者は、「兄弟《はらから》なる太陽の歌 (*Il Cantico di frate Sole*)」の中で、太陽に向かって、「兄弟《はらから》なる太陽君 (messor lo frate sole)」と呼び掛ける。

1いと至高《たか》き、全能の主よ、
賛美と、栄光と、誉《ほま》れと、
すべての祝福は、汝のもの。
2いと至高《たか》き御者《おんもの》よ、すべては、汝にのみ、相応《ふさわ》しい。
何人《なんびと》も、汝の御名《みな》を口にするに価《あたい》せず。
3我が主は、賛《ほ》め称《たた》えられよかし。
汝に創造《つく》られたる、すべての物と共に。
取り分けて、兄弟《はらから》なる太陽君と共に。
さこそ、太陽なれ。汝は、これによりて、我等《われら》を照らし給う。
4然《しか》して、太陽は、麗《うるわ》しく、燦然《さんぜん》と輝く。

いと至高《たか》き御者《おんもの》よ、太陽こそは、汝を表象《あら》わす。
5我が主よ、汝は、賛《ほ》め称《たた》えられよかし。
姉妹《はらから》なる月と星星の故に。
汝は、天上《てん》に、月と星星を形作り給えり。明るく、貴《とうと》く、麗《うるわ》しく。
6我が主よ、汝は、賛《ほ》め称《たた》えられよかし。兄弟《はらから》なる風の故に。
然《しか》して、大気の故に、又、曇りたる天候と晴れたる天候の、あらゆる天候の故に。
その天候によりて、汝は、汝の創造《つく》りたる物に、滋養《かて》を与え給う。
7我が主よ、汝は、賛《ほ》め称《たた》えられよかし。水さんの故に。
水さんは、いと有益にして、慎《つつ》ましく、貴《とうと》く、純潔《きよ》らなり。
8我が主よ、汝は、賛《ほ》め称《たた》えられよかし。兄弟《はらから》なる火の故に。
汝は、火によりて、夜を照らし給う。
然《しか》して、火は、麗《うるわ》しく、かつ、快活にして、かつ、強靭《きょうじん》にして、かつ、強し。
9我が主よ、汝は、賛《ほ》め称《たた》えられよかし。我等《われら》の母なる大地さんの故に。
大地さんは、我等《われら》を、扶養《やし》ない、養育《そだ》て、
然《しか》して、様様の果実《み》を産み出す。色鮮《あざ》やかなる花花や草と共に。
10我が主よ、汝は、賛《ほ》め称《たた》えられよかし。
　汝に対する愛故に、他者《ひと》を赦《ゆる》し、
然《しか》して、病弱と苦難に耐える人人の故に。
11平和の裡《うち》に、耐え忍ぶ者は、福《さいわい》なるかな。

いと至高《たか》き御者《おんもの》よ、彼等《かれら》は、汝によりて、栄冠を授けらるるべければなり。
12我が主よ、汝は、賛《ほ》め称《たた》えられよかし。
我等《われら》が肉体《からだ》の死さんの故に。
生ける者は、何人《なんぴと》といえども、死を免《まぬが》るること能《あた》わず。
13禍《わざわい》なるかな、大罪の裡《うち》に死する者。
14福《さいわい》なるかな、
汝のいと聖なる御意《みこころ》に適《かな》う者。
その者には、第二の死も、悪を及ぼすことなし。
15我が主を賛《ほ》め称《たた》え、祝し、
感謝し、大いなる謙遜《けんそん》と共に、仕《つか》えよ。

(1 Altissimu, onnipotente bonsignore,
tue so' le laude, la gloria e l'honore
et onne benedictione.
2 Ad te solo, Altissimo, se konfano
et nullu homo ene dignu te mentovare.
3 Laudato sie, misignore,
cum tucte le tue creature,
spetialmente messor lo frate sole,
lo qual è iorno et allumini noi per loi.

4 Et ellu è bellu e radiante cum grande splendore,
de te, Altissimo, porta significatione.
5 Laudato si, misignore,
per sora luna e le stelle,
in celu l'ài formate clarite et pretiose et belle.
6 Laudato si, misignore, per frate vento
et per aere et nubilo et sereno et onne tempo,
per lo quale a le tue creature dai sustentamento.
7 Laudato si, misignore, per sor acqua,
la quale è molto utile et humile et pretiosa et casta.
8 Laudato si, misignore, per frate focu,
per lo quale ennallumini la nocte,
ed ello è bello et iocundo et robustoso et forte.
9 Laudato si, misignore, per sora nostra matre terra,
la quale ne sustenta et governa
et produce diversi fructi con coloriti flori et herba.
10 Laudato si, misignore,
per quelli ke perdonano per lo tuo amore,
et sostengo infirmitate et tribulatione;

11 beati quelli kel sosterranno in pace,
ka da te, Altissimo, sirano incoronati.
12 Laudato si, misignore,
per sora nostra morte corporale,
da la quale nullu homo vivente pò skappare,
13 Quai acquelli ke morranno ne le peccata mortali.
14 Beati quelli ke trovarà
ne le tue sanctissime voluntati
ka la morte secunda nol farà male.
15 Laudate et benedicete misignore
et rengratiate et serviateli cum grande humilitate.)(4)

太陽が、「兄弟《はらから》なる太陽君」であるように、大地は、「我等《われら》の母なる大地さん」である。風は、「兄弟《はらから》なる風」であり、水は、「水さん」であり、火は、「兄弟《はらから》なる火」である。天地万物は、地、水、火、風の四元素から成る。天地万物は、我が兄弟姉妹《はらから》である。

聖フランチェスコは、小鳥達に説教した。その模様を、『黄金伝説』は、次のように、伝える。

聖フランチェスコは、鳥達の群れを見つけた時、鳥達が、まるで、道理を弁《わきま》えた仲間であるかの如くに、挨拶《あいさつ》して、こう言った。我が兄弟《はらから》なる鳥達よ、お前達の創造《つく》り主《ぬし》を、大いに賛《ほ》め称《たた》えなければいけないよ。創造《つく》り主《ぬし》は、お前達に、羽毛をまとわせ、飛ぶための翼《つばさ》を与え、清らかな空気を許し与え、お前達が自分で心配しなくとも、お前達のことに、気を配り給うのだから。すると、鳥達は、聖者の方に向かって、首を伸ばし始め、翼《つばさ》を拡げ、嘴《くちばし》を開《あ》け、聖者を、じっと見つめ始めた。聖者は、反対に、鳥たちの真《ま》っ直中《ただなか》を、通り過ぎ、衣が鳥達の方にまで達したが、それにも拘《かか》わらず、一羽も、身動《みじろ》ぎもしなかった。そして、聖者が許可を与えると、初めて、鳥達は、皆、一斉《いっせい》に、飛び立った。（Cum quandam avium multitudinem reperisset et eas velut rationis participes salutasset, dixit: fratres mei volucres, multum debetis laudare creatorem vestrum, qui plumis vos induit, pennas ad volandum tribuit, aëris puritatem concessit et sine vestra sollicitudine vos gubernavit. Aves autem coeperunt versus eum extendere colla, protendere alas, aperire rostra et in illum attente respicere. Ille vero per medium earum transiens tunica pertingebat easdem nec tamen aliqua de loco est mota, donec licentia data omnes insimul avolaverunt.）(5)

鳥達が、中世イタリア語を理解した訳ではない。神を愛する聖者の心の震えが、声の震えとなり、その震えが、鳥達の体に達し、鳥達の心に達した。聖者の震えと、鳥達の震えが一致して、共鳴音を奏でた。生き物と生き物が、分かり合うとは、この様なことである。

写真一七は、ジョット（Giotto di Bondone）の『鳥達への説教（*La prdedica agli uccelli*）』である。この作品は、アッシジの聖フランチェスコ聖堂上院（Chiesa Superiore della Basilica di San Francesco, Assisi）の壁に描かれたフレスコ画である。一般に、実物のフレスコ画は、透明で、瑞瑞《みずみず》しく、清らかな感じがするが、写真に撮《と》られたフレスコ画は、色がくすみ、輪郭《りんかく》もぼやけてしまうのが常である。まして、この作品は、アセッコで仕上げられているので、鳥の色彩が、殆《ほとん》ど剥落《はくらく》してしまっているという。セッコ画（Pittura a sécco）とは、乾いた石灰の壁に、

水彩で描く絵である。この作品の色彩は、「酷《むご》い時間《とき》の手（Time's fell hand）[6]によって、損なわれてしまったが、構図は確《しっか》りと、原形を留《とど》めている。画面中央に、白い花の咲く木が立っている。木の喜びが、花となって咲き出《い》でたかのようである。左端に、茶色の衣をまとった聖者の立ち姿がある。聖者の、神に対する賛美の言葉が、じっと聞き入っている鳥達の体に、染《し》み込《こ》んで行くようだ。木と、聖者と、鳥達の、三者三様の喜びが、絶妙なる協和音を奏でる。

聖者の優しい心は、鳥達を引き寄せただけではなく、猛《たけ》り狂う狼《おおかみ》をも宥《なだ》めた。

聖フランチエスコが、アゴッビオの町に滞在していた時、周辺の農村に、馬鹿《ばか》でかい図体《ずうたい》の狼《おおかみ》が出没した。手に負えない、凶暴《きょうぼう》な奴《やつ》だった。狼《おおかみ》は、動物ばかりか、人間までも、貪《むさぼ》り食った。という訳で、町の住民達は、恐れ戦《おのの》いた。狼《おおかみ》の奴《やつ》、しょっちゅう、町の近くにまでやって来たからである。（Al tempo che santo Francesco dimorava nella città di Agobbio, nel contado d'Agobbio apparì un lupo grandissiomo, terribile e feroce, il quale non solamente divorava gli animali, ma eziandio gli uomini; in tanto che tutti i cittadini stavano in gran paura, però che spesse volte s'appressava alla città;）[7]

聖者は、人人が止《と》めるのも聞かずに、狼《おおかみ》のところへ、談判に出かけた。聖者は、十字を切ってから、中間の修道士達に呼びかけるように、こう呼び掛けた。

「兄弟《はらから》なる狼《おおかみ》君よ、君は、この辺《あた》りに、随分と、危害《がい》を及ぼした。神がお創造《つく》りになった生き物達を、許しもなく、傷つけたり、殺したりして、君は、大変な悪事《わるさ》を仕出かしたのだ。君は、動物を殺して、貪《むさぼ》り食っただけではない。

君は、厚かましくも、神の似像《にすがた》に象《かたど》られた人間までも、殺したのだ。だから、君は、強盗及び凶悪《きょうあく》殺人犯として、絞首刑になるのが当然だ。そうして、皆が、こぞって、声を張り上げて、君のことを悪く言っている。つまり、町中が、君の敵なのだ。だが、兄弟《はらから》なる狼《おおかみ》君よ、私は、君と連中を、仲直りさせたいのだ。だから、君は、もう、これ以上、町の人達を怒らせない方がいい。そうすれば、人人も、君が、これまでにやらかした損害を、全部、許してくれるだろう。そうして、人人も、犬達も、これ以上、君を迫害することもなくなるだろう。」(«Frate lupo, tu fai molti danni in queste parti, e hai fatti grandi malefici, guastando e uccidendo le creature di Dio sanza sua licenza; e non solamente hai uccise e divorate le bestie, ma hai avuto ardire d'uccidere uomini fatti alla immagine di Dio; per la qual cosa tu se' degno delle forche come ladro e omicida pessimo; e ogni gente grida e mormora di te, e tutta questa terra t'è nemica. Ma io voglio, frate lupo, far la pace fra te e costoro, sicché tu non gli offenda più, ed eglino ti perdonino ogni passata offesa, e né li uomini né li cani ti perseguitino più».)[8]

狼《おおかみ》の悪行《あくぎょう》の原因は、飢えである。狼《おおかみ》は、生きる必要に迫られて、悪事を重ねた。聖者は、この事を、良く、承知していた。

「君が生きている間、この町の人達から、いつも、君に必要なものを提供させる、と約束するよ。……君も、決して、人間にも、動物にも、危害を加えない、と誓ってくれ。どうだ、約束してくれるか?」すると、狼《おおかみ》は、頭を下げて、はっきり、約束した、と合図した。(io ti prometto ch'io ti farò dare le spese continuamente, mentre tu viverai, dagli uomini di questa terra, ...tu mi imprometta che tu non nocerai mai a nessuna persona umana né ad animale: promettimi tu questo?». E il lupo, con inchinare di capo, fece evidente segnale che 'l prometteva.)(9)

聖者は、狼《おおかみ》も、町の人人も、双方の身が立つように、「平和条約（il patto della pace）」(10)を締結《ていけつ》させた。二年後に、狼《おおかみ》が老死するまで、条約が破られることはなかった。

聖者と狼《おおかみ》は、互いに、心を通わせ合い、町の人人と狼《おおかみ》は、平和的に、共存した。しかし、このような共存は、所《しょ》詮《せん》、この世の、限定的な共存に過ぎない。

凡《およ》そ、この世に在る生き物で、他の生き物を殺し、他の生き物を食べることなしに、生きている生き物はない。その意味においては、人も、野獣も、何ら、変わるところがない。狼《おおかみ》が、凶暴《きょうぼう》で貪欲《どんよく》であり、人間がそうでない、という訳ではない。生き物同志の殺し合いと食い合いのない世界は、次の世の到来を待たずしては、実現しない。

狼《おおかみ》は小羊《こひつじ》と共《とも》に棲《す》み、豹《ひょう》は仔山羊《こやぎ》と共《とも》に臥《ふ》し、犢《こうし》と獅子《しし》と羊《ひつじ》と相共《あいとも》に宿り、小さき童是等《わらべこれら》を導かん。犢《こうし》と熊《くま》と打《うち》連《つ》れて草を喰《は》み、その仔等《こら》は共《とも》に憩《いこ》い、獅子《しし》は牛の如く藁《わら》を食《くら》い、乳児《ちのみご》は蝮《まむし》の穴のほとりにて遊び戯《たわむ》れ、乳離《ちばな》れしたる児《こ》は毒蛇《どくじゃ》の洞《ほら》にその手を差入《さしい》るべし。すべてわが聖なる山の上にては、彼等害《かれらがい》をなすことなく殺すことなからん。(11)

パドヴァの聖アントニウス（Sant' Antonio di Pàdova）は、魚に説教した。

ある時、聖者は、リミニ（Rimini）で、布教しようとしたが、人人は、全く、耳を貸そうとしなかった。

ある日、聖アントニウスは、聖霊に導かれて、海に近い川の岸辺に赴《おもむ》いた。そうして、海と川の間の、川岸に立って、まるで、神に代って説教するかのように、すべての魚達に、語り始めた。「海の魚君達と、河の魚君達よ、神の御言葉《みことば》をお聞き。異端の不心信者達は、御言葉《みことば》を嫌《きら》って、耳を貸そうともしないのだから。聖者がこう言うと、直《す》ぐさま、夥《おびただ》しい数の、大きな魚や、小さな魚や、中位の魚が、川岸の聖者のところに、やって来た。海にも、川にも、こんなにも数多くの魚が見られたことは、これまで、一度もなかった。魚達は、皆、水面から顔を出し、そろって、聖アントニウスの顔を、じっと、見詰《みつ》め、皆、恐ろしく、温和で、おとなしく、きちんと並んでいた。

(...santo Antonio un dì per divina ispirazione sì se ne andò alla riva del fiume alloto al mare; e standosi così alla riva tra 'l mare e 'l fiume, cominciò a dire, a modo di predica, dalla parte di Dio alli pesci: «Udite la parola di Dio voi, pesci del mare e del fiume, dappoi che gl'infedeli eretici la schifano d'udire». E detto ch'egle ebbe così, subitamente venne alla riva a lui tanta moltitudine di pesci grandi, piccoli e mezzani, che mai in quel mare né in quel fiume non ne fu veduta sì grande moltitudine; e tutti teneano i capi fuori dell'acqua, e tutti stavano attenti verso la faccia di santo Antonio e tutti in grandissima pace e mansuetudine e ordine:)(12)

小鳥に説教する聖フランチェスコが、ジョットの筆を鼓舞した如く、魚に説教する聖アントニウスは、ヴェロネーゼ（Paolo Veronese）の筆に霊感を与えた。『魚に説教する聖アントニウス（*Sant' Antonio che predica ai pesci*）』に出会ったのは、二〇一〇年の三月のある日、「ボルゲーゼ美術館展（"Galleria Borghese"）」を観るために、東京都美術館を訪れた時のことである。

聖者の中には、シエーナの聖カテリーナ（Santa Caterina da Siena）や、アヴィラ（Avila）の聖テレジア（Santa

Teresa de Jésus）のような、勇猛果敢な女傑型もあるが、聖フランチェスコや、聖アントニウスは、感受性の強い、繊細な、詩人肌である。聖者の中にも、「感じ易い種族（genus inritabile）」(13)が、存在する。時の権力者を向こうに回して、堂堂と渡り合う、遣《や》り手女史も崇敬に価《あたい》するが、小鳥や魚に話しかける聖者の方が、どんなにか寛《くつろ》げて、限りない親近感を覚える。

前者の型の人間は、もし、聖者にならなければ、強引《ごういん》で、押しの強い、独善的な人間になるであろうし、後者の型の人間は、臆病《おくびょう》で、気の弱い、現実逃避型の人間になるであろう。神の恩寵《おんちょう》は、どんな気質の、どんな型の人間からも、聖者を造ることが出来る。神は、どのような種類の卑金属も純金に変質させる、偉大なる錬金術士である。

聖者は、小鳥に話し掛けるが、詩人は、小鳥になる。

もし、すずめが、窓辺に寄って来れば、私もすずめになって、砂利のあたりをついばみます。（...if a Sparrow come before my Window, I take part in its existence, and pick about the Gravel.）(14)

聖者は、平等主義者であるが、詩人は、自己と他者の間に、境界線を持たない。聖者にとって、太陽は、「兄弟《はらから》なる太陽君」であるが、詩人は、自己の本性を持たず、自己の中に、太陽を受け入れ、又、太陽の中に入《はい》り込んで、自身が、太陽となる。

詩人の本性は、自己自身ではありません。つまり、詩人の本性は、自己を持ちません。詩人は、あらゆる物であると同時に、何物でもないのです。詩人の本性は、特性を持ちません。……詩人は、この世に在る物の中で、最も詩的でない物です。それというのも、詩人は、自己の本性を持ちませんから。詩人は、絶え間なく、自己以外の物を受け入れ、自己以外の物の中に入り込んでいくのです。太陽も、月も、海も、衝動の生き物である男も女も、詩的であって、不変の属性を身に付けています。詩人は、属性を、全く、持ちません。詩人は、自己の本性を持ちません。詩人は、神が創造《つく》り給うた、すべての物の中で、最も詩的でない生き物です。(it [i.e. the poetical Character] is not itself—it has no self—it is every thing and nothing—It has no character—....A Poet is the most unpoetical of any thing in existence; because he has no Identity—he is continually in for—and filling some other Body—The Sun, the Moon, the Sea and Men and Women who are creatures of impulse are poetical and have about them an unchangeable attribute—the poet has none; no identity—he is certainly the most unpoetical of all God's Creatures.)(15)

聖者にとって、天地万物は、「兄弟姉妹《はらから》」であるが、詩人に言わせれば、天地万物は、僕であり、僕は、天地万物である。

キリストの十二使徒の内、聖ヨハネ（*Jōhannēs*, John）が、最も、キリストに愛された。

誠《まこと》に実《まこと》に汝等《なんじら》に告《つ》ぐ、我《わ》が遣《つか》わす者を承《う》くる人は我《われ》を承《う》け、我《われ》を承《う》くる人は我《われ》を遣《つか》わし給《たま》いし者を承《う》くるなり、と。イエズス之《これ》を曰《のたま》い終りて御心騒《みこゝろさわ》ぎ、證明して、誠《まこと》に実《まこと》に汝等《なんじら》に告《つ》ぐ、汝等《なんじら》の中一人《うちひとり》我《われ》を付《わた》さんとす、と曰《のたま》いければ、弟子等《でしたち》、誰《たれ》を指《さ》して曰《のたま》えるぞと訝《いぶか》りて、互《たがい》に顔を見合《みあわ》せたりしが、イエズスの愛《あい》し給《たま》える一人の弟子《でし》、御懐《おんふところ》の辺《あたり》に倚懸《よりかゝ》り居たるに、シモン、ペトロ腮《あご》もて示しつつ、曰《のたま》えるは誰《たれ》の事ぞ、と云《い》いければ、彼御胸《おんむね》に倚懸《よりかゝ》りて、主《しゅ》よ誰《たれ》なるか、と云《い》いしかば、イエズス答《こた》えて曰《のたま》いけるは、我《わ》が麪《ぱん》を浸《ひた》して与《あた》うる者即《すなは》ち其《それ》なり、と。(16)

最後の晩餐《ばんさん》の時、キリストの「御胸《おんむね》に寄り掛かって」いたのが、聖ヨハネである。聖ヨハネは、弟子達の中でも、取り分けて、瞑想《めいそう》的な魂の持ち主であった。言うまでもなく、神の愛は、万人に、等しく、注がれる。しかし、キリストの人間的な好みは、内省型の人間に傾いていたように思われる。

最後の晩餐《ばんさん》という主題のもとに、様様の時代の画家が、様様の構図の作品を産み出した。ジョット（Giotto di Bondone）の『最後の晩餐《ばんさん》（*L'Ultima Céna*）』は、一三〇三年から、一三〇五年にかけて、制作された。この頃、すでに、ジョットは、画家としての名声を博していた。

絵画に於《お》いては、チマブーエが、持て囃《はや》さるると
信ずれど、今や、ジョットが、名声を博すなり。
かくして、チマブーエの評判は、世に知られぬものとなりぬ。
(Credette Cimabue nella pintura
tener lo campo, e ora ha Giotto il grido,
sì che la fama di colui è scura:)(17)

『神曲（*Divina Commedia*）』の詩人は、同時代の画家であるジョットの卓越性に着目した訳ではなく、名声の移ろい易さを強調するために、何《いず》れ劣らぬ、二人の画家を引き合いに出した。

ジョットの作品は『ヨハネ聖福書』の叙述を、忠実に、再現する。聖ヨハネは、キリストの左隣りに席を取り、キリストの懐《ふところ》に頭《こうべ》を凭《もた》せ掛けて、これぞ愛弟子《まなでし》といった風情《ふぜい》である。

同じ主題の作品の例をいくつか挙げる。

一三四八年以前の、ピエトロ・ロレンツェッティ（Piètro Lorenzetti）派のフレスコ画（*L'Ultima Céna*）。

一四五〇年頃の、アンドレーア・デル・カスターニョ（Andrèa del Castagno）の作品（*L'Ultima Céna*）。

一四九五年から、一四九七年にかけて描かれた、人も知る、レオナルド・ダ・ヴィンチ（Leonardo da Vinci）の作品（*Il Cenàcolo*）。

一五九一年から一五九四年にかけて描かれた、ティントレット（Jacopo Robusti Tintorétto）の作品（*L'Ultima Céna*）。

一六四七年に描かれた、プサン（Nicolas Poussin）の作品（*La Cène*）。

一九〇九年に描かれた、エミール・ノルデ（Emil Nolde）の作品（*Das letzte Abendmahl*）。

一九二〇年に描かれた、スタンリ・スペンサー（Stanley Spencer）の作品（*The Last Supper*）、等等。


キリストの一番弟子は、聖ペトロである。"Peter"は、ラテン語の*Petr-us*、ギリシア語の*Pétros*に由来して、「石(stone, rock)」を意味する。その名の通り、聖ペトロは、教会の礎《いしずえ》として、選ばれ、教会の長《おさ》に任じられた。

イエズス彼等《かれら》に曰《のたま》いけるは、然《しか》るに汝等《なんじら》は我《われ》を誰《たれ》なりと云《い》うか、シモンペトロ答《こた》えて、汝は活《い》ける神の子キリストなり、と云《い》いしに、イエズス答《こた》えて曰《のたま》いけるは、汝は福《さいわい》なり、ヨナの子シモン、其《そ》は之《これ》を汝に示したるは血肉《けつにく》に非《あら》ずして、天に在《まし》ます我《わが》父なればなり。我《われ》も亦《また》汝に告《つ》ぐ、汝《なんじ》は磐《ペトロ》なり、我此磐《われこのいわ》の上に我《わが》教会を建《た》てん、斯《かく》て地獄の門是《これ》に勝たざるべし。我尚《われなお》天国の鍵を汝に与《あた》えん、総《すべ》て汝が地上にて繋《つな》がん所《ところ》は、天《てん》にても繋《つな》がるべし、又総《すべ》て汝が地上にて釈《と》かん所は、天にても釈《と》かるべし。[18]

聖ペトロが、言うところの「活動的な人間（vir activus）」であるなら、聖ヨハネは、「観想的な人間（vir contemplativus）」である。前者が、「外向的（the extrovert type）であるなら、後者は、「内向的（the introvert type）」である。

キリストはベタニア（*Bethania*）のラザロ（*Lázaros*）の家を、しばしば訪れた。ラザロの二人の姉達は、典型的な対象を成す。マリア（*Maria*）は、「観想的な人間」であり、マルタ（*Martha*）は、「活動的な人間」である。

斯《かく》て皆往《ゆ》きけるに、イエズス或《ある》村に入《い》り給いしを、マルタと名《なづ》くる女自宅にて接待せり。彼女《かのをんな》にマリアと名《なづ》くる姉妹ありて、是《これ》も主《しゅ》の足下《あしもと》に坐《ざ》して御言《おんことば》を聴《き》き居《ゐ》たるに、マルタは饗応《もてなし》の忙《いそが》しさに取紛《とりまぎ》れたりしが、立止《たちとゞま》りて云《い》いけるは、主《しゅ》よ、我《わが》姉妹の我《われ》一人を遺《のこ》して饗応《もてな》さしむるを意《い》とし給わざるか、然《さ》れば命じて我《われ》を助けしめ給え、と。主《しゅ》答えて曰《のたま》いけるは、マルタ　マルタ、汝は様々《さまぐ》の事に就《つ》きて思煩《おもいわづら》い心を騒がすれども、必要なるは唯一《たゞひとつ》のみ、マリアは最良の部分を選めり、之《これ》を奪《うば》わるまじきなり、と。(19)

キリストは、甲斐甲斐《かいがい》しく立ち働くマルタよりも、御言葉に、じっと、耳を傾け、思いを巡らすマリアの方を、良しとした。

シェミラツキ（Henryk Semiradsky）の『マルタとマリアの家のキリスト（*Christ in the House of Martha and Mary*）』に出会ったのは、二〇〇七年六月のある日、「国立ロシア美術館展（"Masterpieces of the State Russian Museum from Late 18th Century to Early 20th Century"）」を観るために、東京都美術館を訪れた時のことである。

通常、西欧のキリスト教絵画の中で、キリストは、金髪を肩まで垂らし、赤い衣に、青のマントを羽織った姿に描かれる。赤は、愛の象徴、青は、信仰の象徴、という絵画上の約束事が、この姿を要求する。

シェミラツキのキリストは、白衣《びゃくえ》をまとい、腰から下は、黄色の布で被《おお》われている。たっぷりとした髪も、顎鬚《あごひげ》も、口髭《くちひげ》も、漆黒《しっこく》である。キリストの足下《あしもと》に座るマリアは、少女のような雰囲気を漂《ただよ》わせ、ひたむきなまなざしを、真《ま》っ直《す》ぐに、キリストの胸元《むなもと》に向けている。その瞳《ひとみ》は、キリストの心臓の鼓動を聴き取っているかのようである。マリアの傍《かたわ》らに咲く、仄《ほの》かなピンクのバラは、少女の心ばえを映し出している。艶《つや》やかな緑の葉は、少女の魂の若さと瑞瑞《みずみず》しさを告げている。石段に腰掛けたキリストは、左手を、軽く、挙げているが、細く、長く、繊細な指先が、この手のもち主《ぬし》が、「観想的な人間（vir contemplativus）」であることを物語っている。人となった神は、間違いなく、「観想的な人間」である。キリストとマリアの間には、緊密な親和と融合がある。観想者が、祈りの中で、神と交わる時、この同じ状態を享受するのであろう。

効利主義に支配された世の中においては、マルタのような人間は、是《ぜ》とされ、マリアのような人間は、非《ひ》とされる。実利的な効用のないものは、無と見なされる。しかし、有用性は、「最良の部分」ではない。

薄暗い僧院の一室で、まるで、居眠りでもしているかのように見える修道僧。しかし、もし、その人の心と霊が、神と一致し、神の愛に燃え立っているなら、その人の祈りは、計り知れない善益《ぜんえき》を、世に、もたらす。どんなに華華しい軍事上の勝利や、どんなに目覚ましい政治的な功績よりも、「この熱烈《あつ》き無為（this ardent listlessness）」[20]の方が、力が大きい。

　何となれば、我思うに、熱烈《あつ》き無為は、
　知らずして、世に、恩恵《めぐみ》をもたらすものなればなり。
　(For I have ever thought that it [i.e. this ardent listlessness] might bless

The world with benefits unknowingly.)[21]

祈っている当人も、世の人人も、この人の祈りが、神の恵みをもたらしていることに、無感である。

マリアが選んだ「最良の部分」とは、観想である。「観想（contemplation）」は、「完全に、切り離された何か（*con.* 'COM.' altogether, completely + *templum* something cut off）」を意味する。人は、心と霊が、完全に、この世の事象から切り離されない限り、神に受け容れられる者とはなり得ない。

聖ヨハネが、他の使徒達に勝って、特別に、キリストから愛されたように、聖フランチェスコも、他の聖者達に勝って、特別に、キリストから愛されたように思われる。どの聖者も、それぞれの方法で、キリストの似像《にすがた》であるが、聖フランチェスコは、「主人《あるじ》キリストへの、極限の近似（a most sublime approximation to his Master）」[22]である。聖者は、人間が、これ以上キリストに近似することはあり得ない、という程の近似に達した。聖者は、三重の意味において、キリストの似像《にすがた》である。

第一に、聖フランチェスコは、霊的に、キリストの似像《にすがた》である。

聖フランチェスコは、清貧の人であった。人は、生まれたとき、丸裸の無一物である。そして、これが、万人の、終生変わらぬ真実である。

リア． お前は、あるがままの、人間それ自体じゃ。宿なしの
裸人間は、お前と同じく、ただの、みすぼらしい、二本足の、
裸の動物に過ぎぬ。こんな借り物なんぞは、脱ぎ捨ててくれようぞ！

さあ、このボタンを外《はず》してくれ。
〔リアは、衣服を引き裂き、脱ぎ捨てようとする。〕
(*Lear.* Thou art the thing itself : unaccom-
modated man is no more but such a poor, bare,
forked animal as thou art. Off, off, you lendings!
come, unbutton here.)
[Tearing off his clothes.](23)

上記の引用は、激しい嵐の夜、リア王が発狂する直前に、吐いた言葉である。

裸は、通常、清貧と、「狂気」を表すための方法であった。(Nudity was a common way of expressing poverty and "madness".)(24)

聖フランチェスコは、新しい生活を始める際に、公衆の面前で、人間の真実を露呈した。

聖ベルナルドの時代から、十六世紀の初めに至るまで、馬鹿の姿――聖なる馬鹿も、俗なる馬鹿も含めて――は、西欧の文化において、重要な役割を果たした。十三世紀の初めにおいて、アッシジの聖フランチェスコは、神の馬鹿として、非常な人気を博した。聖フランチェスコは、裕福な商人の家に生まれたが、家族を捨て、財産を捨てて、宗教的放浪者の生活を選んだ。そして、他の周辺人達、特に、癩《らい》患者や、乞食と交わった。聖フランチェスコは、第二の誕生、即ち、神を敬う生活への回心に際して、衣服を全部脱ぎ捨てて、公衆の激怒を買った。(From the time of St. Bernard until the early sixteenth century, the figure of the fool—both sacred and secular—played an important role in Western European culture. In the early thirteenth century, St. Francis of Assisi achieved immense popularity as a fool of God. Born into a rich merchant family, he renounced his family and inheritance and took up the life of a spiritual pilgrim, affiliating with other marginals, notably lepers and beggars. He invited public outrage by taking off all his clothes on the occasion of his second “birth”, his conversion to a godly life.)(25)

聖者は、自ら、貧しい者となり、貧しい者、病める者、苦しむ者の友となって、さすらいの生涯を送った。

聖者は、自分自身の清貧であれ、他者の清貧であれ、事程左様《ことほどさよう》に、清貧を大切に思っていたので、清貧を、常に、自分の女主人と呼んでいた。にも拘《かか》わらず、自分より貧しい人を見ると、直《す》ぐに、羨《うらや》ましがって、どうも、あの人の方が上手《うわて》らしい、と嘆くのであった。(Paupertatem in se et aliis adeo diligebat, ut paupertatem dominam suam semper vo caret, sed quando pauperiorem se ipso videret, protinus invidebat et se ab alio vinci timebat.)(26)

第二に、聖フランチェスコは、肉体的に、キリストの似像《にすがた》である。
聖者は、その身に、聖痕《せいこん》(*sg*. stigma, *pl*. stigmata)を受けた。

神の下僕《しもべ》は、幻視の中で、十字架に架《か》けられた熾《し》天使を、頭上に、見た。天使は、磔刑《たっけい》の刻印を、そんなにも、くっきりと、押し付けたので、聖者自身が、十字架に架けられたように見えた。手と足と脇腹《わきばら》に、十字架のしるしが付けられた。（In visione servus Dei supra se seraphin crucifixum adspexit, qui crucifixionis suae signa sic ei evidenter impressit, ut crucifixus videretur et ipse. Consignantur manus et pedes et latus crucis charactere.）[27]

以後、聖者は、終生、キリストと「受難（the Passion）」を共にした。聖者は身も心も、キリストと一つになって、キリストと共に苦しんだ。キリストの心が、真底《しんそこ》、分かるのは、キリストと共に、苦しむ者のみである。「情《なさけ》を同じうすること（compassion）」或《ある》いは、「情《なさけ》を共にすること（sympathey）」は、「受難」を共にすることを意味する。それぞれの言葉の語源は、次の通りである。

[L *compassiō (n-)* ← *compassus* (p.p.) ← *compatī* to suffer with ← com- + L *patī* to suffer]

[L *symapthia* □ GK *sumpátheia* ← *sumpathḗs* having common feeling ← *sum.* ‘SYN-’ + *páthos* feeling]

第三に、聖フランチェスコは、詩人キリストの似像《にすがた》である。

「詩人（poet）」は、ギリシア語の *poiētḗs* に由来して、「作る人（maker）」を意味する。キリストは、創《つ》造《く》り主《ぬし》（the Maker）である。キリストは、言葉の真の意味において、「詩人」である。

創《つ》造《く》り主《ぬし》は、歌を歌い出《いだ》す。万物は、創《つ》造《く》り主《ぬし》の歌の受肉である。万物は、それぞれの色と形によって、歌を歌う。

この長さとあの長さの比率、この角度とあの角度の比率は、ある音の周波数の比率と別の音の周波数の比率に等しい。であるから、形は、音程に還元し得る。万物は、それぞれの形によって、旋律《ふし》を奏で、リズムを響かせる。あたかも、心電図が、心臓の鼓動を、形として、表すかのように、万物は、それぞれの形によって、宇宙の生命《いのち》の根源の波動を表す。「リズム（rhythm）」は、ギリシア語の *rhein* に由来して、これは、「流れる（to flow）」を意味する。万物の上に刻まれたリズムは、生命《いのち》の流れの晶化である。

色は、音色《ねいろ》である。色は、周波数である。同じ旋律《ふし》も、この楽器が歌うか、あの楽器が歌うかによって、音色《ねいろ》が異なる。

万物は、それぞれの色と形によって、宇宙の生命《いのち》の根源の歌を歌う。

音と歌に関しては、審美的想像力論(28)において、すぐに、詳述したので、主要な論点のみを抽出して、以下に、その概略を述べる。

動きは、音である。動きの軌跡は、形を描く。その意味において、動きは旋律《ふし》である。太陽の周《まわ》りを回る、九つの惑星は、それぞれ、固有の軌道を巡り、固有の旋律《ふし》を奏でる。これが、言うところの「天球の音楽（the music of the spheres）」(29)である。ケプラー（Johannes Kepler）の時代には、「天球の音楽」は、「聞こえざる旋律《ふし》（those [i. e. melodies] unheard）」(30)であったが、現代の天文学者と音楽家が、協力して、かつては、悟性によってのみ識り得た音楽を、感覚によって捕え得る音楽に変換した。(31)もっとも、二〇〇六年八月二十四日、国際天文学連合（IAU）の総会は、冥王星を惑星の仲間から除外した。

「天球の音楽」は、「宇宙の音楽（musica mundane）」である。中世ヨーロッパにおいて、音楽は、三段階に分けられた。最高位にあるのが、「宇宙の音楽」で、地球や、その他の天体から成る、大宇宙の秩序である。次に来るのが、「人間の音楽（musica humana）」で、人間の魂の諸活動の調和、及び、魂と肉体の調和的な関係の礎《いしずえ》である。人間の声による音楽も含めて、地上に鳴り響く音楽は、すべて、「道具の音楽（musica instrumentalis）」である。これが、第三の音楽である。音楽の三分法は、ボエチウス（Anicius Manlius Severinus Boethius）の『音楽論（*De Musica*）』(32)に基づく。

元始《はじめ》に、世界は、音であった。世界の根源は、音である。天地万物は、音から生まれ出た。万物は、音から生まれて、千変万化の旋律《ふし》を奏でる。

『創世記』(33)は、声が万物を在らしめた、という比喩《ひゆ》によって、万物の創造を物語る。

インド哲学が産んだ『アーカーシャ年代記（*Aus der Akasha-Chronik*）』(34)には、原初において、人間の魂の内と外は、音と動きであった、と記されている。

ケルトの神話には、この世は、「数多くの声を持った息吹《いぶき》（a breath with many voices）」(35)が、数多くの音色になって顕《あらわ》れたものだ、と説明されている。「数多くの声を持った息吹《いぶき》」、即ち、リア（Lir）は、潜在エネルギーの神格化である。

バラモン教（Brahmanism）は、ブラフマン（Brahma）の歓喜の歌が、この世を産み出した、と教える。歓喜の何たるかは『リグ・ヴェーダ賛歌（*Rig-Veda*）』によって、知ることが出来る。

ヘルメス哲学（Hermetism）は、生命《いのち》と光を同一視(36)し、更に、生命《いのち》と光と歌を同一視(37)する。神は生命《いのち》である。神は光である。神は、歌である。ヘルメス哲学に関しては、宗教的想像力論(38)において、詳述した。

神は、歌である。万物は、神の声の像化である。万物は、神の声の顕現である。地上の世界が、「自然界の音楽（*naturalis musica mundi*）」(39)を奏でるように、天空の世界は、「天球の音楽」を奏でる。

それというのも、自然は、神の声であるからである。神の声は、単なる音や、命令ではなく、活動する息吹《いぶき》であって、それは創造《つく》り主《ぬし》より発せられ、万物に浸透する。(For Nature is the Voice of God, not a mere sound or command but a substantial, active breath, proceeding from the Creator and penetrating all things.) (40)

神は、「本性によって、音楽家（musicien par nature）」(41)である。『ヘルメス文書』が書かれる以前に、神を音楽家に、世界を交響曲に、そして、人間を楽器に喩《たと》えたのは、アレクサンドリア（Alexandria）のクレーメンス（Clēmēns）(42)である。

ロウル（Richard Rolle）は、十四世紀の聖者であるが、神の歌声を聴く恩寵《おんちょう》に恵まれた。

ちょうど九ケ月余り経《た》った頃、全く信じられないほど甘美な熱が、私を燃え立たせるのを感じました。そして、天上の、霊的な響きが、私の中に吹き込まれ、私は、悟性によって、その響きを会得しました。その響きは、永遠の讃め歌の響きであり、その甘美は、聞こえざる旋律《ふし》の甘美でした。こういう響きは、それを受けた者以外は、聞くことも、知ることも出来ません。そして、地上の物事から、浄化され、離脱した者でなければ、この響きは、分からないのです。

同じ礼拝堂に坐っていた時、……どうも、頭上から聞こえてくるような感じでしたが、歓喜に満ちた讃め歌の響き、というか、歌声のようなものが聞こえました。私の心は、祈りながら、天を切望し、天に達しました。すると、どういう風にしてかは分からないのですが、調和に満ちた歌声が聞こえたのです。そして、私自身の中にも、その歌声に呼応する諧調が鳴り響くのを感じました。その諧調は、非常に喜ばしく、かつ天上的なもので、いつまでも、私の心に、留まりました。私の想念そのものが、たちどころに、美しい歌に変わり、私の瞑想は、詩になりました。そして、私の祈りの言葉や、讃美歌までもが、その響きに唱和したのです。(...it was just over nine months before a conscious and incredibly sweet warmth kindled me, and I knew the infusion and understanding of heavenly, spiritual sounds, sounds which pertain to the song of eternal praise, and to the sweetness of unheard melody; sound which cannot be known or heard save by him who has received it, and who himself must be clean and separate from the things of earth.

While I was sitting in that same chapel,...I heard, above my head it seemed, the joyful ring of psalmody, or perhaps I should say, the singing. In my prayer I was reaching out to heaven with heartfelt longing when I became aware, in a way I cannot explain, of a symphony of song, and in myself I sensed a corresponding harmony at once wholly delectable and heavenly, which persisted in my mind. Then and there my thinking itself turned into melodious song, and my meditation became a poem, and my very prayers and psalms took up the same sound.)(43)

聖者は、この天上の歌が、「霊の音楽（the Spirit's music）」(44)であって、通常歌の名で呼ばれるものとは、全く異質のものであることを、繰り返し、力説している。それは、「人間の感覚には聞こえない旋律《ふし》（melodies inaudible to human senses）」(45)であり、「人の耳には聞こえない旋律《ふし》（melody inaudible to human ear）」(46)である。

この甘美な霊の歌は、教会その他の場所で用いられる、外側に現れる音の流れとは、全く違います。又、人間の声が歌う歌や、人間の耳に聞こえる歌とも、全然、性質が違うのです。(It (i. e. that sweet, spiritual song) is not an affair of those outward cadences which are used in church and elsewhere; nor does it blend much with those audible sounds made by the human voice and heard by physical ears....)(47)

天国的な状態は、それを体験した当人にさえ、言い表わす術《すべ》がない。所詮は、この世の人間語を以てしては語り得ない、あの世の出来事である。たとえてみれば、歌の如きもの、とでも言うほかはないのであろう。その歌も、言葉ではない、旋律《ふし》である。

天上の歌は、旋律《ふし》で出来ているのであって、唱えられる言葉で出来ているのではないのです。(It is the tune that makes the song, not the words that are chanted.)(48)

神の歌は、形あるものとして、こなたの世界に顕現する。こなたの世界に顕《あらわ》れ出《い》でた神の歌を契機《けいき》として、かなたの世界の神の歌に至り、「声なき歌（ditties of no tone）」(49)と一つになって、それを人間の言葉に移し変えること。これが、詩人の仕事である。それは、感覚によって、触知し得ないものを、感覚に訴える形に変換することである。この意味において、詩人の創造行為は、神の創造行為の写しである。神は歌人《うたびと》の原型である。こなたの世界の歌人《うたびと》に、歌うことを教えるのは神である。

神が私の心《むね》に
ありとあらゆる歌の道を植えつけなされた。(50)

歌は、本質的に、かなたの世界のものである。こなたの世界の歌人《うたびと》は、歌うことを、かなたの世界で、習得する。

我は楽園に在りて、旋律《ふし》を歌い出《いだ》して、

我が胸を軽くする術《すべ》を教えられたり。
(...I was taught in Paradise
To ease my breast of melodies—) (51)

聖フランチェスコは、神秘家であったから、容易に、魂が、かなたの世界へ飛翔し、神の歌の甘美を聴き分けたであろう。その上、修道士になる以前に、トゥルバドゥール (troubadour) になることを夢見た聖者は、言葉の才に恵まれていた。トゥルバドゥールは、十一世紀から十三世紀にかけて、フランス南東部地中海沿岸地方のプロヴァンス (Provence) で、城から城へとめぐり、ヴァイオル (Viol) に似た五弦琴に合わせて、ソネットや、牧歌、シャンソン等を歌って歩いた歌人達《うたびと》である。彼等が用いた言語は、オック語 (langue d'oc) で、歌の主題は、宮廷恋愛 (courtly love) と騎士道 (chivalry) であった。

聖フランチェスコは、宮廷恋愛を歌う代りに、神を讃《たた》え、天地万物を寿《ことほ》いだ。聖者は、騎士道について歌うことはなかったが、騎士道精神を、一身に、体現した。聖者は「洗練された丁重《ていちょう》 (courteousness)」そのものであった。すべての人人に対し、取り分けて、貧しい人人や、虐《しいた》げられた人人に対し、又、すべての生き物に対し、更に、すべての無生物に対し、聖者は、礼儀正しく、優しく、親切で、丁重《ていちょう》であった。

ある時、聖者が、ヴェネッツィア (Venèzia) の沼地を通りかかると、沢山の水鳥達が、騒騒しく鳴き立てていた。聖者は、連れの修道士と共に、聖務日課を唱えようとしたが、余り喧《やかま》しくて、互いの声も聞き取れない程だった。しかし、聖者は、「こら、鳥ども、煩《うるさ》いぞ、黙《だま》れ！」とは言わなかった。その代りに、こう言った。

「姉妹《はらから》なる鳥さん達よ、どうか、歌を止《や》めておくれ。私達が、主を讃《たた》える聖務日課《おつとめ》を果たし終えるまで (sorores aves, a cantu cessate, donec laudes debitas domino persolvamus.)」。(52)

又しても、「姉妹《はらから》（sorores）」！ まるで、聖者の十八番《おはこ》の呪文《じゅもん》のようだ。これを聞くと、鳥達は、即座に、静まった。生き物達は、実に、聡《さと》い。相手の気持を、瞬時に、察知する。鳥達は、自分が、大切に扱われていることを直観した。鳥達に対する、聖者の「礼儀正しさ（courtesy）」は、貴婦人に対する、騎士の「礼儀正しさ」と、少しも、変わらなかった。

相手が、人間であれ、生き物であれ、無生物であれ、他者に対して、我意を押し付け、専横《せんおう》に振舞うことを、徹底して、忌避《きひ》すること。そうして、相手の立場を理解し、心情を思い遣《や》り、相手が、こうして欲しい、と思うであろうように、振舞うこと。このような振舞いの原則は、ずばり、黄金律（the golden rule）である。

然《さ》ればすべて人に為《な》されんと欲する事を汝等《なんじら》も人に為《な》せ。(Therefore all things whatsoever ye would that men should do to you, do ye even so to them.)(53)

徹底して、相手を敬い、尊ぶこと。常に、相手に先を譲《ゆず》り、自分自身は、後回《あとまわ》しにすること。これが、他者に対する作法の原則である。このような作法を実行することによって、人は、人になる。「作法は人を造る（manners make (the) man）」からである。

作法は、エクスタシーである。"Ecstasy"は、ギリシア語の*ékstasis*に由来し、動詞の*existánai*は、「人を自分自身の感覚の外側に置く(to put la person) out of (his senses)」という意味である。エクスタシーに関しては、想像力論三部作(54)においても、すでに、詳述した。

魂が、肉体から脱《ぬ》け出して、神と合一すること。これが、宗教的エクスタシーである。エクスタシーという言葉は、通常、この意味において、用いられる。

キーツが、太陽や、すずめになったように、詩人や芸術家が、自己自身から抜《ぬ》け出して、対象と一体化すること。これは、いわば、美的エクスタシーである。一体化の過程を経ない限り、芸術作品は、成就しない。

魂が、自我の枠を乗り越えて、他者の心と一つになり、他者の苦しみを理解し、他者の苦しみを我が苦しみとすること。これが、倫理的エクスタシーである。

聖者は、三重の意味において、エクスタシーの人である。

鳥達に対する聖者の振舞いは、行為による詩である。聖者は、言葉による詩を作ったように、行為による詩を実行した。言語上の形式と約束事があるように、行為にも、形式と約束事がある。作法は、行為の形式である。聖者は、言葉の詩と、行為の詩を、両《ふたつ》ながら歌い続けた、神の吟《ぎん》遊《ゆう》詩人である。

第六章

歌う鳥

若冲の『樹花鳥獣図屏風《びょうぶ》』（写真十八）は、六曲一隻の、楽園図である。右隻には、正面を向いた、大きな白象を中心に、ありふれた獣《けもの》や、想像上の獣《けもの》が、合わせて二十三種類、描かれている。左隻には、両の翼《つばさ》を拡げ、天に向かって声を挙げている鳳凰《ほうおう》を中心に、ありふれた鳥や、珍《めずら》しい鳥が、三十五種類、描かれている。右隻と左隻の双方の前景には、大輪の、艶《あで》やかな花が、見事に、咲き揃《そろ》い、後景には、深い青の、豊かな水辺がある。右隻第一扇と、左隻第六扇には、枝を張った大樹があり、ここが、外の世界から隔絶《かくぜつ》された、囲われた場所であることを示している。

この世ならぬ世界を表すために、若冲は、独特の技法を編み出した。「桝目描《ますめがき》」が、それである。小さな桝目を埋めて描かれた、不思議な作品を目の当《ま》たりにしたのは、一九九七年九月のある日、「異彩の江戸美術・仮想の楽園(Paradise in Illusion by Japanese Artists in Early Modern Ages)」展を観るために、静岡県立美術館を訪れた時のことである。小さな桝目《ますめ》を、一つ一つ、丹念《たんねん》に、塗《ぬ》り潰《つぶ》して行きながら、若冲は、あたかも、入り組んだはめ絵(jigsaw puzzle)を完成させるかのように、彼方《かなた》の、大いなる世界を構築したのであろう。極小《きょくしょう》の集合が、形を成して、極大《きょくだい》へと変貌《へんぼう》する有様は、さながら、魔術を見せられているが如くである。

楽園図のありふれた鳥達の中に、雀《すずめ》が見当たらないのは、意外である。ある時、若冲は、市場で雀が売られているのを見て、数十羽を買い取り、自宅の庭に放してやった、と伝えられる。(1)束縛から放たれた雀《すずめ》達が、空に舞い上がるのを、目で追いながら、若冲の心は、子供のような喜びに満たされた。空の上で、雀《すずめ》の喜びと、若冲の喜びが、一つになったに違いない。雀《すずめ》の喜びと、若冲の喜びは、『秋塘群雀図』の中に、余す所なく、表現されている。

因《ちなみ》に、かのレオナルド・ダ・ヴィンチ（Leonardo da Vinci）も、ある時、鳥が、籠《かご》に入れられて、売られているのを見て、即座に、言い値で買い取って、解き放してやったという。芸術家というものは、時と所を隔《へだ》てても、不思議な、同質性の糸によって、結ばれている。

若冲の画業は、模写から始まった。最初は、狩野派の絵画を模して、その画法に通じた。次に、これを捨て、宋《そう》・元《げん》の絵画を学び、臨模すること、一千点に及んだ。

しかし、若冲は、模写に甘んずることは出来なかった。若冲は、対象と自分自身との間に、他者の目と、他者の手が、介入することが許せなかった。それでは、物の真実を描くことにはならない。若冲は、自分自身の目で対象を見詰め、自分自身の手で描くことを選んだ。そのためには、対象は、いつでも、どこでも、目に触れる、ありふれた動植物でなければならない。若冲は、先ず、鶏《にわとり》から始めた。若冲は、数十羽を自宅の庭に飼い、観察と写生に数年を費やした。若冲の鋭い観察眼は、これぞ鶏《にわとり》という鶏《にわとり》の本質を捕らえ、鍛《きた》えられた筆は、実物の鶏《にわとり》の美しさを「絵になる美しさ」に変貌《へんぼう》させた。絵の鶏《にわとり》の、生気と、活力と、輝きの秘密は、これである。

その後、若冲の写生の対象は、草花や、鳥、獣《けもの》、虫、魚にまで及んだ。若冲の絵は、写生であって、写真ではない。そして、正確そのもの、緻密《ちみつ》そのものの写生も、実物にはない歪《ゆが》みと屈折を蒙《こうむ》っている。

ヨーロッパの絵画は、十七世紀に、「歪《ゆが》んだ真珠（*barroco*, misshapen pearl）」の時代、即ち、バロック（Baroque）時代を迎えた。世界が、強い緊張状態にある時、そこから生まれる芸術は、調和と均斉を示さない。

若冲は、一七一六年に、京の商家に生まれた。生家は、十七世紀後半に勃興《ぼっこう》した、新勢力に属していた。成功の可能性も大きい代りに、失敗の可能性も大きい。商業の発展は、都の人人に、強い不安と緊張をもたらした。幸い、若冲は、生涯、経済的困窮に陥《おちい》ることはなかったが、一七八八年、七十三才にして、京の大火のために、居宅を失った。予期せぬ災禍は、さぞ、老いの身に応《こた》えたことであろう。一八〇〇年、若冲は、八十五才で病没した。

若冲の筆は、長閑《のどか》な戯《たわむ》れを見せる一方で、時に、大胆な歪曲《わいきょく》（déformation）と屈折（distortion）を示す。若冲が置かれていた、激動する外なる世界。持って生まれた、画家としての、内なる資質。若冲の筆致を決めたのは、内と外である。

「物」の外形の冷静的確な再現に終始するためには、若冲の視は、あまりにも特殊で強烈な自己同化の作用下に置かれていたのであろう。それゆえ、かれが「物」に即して——中国花鳥画自体もその「物」のうちに含まれていた——凝視をこらせばこらすほど、そのかたちは現実を離れ、異様な相貌を帯びて来て、かれを妖しい昂奮に駆り立てるのだった。それをつとめて抑え、いわば〈醒めた熱狂〉の状態に身を置いて、見えて来る「物」を正確に写し取り、幾何学的秩序の中に構成する——これがかれのなすべき事のすべてであったと思われる。動植綵絵のかたちや空間が、われわれの視覚的体験の枠外に遊離しながら、すみずみまで驚くほど明瞭であり、瞬味なものは何一つなく、見るものをそこに呪縛するような強烈なリアリティを持つのは、そのゆえにほかならない。(2)

若冲は、ありふれた生き物達を描く。しかし、描かれた生き物達は、少しも、ありふれてはいない。常ならぬ美しさに輝いている。それは、絵の中でしかあり得ない美しさである。プライス（Joe D. Price）の言葉を借りるなら、絵の中の生き物達は、「実物より美しい（more beautiful than nature itself)」。(3)

若冲は、身近な生き物達の姿形や色合いに目を凝らし、丹念《たんねん》に、写し取りながら、生命《いのち》の顕《あらわ》れの不可思議と、目も綾《あや》な多様性に、心を奪われた。若冲は、この世に顕《あらわ》れ出《い》でた物の背後に、この世ならぬ者の力と働きを察知した。若冲の心は、生き物達の、この世に顕《あらわ》れ出《い》でた喜びと一つになり、絵絹《えぎぬ》や和紙の上に、もう一つの喜びを創造した。若冲の絵は、深い宗教性に裏打ちされている。若冲は、四十才で、次弟に家督を譲り、画業に専念した。そして、五十八才で、僧衣を授かった。若冲の心は、常に、彼岸に向けられていた。この欣求浄土《ごんぐじょうど》の志《こころざし》が、若冲に、楽園図を描かせた。

芸術家であれ、科学者であれ、その道を究《きわ》めた者は、キリスト者であろうと、なかろうと、必ず、神に到達する。榊原紫峰《さかきばらしほう》は、一八八六年の生まれで、若冲と同じく、「花鳥画を描く人」であったが、次のように、述べている。

凡ての芸術は自然にぶつかって、その美に打たれる時の感動がその根本であり、美に打たれることは自然の内部に流れている大きな永遠の生命の流れと、自己の内部に流れている生命の流れとが合一する状態のことです。つまりそれは、自然と自分の語り合うことだとも云えましょう。自然は自分に語り、自分は自然に訴えるのです。そして、それらの微妙な言葉は、とりもなおさず、神の言葉であるのです。その言葉こそ、益々画家の心を高遠限りなき道へと導いてくれるものです。私は芸術というものは、結局、宗教にまで高められてゆくべきであると考えます。(4)

何が、人に、楽園図を描かせるのか。楽園にあらまほし、という願望が、楽園図を描かせる。描くことは、呪術である。

ラスコー洞窟《どうくつ》(grottes de Lascaux)や、アルタミラ洞窟《どうくつ》(Cueva de Altamira)には、旧石器時代の壁画が残されている。洞窟《どうくつ》は、呪術の場所である。原始の狩猟民が描いた、矢に射られた動物の絵は、実際に、射られた動物を意味する。狩人《かりゅうど》にとって、動物は、生きるために必要不可欠の糧である。狩りの成功は、生を、失敗は、死を意味する。願望を描くことが、願望を実現させる。描くことは、願望を事実に変える呪術である。

描くことは、描く者を、対象に変身させる。狩人《かりゅうど》は、狩りの対象となる動物を描き、更に、動物の動作や啼き声を真似て、自身が、野生の馬や牛になった。心身共に、野生の動物になり切って、動物の性癖や習性を知り尽くして、初めて、狩りの成功がもたらされる。

原始の狩人《かりゅうど》が、動物を描くことによって、動物になったように、楽園図の画家も、楽園の花や、鳥や、獣《けもの》を描くことによって、自身が、楽園の花となり、鳥となり、獣《けもの》となる。描くことは、描く者を、変身させる呪術である。

楽園願望は、回帰願望である。

人類の祖先が、禁断の木《こ》の実《み》を食する以前の楽園は、次のような状態に置かれていた。

不死、自発性、自由。天へ昇ることが可能で、神神とた易く出会う。動物達と親しく交わり、動物達の言葉が分かる。(immortalité, spontanéité, liberté ; possibilité d'ascension au Ciel et *rencontre facile* avec les dieux ; amitié avec les animaux et connaissance de leur langue.)(5)

シャーマンの道士は、恍惚《こうこつ》の裡《うち》に、楽園を体験する。

つまり、こういうことである。シャーマンの道士は、恍惚《こうこつ》の裡に、楽園の状態を取り戻す。道士は、かの時に、天地の間に存在した、往来の可能性を回復する。道士にとって、山、或《ある》いは、宇宙樹は、天に到達する具体的な手段となる。堕落以前に、そうであった如く。道士にとって、天は、再び、地に近付く。天は、家よりも低い。最初の断絶以前に、そうであった如く。最後に、道士は、動物達との親しい交わりを取り戻す。言い換えれば、恍惚《こうこつ》は、人類の最初の状態を、そっくりそのまま、再現する。一時的ながら、そして、限られた数の対象者——神秘家——にとってではあるが。(Ceci revient à dire que le chaman recouvre, durant son extase, la situation paradisiaque : il rétablit la *communicabilité* qui existait *in illo tempore* entre le Ciel et la Terre ; pour lui, la Montagne ou l'Arbre cosmiques redeviennent les moyens concrets d'accès au Ciel, ainsi qu'ils existaient avant la *chute.* Pour le chaman, le Ciel s'approche de nouveau de la Terre : il n'est pas plus haut qu'une maison, ainsi qu'il était avant la rupture primordiale. Enfin, le chaman retrouve l'amitié avec les animaux. En d'autres termes, l'extase réactualise, provisoirement et pour un nombre restreint de sujets — les *mystiques* —, l'état initial de l'humanité tout entière.)[6]

原始の人人も、楽園の状態を享受する。

この楽園の如き時代の記憶は、原始の人人にあっては、未《いま》だ、非常に、生き生きとしている。（Le souvenir de ce temps paradisiaque est encore très vivant chez les primitifs.）[7]

キリスト教においても、楽園願望が顕著である。

　という訳で、キリスト教は、楽園願望に支配されてはいるが、部分的ながらも、楽園回復——動物達との親しい交わり、天へ昇ること、神との出会い——を獲得するのは、神秘家達のみである。（Ainsi, bien que le christianisme soit dominé par la nostalgie du Paradis, ce sont seulement les mystiques qui obtiennent, en partie, la restauration paradisiaque : amitié avec les animaux, ascension au Ciel et rencontre avec Dieu.）[8]

デューラー（Albrecht Dürer）の『庵《いおり》の聖ヒエロニムス（*St. Jerome in his Study*）』（写真十九）には、前面に、ライオンが、ここは、私の部屋です、と言わぬばかりに、我が物顔で、大きな図体《ずうたい》をのさばらせている。恐らく、このライオンは、聖者に、足の傷を治《なお》してもらったライオンなのであろう。ライオンの斜め後ろには、犬が、安心し切った表情で、眠っている。一番奥には、聖者が、机に向かって、仕事に没頭している。聖書のラテン語訳の仕事であろう。『ラテン語訳聖書（*Vulgata*）』は、刻苦勉励と、動物達との親しい交わりの中から、産み出された。聖者は、ギリシア語や、ラテン語ばかりか、犬語も、ライオン語も理解した。動物同志も、人と動物も、ひどく当たり前の、慣《な》れ切った様子《ようす》で、一つ部屋の中に、共存している。しかし、楽園の如き状態は、楽園とは異なる。窓辺《まどべ》に置かれた髑髏《されこうべ》が、この世に在るものは、すべて、死に従属することを告げている。聖者は、このことを、片時も、忘れない。因《ちなみ》に、ライオンの傷を癒《いや》している聖者の姿は、クラーナハ（Lucas Cranach the Elder）の『聖ヒエロニムス（*St. Jerome*）』という作品の中に見ることが出来る。この作品に出会ったのは、二〇一六年十一月のある日、「クラーナハ（"Lucas Cranach the Elder"）」展を観るために、国立西洋美術館を訪れた時のことである。余り大きくない、縦長の画面の中央に、赤いマントを羽織った聖者の立ち姿があり、その聖者に身を寄せて、大きなライオンが座って、左の前足を差し上げている。俯《うつむ》き加減の聖者が、両手で前足を掻《か》き抱《いだ》き、恐らく、棘《とげ》を抜いているのであろう。ライオンは、甘えたようなまなざしで、聖者を見上げている。

聖ヒエロニムス（Eusebius Hieronymus Sophronius）は、四世紀の人であるが、十二世紀の人、聖フランチェスコも、軌を一《いっ》にする。

アシジの聖フランチェスコは、砂漠の教父達の延長線上にある。獣《けもの》と親しく交わることや、動物達を、思いのままに支配することは、楽園の如き状態を回復したことの、明白な徴《しるし》である。（Saint François d'Assise prolonge les

Pères du désert. L'amitié avec les fauves et la domination spontanée sur les animaux sont les signes manifestes du recouvrement d'une situation paradisiaque.)(9)

狼《おおかみ》と談判《だんぱん》して、町の人人を救い、小鳥達に説教した、聖フランチェスコに関しては、すでに、第五章において、詳述した。

楽園の状態の、もう一つの条件は、「神との出会い」である。神秘家達は、それぞれの方法で、「出会い」を体験する。第三天にまで挙げられた、聖パウロの例が、聖書に記録されている。

> 誇《ほこ》るべくんば、無益の事ながら、我は主の賜《たま》いし幻影《まぼろし》と黙示《もくし》とに及ばん。我はキリストに在る一人の人を知れり、彼は十四年前《ぜん》、‖肉体に在りてか肉体の外《ほか》に在りてか、其《そ》は我《わ》が知る所に非《あら》ず、神ぞ知《しろ》しめす、‖第三天まで上げられしなり。我は又知れり、此人《このひと》は‖肉体に在りてか肉体の外《ほか》に在りてか其《そ》は我《わ》が知る所に非《あら》ず、神ぞ知《しろ》しめす、‖楽土《らくど》に取挙《とりあ》げられて、得《え》も言わず人の語るべからざる言《ことば》を聞きしなり。(10)

「最初の人（l'Homme primordial）」(11)、アダムが置かれた楽園は、『創世記』に記されている。該当する個所《かしょ》の大部分(12)は、すでに、第三章において、引用した。楽園の中央《ただなか》には、「生命《いのち》の樹《き》と善悪《よしあし》を識別《しりわ》くる樹《き》」(13)があり、更に、「一つの流《ながれ》、歓楽《たのしみ》の境《ところ》より出で、楽園を潤《うるお》し」(14)ていた。

囲われた庭と、水の流れと、木が、楽園の必須《ひっす》条件である。「楽園（paradise）」とは、元元、単に、閉じられた、楽しみの土地、即ち、快い、囲われた場所を意味した。（『雅歌』四・十三）。これは、人間が、罪によって、失った場所であったから、究極の、望むに値《あたい》する目的になった。新約聖書（『コリント後書』十二・四、『黙示録』二・七）においては、楽園は、現在理解されているような「天国」を意味する。至福と報いの場所であり、地獄の反対である。（Orig. simply an enclosed pleasure ground—a pleasant fenced-off spot (*S. of S.* 4, 13). Since this was the place that man had lost through his sin, it became the ultimate and desirable end. In the NT (*2 Cor.* 12, 4; *Rev.* 2, 7) it means 'heaven' as now understood. The place of bliss and reward, the opposite of Gehennah.）[15]

ミルトン（John Milton）の「囲われた庭（hortus conclusus）」は、

狭き空間《ところ》に示現《あらわ》された、自然のありとあらゆる富、否、むしろ、
地上《このよ》の天国《てん》にして、人間《ひと》の感覚を、
極限にまで、喜ばしめたり。何となれば、かの庭は、
至福に満ちた神の楽園にして、神が御手ずから
エデンの東に、設置《もう》け給いしものなればなり。エデンは、
ハランより、東《ひんがし》の方《かた》、ギリシアの王達によりて建てられし、
偉大なるセレウキアの天守閣《てんしゅかく》にまで、及びたり。
或《ある》いは、その昔、エデンの子等《こら》が、
テラサルに住みしあたりにまで、及びたり。この快き土地《ところ》に、
神は、はるかに快き、自らの庭を定め給えり。

神は、肥沃《こえ》たる土地より、
あらゆる種類の、見目麗《みめうるわ》しく、香り高く、口に美味《うま》し、見事なる木木を生ぜしめ給えり。
然《しか》して、それらの木木の直中《ただなか》に、生命《いのち》の木が、立てり。
生命《いのち》の木は、高高とそびえ、神饌《しんせん》と見紛《みまが》うばかりの
黄金の木《こ》の実を生《な》らせたり。然して、生命《いのち》の隣接《となり》に、
人間《ひと》の死なる知恵の木が、真近《まじか》に、生《は》え出《い》でたり。
善の知恵は、悪を知ることによりて、高き代価《あたい》を支払いて、購《あがな》われたり。
エデンを貫《つらぬ》きて、大いなる川が、南の方《かた》に、
真っ直《す》ぐに流れ、不意に、藪《やぶ》の生《お》い茂れる丘の中に飲み込まれ、
地の底を流れ行きたり。何となれば、神は、
かの山を、自らの庭地として、急《はや》き流れの上に、
据《す》え給えばなり。急《はや》き流れは、地の中を染《し》み透《とお》る水脈を通して、
自然の渇《かわ》きによりて、吸い上げられ、
清らなる泉を噴《ふ》き上げ、数多《あまた》の細き流れとなりて、
庭を潤《うるお》したり。流れは、一つに合わせられ、
急峻《けわ》しき空地《あきち》を落下《くだ》りて、地の下の川と合流せり。
地の下の川は、今や、暗き水路より現れ出《い》で、
四筋の主要《おも》なる流れに分岐《わか》れて、
それぞれに流れ、数多《あまた》の名高き王国や国国を

経巡《へめぐ》りたり。王国や国国につきては、ここにては、語るに及ばず。
されど、むしろ、術《わざ》の及ぶ限り、次の事を語らん。
かの瑠璃《るり》色の泉より、さざ波の立てる小川が、
光沢《つや》のある、東洋の真珠や、黄金の真砂《まさご》の上をうねり、
垂れ下がる木陰《こかげ》の下を縫いて、此処《ここ》、彼処《かしこ》と、迷いつつ、
神神の美酒ネクタルさながらに流れたるを語らん。川は、草木を、一つ一つ、訪れ、
楽園の名にふさわしき花花を養えり。花花は、
花壇や、精巧な樹幹のこぶの、手の込んだ技術《わざ》ではなく、優しく、恵み深い自然が、
丘や、谷や、野原に、溢《こぼ》れんばかりに、産み出《い》だしたるものなり。
自然は、朝《あした》の太陽が、暖かき光で、
開《ひら》けた、広い野原を照らす辺《あたり》に、はたまた、一条《ひとすじ》の光線《ひかり》も貫《とお》さぬ木陰《こかげ》が、
真昼の四阿《あずまや》に黒き影を落とす辺《あたり》に、花花を産み出《い》だしたり。楽園とは、かくの如く、
目も綾《あや》な景色《ながめ》の、楽しき田園なりき。

(To all delight of human sense expos'd
In narrow room Natures whole wealth, yea more,
A Heav'n on Earth: for blissful Paradise
Of God the Garden was, by him in the East
Of *Eden* planted; *Eden* stretchd her Line
From *Auran* Eastward to the Royal Towrs

Of great *Seleucia,* built by *Grecian* Kings,
Or where the Sons of *Eden* long before
Dwelt in *Telassar:* in this pleasant soile
His farr more pleasant Garden God ordaind;
Out of the fertil ground he caus'd to grow
All Trees of noblest kind for sight, smell, taste;
And all amid them stood the Tree of Life,
High eminent, blooming Ambrosial Fruit
Of vegetable Gold; and next to Life
Our Death the Tree of Knowledge grew fast by,
Knowledge of Good bought dear by knowing ill.
Southward through *Eden* went a River large,
Nor chang'd his course, but through the shaggie hill
Passd underneath ingulft, for God had thrown
That Mountain as his Garden mould high rais'd
Upon the rapid current, which through veins
Of porous Earth with kindly thirst up drawn,
Rose a fresh Fountain, and with many a rill
Waterd the Garden; thence united fell

Down the steep glade, and met the nether Flood,
Which from his darksom passage now appeers,
And now divided into four main Streams,
Runs divers, wandring many a famous Realme
And Country whereof here needs no account,
But rather to tell how, if Art could tell,
How from that Saphire Fount the crisped Brooks,
Rowling on Orient Pearl and sands of Gold,
With mazie error under pendant shades
Ran Nectar, visiting each plant, and fed
Flours worthy of Paradise, which not nice Art
In Beds and curious Knots, but Nature boon
Powrd forth profuse on Hill and Dale and Plaine,
Both where the morning Sun first warmly smote
The op'n field, and where the unpierc't shade
Imbround the noontide Bowrs: Thus was this place,
A happy rural seat of various view;)(16)

神の御手《みて》から、生まれ出《いで》たままの自然。それが、楽園の自然である。人間の手が加えられず、人間の手によって歪《ゆが》められず、人間の手によって損なわれず、人間の手によって汚《けが》されていない、創造《つく》られた時のままの自然。それが、楽園の自然である。

　禁断の木《こ》の実《み》の味を識《し》る以前のアダムとイヴは、完璧《かんぺき》な男性と完璧《かんぺき》な女性であった。神は、「我等《われら》の像《すがた》の如く、我等《われら》に肖《かたど》りて、我等《われら》人間を造《つく》らん」(17)と給《のたま》うて、人間を造《つく》り給《たも》うた。「我等《われら》」とは、父と子と聖霊の三位《さんみ》を指す。人間の魂は、神の似像《にすがた》である。肉体は、その容器《うつわ》である。人間の姿は、「神の如く（Godlike）」であった。

いと気高き姿の二人は、丈高く、すっくとして、
神の如く、真《ま》っ直《す》ぐに立ち、生まれながらの誉れに包まれ、
裸身ながら、威厳に満ち、万物の長《おさ》に
相応《ふさわ》しく見えたり。何となれば、彼等《かれら》の神神しい表情《かお》には、
彼等《かれら》の栄光《はえ》ある創造《つく》り主《ぬし》の似像《にすがた》が、輝き出《い》でたればなり。
似像《にすがた》は、真《まこと》、叡知《えいち》、厳正にして、純粋なる聖性なりき。
聖性は、厳正なれども、子としての、真《まこと》の自由を許す聖性なりき。
人間の真《まこと》の権威は、これより生ぜり。
(Two of farr nobler shape erect and tall,
Godlike erect, with native Honour clad
In naked Majestie seemd Lords of all,
And worthie seemd, for in thir looks Divine
The image of thir glorious Maker shon,

Truth, Wisdom, Sanctitude severe and pure,
Severe, but in true filial freedom plac't;
Whence true autoritie in men;) (18)

アダムは、男性美の典型、イヴは、女性美の典型であった。

アダムは、己れの末裔《すえ》の、いずれの息子にも勝りて、堂堂として、端正なりき。
イヴは、いずれの娘より、淑《しと》やかにして、見目麗《みめうるわ》しかりき。
(*Adam* the goodliest man of men since borne
His Sons, the fairest of her Daughters *Eve*.) (19)

「婚姻の絆《きずな》に結ばれし、麗《うるわ》しの夫婦《めおと》(Fair couple, linkt in happie nuptial League)」(20)の周《まわ》りには、獣《けもの》達が、無邪気に、戯《たわむ》れている。その中には、子山羊《やぎ》を愛撫《あいぶ》している獅子《しし》もいる。

二人の周《まわ》りには、ありとあらゆる地の獣《けもの》達が、
じゃれ合って、戯《たわむ》れたり。獣《けもの》達は、後《のち》に、野獣となりて、
森に、荒れ野に、森林に、洞穴《ほらあな》に、追われ、狩られるものとなりぬ。
獅子《しし》は、戯《たわむ》れに、飛び掛かりて、己れの両の前足に、
子山羊《やぎ》を抱きて、愛撫《あいぶ》せり。熊《くま》、虎《とら》、雪豹《ゆきひょう》、豹《ひょう》が、

その前で、跳《は》ね回りたり。巨漢の象は、
懸命におどけて、
しなやかな鼻で、輪《わ》を作れり。間近《まぢか》に、狡猾《こうかつ》な蛇が、
巧みに取り入りながら、ゴルディオス王の結び目の如く、くねくねと、尾をくねらせて、
とぐろを巻きたり。然して、死をもたらす策略の
証明《あかし》は、悟られざりき。その他《ほか》の獣《けもの》達は、或《ある》いは、草の上に
うずくまり、或《ある》いは、牧草《くさ》に満ち足りて、じっと、座りて、目を凝らし、
或《ある》いは、反芻《はんすう》しつつ、塒《ねぐら》に向えり。

（　About them frisking playd
All Beasts of th' Earth, since wilde, and of all chase
In Wood or Wilderness, Forrest or Den;
Sporting the Lion rampd, and in his paw
Dandl'd the Kid; Bears, Tygers, Ounces, Pards
Gambold before them; th' unwieldy Elephant
To make them mirth us'd all his might, and wreath'd
His Lithe Proboscis; close the Serpent sly
Insinuating, wove with Gordian twine
His breaded train, and of his fatal guile
Gave proof unheeded; others on the grass

Coucht, and now filld with pasture gazing sat,
Or Bedward ruminating:)(21)

「最初の人」が置かれた「最初の楽園（the primordial Paradise）」は、このようなものであった。

ダンテ（Dante Alighieri）の『楽園（*Paradiso*）』は、光である。それは、「最初の人」が置かれた楽園ではなく、浄化された魂が、最終的に行き着く先、「天上《てん》（il ciel）」である。

然《しか》して、突然に、太陽が、太陽に、重ねられたるが如くに
見えたり。あたかも、権能を有《も》ち給う御方《おんかた》が、
天上《てん》を、第二の太陽によりて、飾りたるが如く。
(e di subito parve giorno a giorno
essere aggiunto, come quei che puote
avesse il ciel d'un altro sole adorno.)(22)

天上《てん》は、第二の太陽である。魂は、光の横溢《おういつ》に向かって、飛翔《ひしょう》し、上昇し、没入する。

我が入りし太陽の内なる光は、
自《おの》ずから光を発して輝くこと、如何《いか》ばかりなりけん！

そは、色によらずして、光によりて、現《あらわ》るる。
我、天賦の才と芸術《わざ》と能力《ちから》の限りを尽くさんとも、
言葉によりて、そを想像せしむること能《あた》わず。
人は、ただ、信じて、そを目《ま》の当《あ》たりにせんことを、ひたすら望むべし。
(Quant'esser convenia da sè lucente
quel ch'era dentro al sol dov'io entra'mi,
non per color, ma per lume parvente!
Perch' io lo 'ngegno e l'arte e l'uso chiami
sì nol direi, che mai s' imaginasse;
ma creder puossi e di veder si brami.) (23)

「天上《てん》」は、「理解《さとり》を越える（si trasmoda）」(24)超自然の輝きである。「天上《てん》」に流れる川は、「川の形をしたる輝き(lume in forma di rivèra)」(25)である。「天上《てん》」は、「生ける光（luce viva）」(26)である。光は、生命《いのち》である。光は、叡智《えいち》であり、愛であり、歓喜《よろこび》である。

叡智《えいち》の光は、愛に満ち溢《あふ》れ、
愛は、真《まこと》の幸福《さいわい》の愛にして、幸福《さいわい》は、歓喜《よろこび》に溢《あふ》るる。
歓喜《よろこび》は、如何なる甘美にも勝る。
(luce intellettüal, piena d'amore;

amor di vero ben, pien di letizia;
letizia che trascende ogni dolzore.)(27)

中世の人人は、「地上の楽園」の存在を信じた。そこには、死も、破滅もなく、美しい自然と平和がある。時に、それは、エデンの園と同一視された。

バッサーノ（Jacopo Bassano）の『地上の楽園（*Il Paradiso terrestre*）』には、田園風景が描かれている。しかし、作中に描かれた物は、すべて、聖書的な意味合いか、或《ある》いは、少くとも、キリスト教的な意味合いを、荷なっている。画面中央より、わずかに下方に、渓流《けいりゅう》が、斜めに、走っている。左岸には、何本かの木立《こだち》があり、小さな木《こ》の葉《は》が、光を受けて、無数の、繊細な輝きを放っている。右岸の大木からは、大きな枝が、川面《かわも》に張り出している。川の辺《ほとり》には、可憐《かれん》なバラと華奢《きゃしゃ》な百合《ゆり》が、咲き出《い》でている。いずれの花も、聖母マリアの象徴である。一方は、聖母マリアの愛を、もう一方は、聖母マリアの純潔を表す。純白の子羊達は、「神の羔《こひつじ》」、即ち、キリストの象徴である。子羊が、新約の時代の犠牲《いけにえ》であるように、山羊《やぎ》は、旧約の時代の犠牲の動物（a sacrificial animal）であった。鶏《にわとり》は、太陽の象徴（a solar symbol）であり、又、復活（resurrection）の徴《しるし》である。兎《うさぎ》（hare）は、愛と豊穣《ほうじょう》を表す。これらの動物より少し離れて、後方に、一際《ひときわ》目立っているのが、孔雀《くじゃく》（peacock）である。この鳥の存在は、ここが、楽園であることの、決定的な証《あかし》である。孔雀《くじゃく》は、不死を象徴するからである。前景の左端には、二人の人物がいる。男は、純朴そのものの若者で、女は、はち切れるように健康な乙女である。二人は、さながら、ダフニスとクロエー（Daphnis and Chloë）のようにも見えるが、この作品が、風景画ではなく、楽園図であることを考えるなら、二人の中に、牧歌に登場する恋人達の姿を見るよりは、堕落以前のアダムとイヴの姿を認める方が、文脈に合致する。

ダンテは、『煉獄篇（*Purgatorio*）』の中で、地上の楽園を歌っている。

出《い》づる日のきらめきを、目に緩和《やわ》らぐる、
　密《みつ》集にして、生ける、神の森の
内部《うち》と周囲《そと》とを、今や、切に、探《さぐ》らんと欲し、
もはや、猶予《ゆうよ》せず、岸辺《きしべ》を離れ、
そろり、そろりと、野に入れば、
地の表面《おもて》より、辺《あたり》一面に、芳《かぐわ》しき香りが漂《ただよ》えり。
甘き微風《そよかぜ》は、自《おの》ずから、
　変化《かわ》ることなく、我が額《ひたい》に当たれり。
　優しき風が、そっと、触るるが如く。
その風によりて、小枝という小枝は、こぞりて、うち震えつつ、
　聖なる山が、最初《はじめ》の影を投げかける
辺《あたり》に、しなやかに、たわめり。
されど、小枝は、甚《はなは》だしくたわむことなく、
　枝先に歌う小鳥達は、
　その芸術《わざ》を、ことごとく棄《す》つるには至らず、
却《かえ》って、最初《はじめ》の時間《とき》を、歓喜《よろこび》に溢《あふ》れて、
寿《ことほ》ぎつつ、葉の間《なか》にて受け、

葉は、その韻《しらべ》に合わせて、低き音を奏《かな》でたり。
低き音は、キアッシの渚《なぎさ》の松林の中に、
風の神、アイオロスが、熱風のシロッコを解き放つ時、
枝から枝へと、寄り集まる。

(VAGO già di cercar dentro e dintorno
la divina foresta spessa e viva,
ch'alli occhi temperava il novo giorno,
sanza più aspettar, lasciai la riva,
prendendo la campagna lento lento
su per lo suol che d'ogni parte auliva.
Un'aura dolce, sanza mutamento
avere in sè, mi ferìa per la fronte
non di più colpo che soave vento;
per cui le fronde, tremolando, pronte
tutte quante piegavano alla parte
u' la prim'ombra gitta il santo monte;
non però dal loro esser dritto sparte
tanto che li augelletti per le cime
lasciasser d'operare ogni lor arte;

ma con piena letizia l'ore prime,
cantando, ricevieno intra le foglie,
che tenevan bordone alle sue rime,
tal qual di ramo in ramo si raccoglie
per la pineta in su 'l lito di Chiassi,
quand'Eolo Scirocco fuor discioglie.) (28)

澄み切った、早朝の空気の中に、冴《さ》え冴《ざ》えと、響き渡る、小鳥達の歌声。歌声に、絶え間なく、添い続ける、木《こ》の葉の戦《そよ》めき。戦《そよ》めきは、繊細な、風の指先が、優しく奏でる、たて琴の諧調《しらべ》である。たて琴の諧調《しらべ》は、生きた笛が歌う主旋律を、根底から支える、通奏低音である。楽園に鳴り響く楽の音《ね》は、笛とたて琴の協奏曲である。
地上の楽園には、二筋の川が流れる。

此方《こなた》には、罪の記憶を
　取り除く効力《ちから》もて、降《くだ》り行く川が。
彼方《かなた》には、すべての善《よ》き行為《おこない》の記憶を取り戻す川が。
此方《こなた》の川は、レテと呼ばれ、然《しか》して、彼方《かなた》の川は、
　エウノエと呼ばるる。此方《こなた》の川と、彼方《かなた》の川を、
　先ず、味わうことなくしては、効力《ちから》はなし。
(Da questa parte con virtù discende

che toglie altrui memoria del peccato;
dall’altra d’ogni ben fatto la rende.
Quinci Letè; così dall’altro lato
Eunoè si chiama; e non adopra
se quinci e quindi pria non è gustato:) (29)

レテの水を飲み、更に、エウノエの水を飲めば、天上へ昇る準備が完了する。

我は、いと聖なる泉より、戻り来《きた》れり。
新たなる枝葉を付けて、蘇《よみがえ》りたる
若木の如く、生まれ変わり、
汚れなく、星星にまで上昇《のぼ》るに相応《ふさわ》しく準備《ととのえ》られて。
(Io ritornai dalla santissima onda
rifatto sì come piante novelle
rinovellate di novella fronda,
puro e disposto a salire alle stelle.) (30)

星星の彼方《かなた》に、最高天（empireo）、即ち、天上の楽園がある。

スペンサー（Edmund Spenser）の『妖精の女王（*Faerie Queene*）』の中にも、「地上の楽園」がある。それは、「アドニスの園（The Garden of Adonis）」と呼ばれる。

アドニスは、恋の女神の心を奪う程の、美少年であった。

その物語によると、ミュラ——或《あ》るいは、スミュルナ——は、王の娘であった。……ミュラは、父王に、ぞっこん惚《ほ》れ込んでしまった。……ミュラは、まんまと、父を欺くことに、つまり、酔わせることに、成功した。これは、聖書の物語の中にある話と、そっくりである。ミュラは、見知らぬ女を装《よそお》って、父王と、十二晩も、枕《まくら》を交わした。或《ある》いは、十二晩よりも、もっと、少なかったかも知れないが。終《つい》に、父王は、隠し持っていた明かりの光で、同衾《どうきん》の相手が、誰であるのかが分かってしまい、剣《つるぎ》を引き抜いて、娘を追いかけた。ミュラは、すでに、この禁じられた交わりによって、子を授かり、深く、恥じていた。ミュラは、神神に、生きている人人のところにも、死んだ人人のところにも、居させないで下さい、と祈った。ゼウスであったか、それとも、アプロディテであったか、一人の神が、ミュラを憐《あわ》れんだ。ミュラは、木になって、素晴《すば》らしく良い香りの樹脂を流して、自分の実を嘆き悲しんで、泣いた。この木の実こそ、アドニスである。というのも、アプロディテの未来の恋人、アドニスは、没薬《もつやく》、即ち、ミュラの木の、はじけた樹皮から、生まれ出たからである。

アドニスは、美しかった。余りにも美しかったので、アプロディテは、子供が生まれると、即座に、長持《ながも》ちの中に隠し、ペルセポネの保護観察に委《ゆだ》ねた。黄泉《よみ》の国の女王が、長持《ながも》ちを開《あ》けると、美しい男の子がいた。女王は、もう、返すのが嫌《いや》になってしまった。女神達の争いは、ゼウスの面前に持ち出された。神神の王は、アドニスの占有を、次のように、分配した。アドニスは、一年の三分の一を、自分だけのために、暮らしてよろしい。三分の一は、ペルセポネの許《もと》で、過ごして然《しか》るべきである。そして、三分の一を、アプロディテのところで、過ごして然《しか》るべきである、と。アドニスを、黄泉《よみ》の国のペルセポネの許《もと》に送った死は、アドニスが、狩りをしていた時、猪《いのしし》に傷つけられた、という風に語られている。(Nach der Erzählung war Myrrha — oder Smyrna — eine Königstochter, ...Myrrha verliebte sich tödlich in ihren Vater....Der Tochter gelang es, den Vater zu täuschen oder ihn zu berauschen, ähnlich wie dies in einer biblischen Geschichte vorkommt. Sie schlief mit ihm als ein unbekanntes Mädchen zwölf Nächte lang, oder auch weniger. Zuletzt entdeckte der Vater, beim Schein eines verborgenen Lichtes, wer seine Bettgenossin war, und verfolgte sie mit gezücktem Schwert. Myrrha hatte bereits ein Kind in der verbotenen Liebe empfangen und war voller Scham. Sie betete zu den Göttern, nirgends zu sein, weder bei den Lebenden noch bei den Toten. War es Zeus oder war es Aphrodite — eine Gottheit erbarmte sich ihrer. Sie verwandelte sich in den Baum, der seine Frucht mit dem würzigsten Harz beweint, die Frucht aus dem Holze: Adonis. Denn er, der künftige Liebhaber der Aphrodite, wurde aus der geborstenen Rinde des Myrrhabaumes geboren.

Adonis war schön, so schön, daß Aphrodite das Kind sogleich nach seiner Geburt in einer Lade verbarg und zur Bewahrung der Persephone übergab. Die Unterweltskönigin öffnete die Lade, sah den schönen Knaben, und wollte ihn nie mehr zurückgeben. Der Streit der Göttinnen kam vor Zeus. Der König der Götter teilte den Besitz des Adonis folgendermaßen auf: er durfte einen Teil des Jahres für sich allein sein, einen bei Persephone verbringen und einen bei Aphrodite. Der Tod, der den Adonis zu Persephone in die Unterwelt brachte, wird so geschildert, daß er als Jäger von einem Eber verwundet wurde.)(31)

恋の女神は、自らの楽園を、美少年に因《ちな》んで、名付けた。

ウェヌスは、アモレッタを、喜ばしい楽園へ連れて来た。
ウェヌスが、地上で暮らす時は、大抵、ここに来る。
自然が、創意によって作り得る、最も美しい場所である。
そこが、パポスにあるのか、キタイロンの山にあるのか、
それとも、グニドゥスにあるのかは、良く知らない。
しかし、私は、詳しく吟味し、確かめてみて、次のことが、良く、分かった。ここは、
他のどんな場所にも勝る場所で、
ウェヌスの亡き恋人の名に因《ちな》んで、
アドニスの園と呼ばれる、世にも名高い園である。

この同じ園には、ありとあらゆる美しい花花が、取って来られていて、
母なる自然は、その花花で、自らの身を装《よそお》い、
又、自らの愛人達の花環《はなわ》を飾る。
ここには、それぞれの種類に従って、
生まれ、生き、そして、死んで行く、あらゆる物の、
最初の温床がある。ここに芽を出し、花を咲かせる、
あらゆる草草の、果てしない子孫について、
語るとしたら、長い時間《とき》を要するであろう。
しかし、必要なことだけは、是非とも、ここに、語っておかねばならない。

昔、この園は、肥沃《ひよく》な土地に、位置していた。

そして、両側を、二つの壁に、取り巻かれていた。

一方の壁は、鉄の壁で、もう一方は、黄金の壁であった。

何人《なんぴと》も、壁を破って侵入したり、壁を乗り越えたりすることが、出来ないようにするためである。

この園には、二重の門があり、広く、開《あ》けられていた。

人人は、入るのにも、出るのにも、この門を通らなければならなかった。

一方の門は、新鮮で美しく、もう一方は、古ぼけて、干からびていた。

老人のゲニウスが、二つの門の門番であった。

老人のゲニウスは、二重の性質を持つ。

ゲニウスは、この世に出《い》で来《きた》ることを望むすべての者を、
中へ入れ、外に出す。
数多《あまた》の裸《はだか》の赤子が、昼となく、夜となく、
ゲニウスのところへやって来て、
肉の衣《ころも》をまとわせてくれ、と要求する。
ゲニウスは、好みの者に、即ち、永遠の運命が、
定めた者に、罪深い泥をまとわせ、
死すべき状態において、生きるよう、送り出す。
その者達が、再び、裏門を通って、帰り来るまで。

その者達は、再び、戻って来た時、
もう一度、この庭に、植えられる。
彼等《かれら》は、新たに生長する。あたかも、肉の腐敗や、
死すべき者の苦しみを、経験しなかったかのように。
彼等《かれら》は、何千年もの間、こうして、庭に留まる。
そして、老人から、別の形をまとわせられるか、
或《ある》いは、再び、変化する世界の中へ送り出されるかする。
彼等《かれら》が、最初に生まれた、この場所に戻るまで。
この様に、彼等《かれら》は、車輪の如く、古きより、新しきへと、廻《めぐ》り行く。

(She 〔i.e. *Venus*〕 brought her 〔i.e. *Amoretta*〕 to her ioyous Paradize,
  Were most she wonnes, when she on earth does dwel.
So faire a place, as Nature can deuize:
  Whether in *Paphos*, or *Cytheron* hill,
Or it in *Gnidus* be, I wote not well;
  But well I wote by tryall, that this same
All other pleasant places doth excell,
  And called is by her lost louers name,
The *Gardin* of *Adonis*, farre renowmd by fame.

In that same Gardin all the goodly flowres,
  Wherewith dame Nature doth her beautifie,
  And decks the girlonds of her paramoures,
  Are fetcht: there is the first seminarie
  Of all things, that are borne to liue and die,
  According to their kindes. Long worke it were,
  Here to account the endlesse progenie
  Of all the weedes, that bud and blossome there;
But so much as doth need, must needs be counted here.

It sited was in fruitfull soyle of old,
  And girt in with two walles on either side;
  The one of yron, the other of bright gold,
  That none might thorough breake, nor ouer-stride:
  And double gates it had, which opened wide,
  By which both in and out men moten pas;
  Th'one faire and fresh, the other old and dride:
  Old *Genius* the porter of them was,
Old *Genius,* the which a double nature has.

He letteth in, he letteth out to wend,
All that to come into the world desire;
A thousand thousand naked babes attend
About him day and night, which doe require,
That he with fleshly weedes would them attire:
Such as him list, such as eternall fate
Ordained hath, he clothes with sinfull mire,
And sendeth forth to liue in mortall state,
Till they againe returne backe by the hinder gate.

After that they againe returned beene,
They in that Gardin planted be againe;
And grow afresh, as they had neuer seene
Fleshly corruption, nor mortall paine.
Some thousand yeares so doen they there remaine;
And then of him are clad with other hew,
Or sent into the chaungefull world againe,
Till thither they returne, where first they grew:
So like a wheele around they runne from old to new.)(32)

宇宙万物は、生成消滅を繰り返す。「アドニスの園」は、その源であり、その原動力である。しかし、スペンサーの世界観は、雑多な要素の混合から成り立っており、首尾一貫した、体系的な基盤《きばん》を持たない。

ギリシア神話の伝えるアドニスは、一年の三分の一を、ウェヌスの許《もと》で過ごす。しかし、「アドニスの園」のウェヌスは、猪《いのしし》を、「頑丈《がんじょう》な岩屋（a strong rocky caue）」(33)に、閉じ込めてしまったので、アドニスは、もはや、永久に、殺されることはない。

今や、アドニスは、この園の中で、永遠の至福の状態にあり、
女神を楽しみ、女神も、又、アドニスを楽しむ。
(There now he liueth in eternall blis,
Ioying his goddesse, and of her enioyd:)(34)

ブロウ（John Blow）は、十七世紀末の、英国の楽壇を代表する音楽家である。ブロウが作曲した『ウェヌスとアドニス（*Venus and Adonis*）』と題する仮面劇は、チャールズ二世（Charles II）と宮廷の人人の面前で演じられたが、最後は、アドニスの死とウェヌスの嘆きの歌で、幕が閉じられる。台本の作者は、不詳であるが、いずれにしても、スペンサー風の幸福な結末は、稀《まれ》な、例外的結末であろう。

「詩人の中の詩人（poets' poet）」は、『妖精の女王』を歌うに当たって、独自の詩形式を案出した。言うところの「スペンサ流スタンザ（Spenserian Stanza）」は、弱強五詩脚（Iambic pentameter）の詩行八行に、弱強六詩脚（Alexandrine）の詩行一行を、最後に加えた、九行の詩行から成る。作品の、流麗な音楽美は、選び抜かれた、個個の言葉の、聴覚的な洗練もさることながら、ababbcbbc という、押韻形式（rhyme-scheme）に負うところが大

きい。

後《のち》に、トムソン（James Thomson）、バーンズ（Robert Burns）、バイロン（George Gordon Byron）、シェリー（Percy Bysshe Shelley）、キーツ（John Keats）等、錚錚《そうそう》たる詩人達が、この詩形式を用いて、傑作を産み出した。

モリス（William Morris）の『地上の楽園（*The Earthly Paradise*）』は、十四世紀中葉の物語である。モリスは、十九世紀の「詩人にして、名工、かつ、社会主義者（poet, craftsman, socialist）」であったが、中世の修道僧のような暮らしをしながら、芸術的創作に従事することを理想とした。

以下は、昔、モリス記念館を訪れた折の日記である。

一九七九年　四月十八日　水曜日

ロンドン郊外のモリス記念館（William Morris Gallery）を訪れる。ここの裏庭のような位置になるロイド公園（Lloyd Park）では、ようやく訪れた春で大輪の赤いチューリップが咲き乱れている。生家のにれの家（Elm House）が消失してしまっている現在、モリスを記念する場所としては、幼年期を過ごしたこの家が最もふさわしい。とは言え、詩人が後世の記憶に留められるのは、ひとえに作品の力によるものであって、住んでいた家のためではない。「詩と真実」が直結するものでない以上、こうして文人の家を訪ね歩くことにどこまで意味があるかは疑問であるが、モリスは装飾芸術の面でも多産な活動をした人であり、手になる作品を直《じか》に見ることが出来るのはやはり楽しい。もっとも、モリスにとって、装飾芸術本来の理想と目的は「使う者に喜びを与えること」、そして又「作る者に喜びを与えること」であったのだから、自身の作品が大切に保存されて、そのどちらにも属さない「見る者」に喜びを与えているのは、作者にとっては皮肉な巡り合わせというほかはないかもしれない。

織物や家具、壁紙、それに書物の意匠の完全に様式化された美しさには、もとより芸術家の苦悩や情念の跡は微塵も見られない。静朗そのものの完璧な職人仕事の明快さに輝いている。それだけに、かえって曲折の多かったモリスの生涯の軌跡を意識せずにはいられない。若い日、バーンジョウンズ（Burne-Jones）と共に旅した北フランスで、わけても聖堂建築の美しさに打たれ、それまでの僧職への憧れを捨てて、一挙に百八十度の転回を成し遂げ、芸術の道を志す。詩も書き、絵も書き、印刷もやる、という風に、余り何にでも手を出し過ぎたためにどの分野においても完全に自己表現することがなかった、と言われるモリスであるが、最後は五十五歳にして社会主義運動に身を投じる。芸術上の中世趣味と社会主義という取り合わせは、モリス個人の矛盾である以上に時代の矛盾であったのだ、という見方も許されるかも知れない。反産業主義、反小市民生活という観点に立てば、両者は少なくともその出発点においては共通している。善意と馬力に物を言わせて、モリスは一人で十人分の仕事を果たした、と言われるが、しかし、「労働に喜びをもたらすための芸術」も、社会主義運動も「この世の楽園」をもたらしてはくれなかった。ちなみに、モリスは一八六八年から一八七〇年にかけて、『地上の楽園（*The Earthly Paradise*）』と題する作品を書いている。その上、私生活も恵まれたものではなかった。ジェイン（Jane）という名の美しい少女との結婚も苦い挫折の始まりでしかなかった。女性美の権化とも映ったこの少女が、神秘的な外貌のもとに、どんなに空っぽの頭と未熟な精神を宿しているかを若い青年の理想化の性癖は見破ることが出来なかったのである。モリスとの間に二人の子供まで生《な》しながら、ジェインはその後モリスが「大した人物（a very great man）」と言って尊敬していたロセッティ（Dante Gabriel Rossetti）との不倫な関係に陥る。アイスランド（Iceland）への旅に赴き、北欧伝説 *Volsunga Saga* の翻訳に熱中したのも、力強い古代北欧への憧れであったという以上に、いまわしい私生活の汚濁を逃れようとする苦しい魂のあがきでなかったと誰が言えようか。単純なもの、堅固なものを美の理想としながら、社会においても、私生活においてもそのような世界を実現することが出来ず、晩年に書き残した作品が『桃源郷便り（*News from Nowhere*）』即ち、どこにもない場所からの便り、であったというのも、単にこの世の逆説（earthly paradox）として笑えないところがある。さる批評家が、この作品を評していみじくも指摘している。「この作品の一番悲しい部分は題名である」と。(35)

『地上の楽園』は、四二〇〇〇行に及ぶ、長篇の物語詩である。その概要は、次の通りである。大疫病のために、故郷のスカンディナヴィア（Scandinavia）を追われた人人は、地上の楽園を求めて、長い旅路についた。老いさらばえた人人は、終《つい》に、海の彼方《かなた》の、名もない町に着いた。人人は、喜び迎えられ、心からの持て成しを受けた。そこでは、月に二回、宴会が催され、銘銘が、一つずつ、物語を語った。作品の構成は、明らかに、チョーサー（Geoffrey Chaucer）の『カンタベリー物語（*The Canterbury Tales*）』を思わせる。これぞ、正しく、モリスの中世趣味の発露である。

『地上の楽園』の中に、「四月 "April"」の歌がある。以下に挙げるのは、第二スタンザの一部である。

夏が、百合《ゆり》とバラをもたらす時、
夏は、我我に、恐れをもたらす。夏は、夏の死そのものをもたらす。
夏の不安げな心の内に、嘆きと悲しみの炉を隠して。
然《しか》して、恐れに心が鈍り、歌鶫《うたつぐみ》は、もはや、歌わず。
(When summer brings the lily and the rose,

She brings us fear, her very death she brings
Hid in her anxious heart, the forge of woes;
And, dull with fear, no more the mavis sings.) (36)

真夏の太陽の輝きの真っ直中《ただなか》に、死の蔭《かげ》が潜《ひそ》む。これが、この世の現実である。これが、モリスの現実認識である。「恐れに心が鈍」っているのは、歌鶫《うたつぐみ》ではない。人間の心が、不安に脅《おび》えて、歌声の響きに無感覚になっているのだ。モリスは、感覚的な美しさと、それがもたらす喜びを、十二分に承知していた。が、その中に、常に、恐れと苦しみを味わった。夏の壮観と、真近《まぢか》に迫り来る、冬の死の蔭《かげ》は、分かち難く、結び付いていた。

『地上の楽園』の巻頭に、同じ表題の短詩が置かれている。以下に挙げるのは、第五スタンザである。

世の人人の曰《いわ》く、降誕節に、奇術使《てじな》いが、
北国の国王に、不可思議なる物を示したり。
一つの窓からは、春が見え、
今一つの窓からは、鮮やかな夏の色彩《いろどり》が見え、
三番目の窓からは、たわわに実のなる、ぶどうの木の列が見えたり。
にも拘《かか》わらず、未《いま》だ、耳には、響かざれども、例の如く、
十二月の日の荒涼たる風が、ひゅうひゅうと、笛を吹き鳴らしたり。
(*Folk say, wizard to a northern king*
At Christmas-tide such wondrous things did show,

That through one window men beheld the spring,
And through another saw the summer glow,
And through a third the fruited vines a-row,
While still, unheard, but in its wonted way,
Piped the drear wind of that December day.）(37)

「沢山の目を持つアルゴス（Argos mit den vielen Augen）」(38)の如く、モリスは、一時《いちどき》に、四つの季節を観る。視覚が、この世の美と恵みを享受する一方で、内なる聴覚は、絶え間なく、寒風の吹き荒《すさ》ぶ、真冬の笛に、脅《おびや》かされる。モリスは、長篇の物語詩によって、「地上の楽園」の何たるかを歌ったのではなく、地上には、楽園は存在しない、という苦い現実認識を表明した。

コウルリツジ（Samuel Taylor Coleridge）の「楽園」は、幻視《まぼろし》の楽園である。「クビライ汗（"Kubla Khan"）」の楽園は、夢の中に顕《あらわ》れた。「夢の中の幻視《まぼろし》。断片（A Vision in a Dream. A Fragment）」という副題が、示す通りである。

コウルリツジは、早熟の天才で、詩作に、劇作に、評論に、旺盛《おうせい》な創作意欲を示し、どの分野においても、非凡な才能を発揮した。しかし、健康を害して、阿片《あへん》を用いて以来、常用するようになった。一七九七年の夏、詩人は、静養先の、デヴォンシャ（Devonshire）の農家で、痛み止めのために阿片を飲み、眠りに落ちた。その夢の中に顕《あらわ》れた幻視《まぼろし》が、言葉の衣をまとって、詩歌《うた》として、結晶した。因《ちなみ》に、この作品が、出版されたのは、一八一六年である。

クビライ汗は、上都に、
壮麗なる歓楽《たのしみ》の、宮殿《みや》を建てよ、と命じたり。
彼処《かしこ》には、聖なる川、アルフが、流れたり。
人の目には測り知れぬ洞窟《ほらあな》を潜《くぐ》り抜け、
　日の光の届かぬ海へと下り行きて。
肥沃《こえ》たる土地が、五マイルの二倍の長きに渡りて、
城壁と塔に取り巻かれたり。
然《しか》して、曲りくねれる小川の輝く園があり、
芳《かぐわ》しき木木が、花を咲かせたり。
然《しか》して、此方《こなた》には、山山と同じく古き森があり、
照り返しによりて、斑点《まだら》を成す緑樹を包み込みたり。

だが、ああ！かの深き、神秘の割れ目よ！
そは、杉の木に被《おお》われし緑の山を、斜めに下《くだ》り行けり。
未開の場所《ところ》よ！聖にして、魔法にかけられし場所《ところ》よ！
満月の後、欠け行く月の下《もと》で、魔性《ましょう》の恋人を慕いて、嘆き悲しむ女が、
しばしば、現《あらわ》れた時と変わらず、聖にして、魔法にかけられし場所《ところ》よ！
然《しか》して、この割れ目より、絶え間なく、騒ぎ、沸《わ》き返りつつ、
あたかも、この地が、ひっきりなしに、喘《あえ》いでいるかの如く、

刻刻と、泉が、勢《いきお》い良く、噴《ふ》き出《いだ》せり。
とぎれとぎれに、急速に迸《ほとばし》る噴水の中に、
巨大なる岩石の破片が、跳《は》ね返る雹《ひょう》の如く、飛び散りたり。
将又《はたまた》、脱穀機《だっこくき》の殻竿《からさお》に打たるる籾殻《もみがら》の如く。
然《しか》して、これらの踊る岩石《いわ》の最中《さなか》に、忽《たちま》ちにして、絶えず、
刻刻と、割れ目は、聖なる川を迸《ほとばし》らせたり。
五マイルの間、迷路の如く、うねり進み、
森を越え、谷を越えて、聖なる川は、流れ行き、
人間《ひと》には測り知れぬ洞窟《ほらあな》に至り、
激しく音立てて、生き物の棲《す》まぬ大海へと没入せり。
この激しき音の最中《さなか》に、クビライは、聞きたり。はるか彼方《かなた》より、
戦争《たたかい》を予言する、祖先達の声を！
　歓楽《たのしみ》の宮殿《みや》の影が、
　波の上の中空《ちゅうくう》に浮かび、
　そこには、泉と洞窟《ほらあな》の
　諧調《しらべ》が、交交《こもごも》に、響き渡れり。
そは、世にも稀《まれ》なる創意工夫の為《な》せる奇跡、
氷の洞窟《ほらあな》を伴いたる、光輝く、歓楽《たのしみ》の宮殿《みや》よ！

琴を携《たずさ》えたる、やんごとなき乙女を、
我は、かつて、幻視《まぼろし》の裡《うち》に見たり。
そは、エチオピアの乙女なりき。
然《しか》して、乙女は、琴を奏でたり。
アボラの山を歌いつつ。
我、もし、かの琴の音《ね》と歌を、
我が内に、蘇《よみがえ》らせること能《あた》わば、
我は、深き歓喜《よろこび》に至るべし。
さすれば、我、長く、高らかなる楽《がく》の音《ね》によりて、
中空に、かの宮殿《みや》を築くべし。
かの光輝く宮殿《みや》を！かの氷の洞窟《ほらあな》を！
楽《がく》の音《ね》を聞く者は、皆、宮殿《みや》と洞窟《ほらあな》を目《ま》の当《あ》たりにするであろう。
然《しか》して、皆が、叫ぶであろう。警戒《こころ》せよ！警戒《こころ》せよ！と。
彼《か》の人の、眼光鋭き眼《まなこ》、風になびく髪よ！
彼《か》の人を廻《めぐ》りて、三度《みたび》、円を描き、
畏怖《おそ》れ戦《おのの》きて、汝の目を閉じよ。
何となれば、彼《か》の人は、甘露に養われ、
楽園の乳を飲みたればなり。
(In Xanadu did Kubla Khan

A stately pleasure-dome decree:
Where Alph, the sacred river, ran
Through caverns measureless to man
   Down to a sunless sea.
So twice five miles of fertile ground
With walls and towers were girdled round:
And there were gardens bright with sinuous rills,
Where blossomed many an incense-bearing tree;
And here were forests ancient as the hills,
Enfolding sunny spots of greenery.

But oh! that deep romantic chasm which slanted
Down the green hill athwart a cedarn cover!
A savage place! as holy and enchanted
As e'er beneath a waning moon was haunted
By woman wailing for her demon-lover!
And from this chasm, with ceaseless turmoil seething,
As if this earth in fast thick pants were breathing,
A mighty fountain momently was forced:

Amid whose swift half-intermitted burst
Huge fragments vaulted like rebounding hail,
Or chaffy grain beneath the thresher's flail:
And 'mid these dancing rocks at once and ever
It flung up momently the sacred river.
Five miles meandering with a mazy motion
Through wood and dale the sacred river ran,
Then reached the caverns measureless to man,
And sank in tumult to a lifeless ocean:
And 'mid this tumult Kubla heard from far
Ancestral voices prophesying war!
  The shadow of the dome of pleasure
  Floated midway on the waves;
  Where was heard the mingled measure
  From the fountain and the caves.
It was a miracle of rare device,
A sunny pleasure-dome with caves of ice!

  A damsel with a dulcimer

In a vision once I saw:
It was an Abyssinian maid,
And on her dulcimer she played,
Singing of Mount Abora.
Could I revive within me
Her symphony and song,
　To such a deep delight 'twould win me,
That with music loud and long,
I would build that dome in air,
That sunny dome! those caves of ice!
And all who heard should see them there,
And all should cry, Beware! Beware!
His flashing eyes, his floating hair!
Weave a circle round him thrice,
And close your eyes with holy dread,
For he on honey-dew hath fed,
And drunk the milk of Paradise.)[39]

ロマン派の詩人達は、魔術的なるもの（the magical）、不可思議なるもの（the mysterious）を探究した。その意味で、「クビライ汗」は、ロマン主義精神の精髄の発露である。高貴の歌姫が、架空の山、アボラについて歌う歌。その歌声と琴の音《ね》が、あたかも、かすかな残照のように、幻視《まぼろし》が消え去った後も、詩人の心に留《とど》まった。そして、言葉の衣《ころも》が着せられて、一篇の詩が誕生した。この作品は、歌について歌った歌である。作品を構成する、すべての言葉の、音と、リズムと、旋律は、音楽である。この作品は、二重の意味において、言葉と化した音楽（verbalized music）である。

キーツ（John Keats）は、歌う鳥（songbird）である。歌う鳥が、この世において、為《な》すべきことは、楽園を想起し、そこで習い覚えた術《わざ》を、繰り返すことである。

我は楽園に在りて、旋律《ふし》を歌い出《いだ》して、
我が胸を軽くする術《すべ》を教えられたり。
(...I was taught in Paradise
To ease my breast of melodies—)(40)

現世《げんせ》は、前世《ぜんせ》の記憶である。「小夜《さよ》鳴《な》き鳥《どり》（nightingale）」は、歌の受肉である。

我が胸は、疼《うず》く。然《しか》して、まどろみがもたらす無感覚《しびれ》が、我が知覚に、
　痛みを惹き起こす。あたかも、毒人参《どくにんじん》を飲みたるが如く、
或いは、一瞬前、痺《しび》れをもたらす阿片《あへん》を、澱《おり》まで

飲み干《ほ》して、忘却の川、レテに沈みたるが如く。
そは、汝の幸福《さいわい》なる運命《さだめ》を妬むが故にあらず。
汝の幸福《さいわい》と一つになりて、余りにも、幸福《さいわい》なるが故なり。
汝、軽《かろ》き翼《つばさ》の木の精、ドリュアスよ、
緑の橅《ぶな》の木立《こだち》と、数知れぬ葉影の辺《あた》りに、
艶《つや》やかに、旋律《ふし》を響かせ、
全身これ笛となりて、夏を寿《ことほ》ぐ。これぞ、汝の幸福《さいわい》なり。

(My heart aches, and a drowsy numbness pains
My sense, as though of hemlock I had drunk,
Or emptied some dull opiate to the drains
One minute past, and Lethe-wards had sunk:
'Tis not through envy of thy happy lot,
But being too happy in thine happiness,—
That thou, light-winged Dryad of the trees,
In some melodious plot
Of beechen green, and shadows numberless,
Singest of summer in full-throated ease.) (41)

夜の森で、詩人は、小夜鳴《さよな》き鳥《どり》の歌声に、耳を傾ける。詩人は、胸が「疼《うず》く（aches）」。かつて、楽園にあって、歌を歌っていた記憶が、呼び覚まされるからである。前世《ぜんせ》は、幸福《さいわい》そのものであった。小《さ》夜《よ》鳴《な》き鳥《どり》の歌声と一つになって、詩人は、同じ幸福《さいわい》を取り戻す。詩人の体は、この世に在るが、心は、楽園に在る。体は、「まどろみがもたらす無感覚《しびれ》(a drowsy numbness)」に支配されるが、心は、楽園に回帰する。これが、夢か、現《うつつ》か、しかとは、分からない。

詩人の魂は、「見えざる詩歌《うた》の翼《つばさ》に乗せられて (on the viewless wings of Poesy)」(42)、彼方《かなた》の世界へ飛翔《ひしょう》する。「詩歌《うた》の翼《つばさ》」は、人間の目には見えない。そして、翼《つばさ》に乗せられて、飛翔《ひしょう》する魂には、歌声は聞こえるが、何も見えない。魂は、盲目である。翼《つばさ》は、二重の意味で、「見えざる翼《つばさ》」である。飛翔《ひしょう》は、エクスタシー (ecstasy) である。エクスタシーとは、「自己の外側に立つこと」を意味する。これに関しては、想像力論三部作(43)において、繰り返し、詳述した。語源を辿《たど》れば、次の通りである。

〘*extasie* □ OF (F *extase*) □ ML *extasis* □ GK *ékstasis* ← *existánai* to put a person out of (his senses) ← EXO- + - *histánai* to set, stand.〙

神秘家が体験する、宗教的エクスタシーにおいて、魂が、肉体から抜け出して、神と合一している間、感覚の機能は、停止する。恍惚《こうこつ》の状態にある聖者の姿を目《ま》の当たりにしたのは、二〇〇五年のある日、「ラ・トゥール展 (“Georges de La Tour”)」を観るために、国立西洋美術館を訪れた時のことである。『聖フランチェスコの恍惚《こうこつ》 (*L'Extase de saint François*)』と題された作品の中で、聖者は、髑髏《されこうべ》を両手に抱《いだ》き、仰向けに倒れている。閉じられた両眼。かすかに開けられた口許《くちもと》。殆《ほとん》ど痴呆的とも言える表情は、聖者が、魂を奪われ、感覚が完全に麻痺《まひ》して、その機能が停止してしまっていることを告げている。

詩的エクスタシーは、美的エクスタシーである。美的エクスタシーにおいても、宗教的エクスタシーにおけるのと同じことが起こる。詩人の魂は、小夜鳴き鳥《さよなどり》の歌声に没入し、歌声と一体化する。小夜鳴き鳥《さよなどり》が、歌の受肉であるように、詩人の魂も、もう一つの、歌の受肉になる。詩人の魂が、一時《いっとき》の楽園回帰を体験する間、体は、「まどろみがもたらす無感覚《しびれ》」に支配される。歌声が消え去って、我に返った時、詩人は、自問する。

我、覚醒《さめ》たるや?それとも、まどろみたるや?
(Do I wake or sleep?)(44)

キーツは、美を求める。

美は真なり、真は美なり。
(Beauty is truth, truth beauty.)(45)

『エンデュミオン(*Endymion*)』は、美の探求の物語詩である。羊飼いのエンデュミオンが、月の女神、キュンティア(Cynthia)を捜《さが》し求めて、地の中、水の底、空の上を経巡《へめぐ》る。月の女神は、「かの、全き甘美の極致《きょくち》(that high perfection of all sweetness)」(46)である。作者自らが明かすところによれば、エンデュミオンは、「若く美しい羊飼いで、……非常に観想的な質《たち》の人間(a young handsome Shepherd, ... a very contemplative sort of a Person)」(47)である。エンデュミオンは、「観想的な人間(vir contemplativus)」であるが、神の観想者ならぬ、美の観想者である。

麗《うるわ》しき物は、永久《とわ》の歓喜《よろこび》なり。

(A thing of beauty is a joy for ever.) (48)

エンディミオンについて、ギリシア神話は、次のように伝える。

セレネは、小アジアのラトモス山の背の後《うし》ろに姿を消すと、愛《いと》しいエンデュミオンに会いに行った、と伝えられる。エンデュミオンは、そこの洞穴《ほらあな》の中で、眠っていた。エンデュミオンは、あらゆる物語が描くところによると、美しい若者の、羊飼いか、さもなければ、狩人《かりゅうど》であるが、永遠の眠りを与えられた。恐らく、元来は、月の女神その人から、与えられたのであろう。その御陰《おかげ》で、女神は、いつでも、洞穴《ほらあな》の中に、エンデュミオンを見出《みいだ》し、接吻《くちづけ》をすることが出来た。エンデュミオンという名前は、愛する者に抱かれて、まるで、同じ一つの衣《ころも》に包まれているかのように、「内部にいる」者を意味する。後世の詩人によると、翼《つばさ》を付けた、眠りの神、ヒュプノスが、エンデュミオンに惚《ほ》れ込んだ。ヒュプノスは、若者に、目を開けて眠る能力を贈った。(Es wurde erzählt, daß Selene, wenn sie hinter dem Gebirgsrücken Latmos in Kleinasien verschwand, ihren Geliebten Endymion besuchte, der da in einer Höhle schlief. Endymion, nach allen Darstellungen ein schöner Jüngling, Hirte oder Jäger, wurde mit ewigem Schlaf beschenkt, ursprünglich wohl von der Mondgöttin selbst, damit sie ihn immer in der Höhle finden und küssen konnte. Der Name Endymion bedeutet jemanden, der sich »innen befindet«, umfaßt von der Geliebten, wie in einem gemeinsamen Kleid. Nach einem späteren Dichter verliebte sich Hypnos, der geflügelte Gott des Schlafes, in Endymion. Hypnos schenkte dem Jüngling die Fähigkeit, mit offenen Augen zu schlafen.) (49)

エンデュミオンは、「眠る人（homo dormiens）」である。エンデュミオンの魂は、眠りの中で飛翔する。翼《つばさ》を持つ神から贈られた眠りがもたらす、必然の結果である。エンデュミオンは、美の観想者である。あたかも、同じ一つの衣《ころも》に包まれているかのように、エンデュミオンの魂と美の女神は、眠りの内部で、合一する。

「エンデュミオン」という主題には、ロマン主義精神を鼓舞する何かがある。クレイン（Walter Crane）は、『ディアナとエンデュミオン（*Diana and Endymion*）』と題する絵画の中に、「眠る人」を描いた。青い衣に半身を包み、小さな、青い花が点在する草地に、目を閉じて横たわるエンデュミオン。傍《かたわ》らに立って、その姿にじっと見入る、白い衣のディアナ。ディアナは、ローマ神話の月の女神である。女神は、大きな弓を携《たずさ》えて、二頭の、白い猟犬を引き連れている。余り遠くない丘の斜面に、純白の羊が三頭見える。静謐《せいひつ》そのものの、この光景を目の当《ま》たりにしたのは、二〇〇八年五月のある日、「英国ロマン派展（“The Victorian Imagination”）」を観るために、静岡県立美術館を訪れた時のことである。

エンデュミオンは、森の中で、「まどろむような静けさ（heavy peacefulness）」[50]に包まれて、「偉大なるパン（great Pan）」[51]に祈る。因《ちな》みに、二三五行目の“heavy”は、drowsy と同義である。

全智に至る
神秘なる扉を開く、畏怖《おそ》るべき者よ！
……
　常に、孤独の思索が宿るべき、
想像を絶する所であれかし。思索は、

想念を、正《まさ》しく、天の境界《はて》まで至らしめ、
然《しか》して、頭脳《あたま》を空《から》にするべし。常に、感化を与える酵素であれかし。
そは、鈍重《にぶ》き、土塊《つちくれ》の地面の中に広がりて、
霊妙なる特質《さが》を与え、新生をもたらす。
常に、広大無辺の象徴《しるし》となれかし。
大海に映されたる天空となれかし。
天と地の間の空間を満たす要素《もと》となれかし。
不可知の者となれかし。

(Dread opener of the mysterious doors
Leading to universal knowledge,

…

Be still the unimaginable lodge
For solitary thinkings; such as dodge
Conception to the very bourne of heaven,
Then leave the naked brain: be still the leaven,
That spreading in this dull and clodded earth
Gives it a touch ethereal—a new birth:
Be still a symbol of immensity;
A firmament reflected in a sea;

An element filling the space between;
An unknown—)(52)

パンは、半神半獣の牧神で、森林、牧畜、狩猟を司《つかさど》る。しかし、その名前の故に、「全智（universal knowledge)」と結び付けられた。


ペロポネソス半島の住民達、取り分け、アルカディア地方の住民達の、大きな男根の神、即ち、パンという名の、山羊《やぎ》の角と、山羊《やぎ》の脚を持った神も、ヘルメスの息子達の一人と見なされた。

……

すべては、ギリシア語でパーンと呼ばれる。そして、この神の名は、発音が同じである、という以外には、何の関係もないが、後《のち》に、宇宙と同一視された。

（Zu den Söhnen des Hermes wurde auch der große phallische Gott der Bewohner des Peloponnesos und besonders Arkadiens gerechnet, ein Gott mit Bockshörnern und Bocksbeinen, namens Pan.

…

Das All heißt in unserer Sprache *pan,* und obwohl der Name des Gottes — außer dem gleichen Klang — nichts damit zu tun hat, wurde er später doch mit dem Weltall gleichgesetzt.)(53)

エンデュミオンは、宇宙であるパンに、神秘の開示を乞《こ》い求める。

エンデュミオンが、理想とする美は、真、善、美（the Good, the True, the Beautiful）が一体化した美である。

我、思うに、
真実《まこと》こそ、最初に生まれし歌の、最上の楽《がく》の音《ね》なり。
（　I deem
Truth the best music in a first-born song.）(54)

美は、実在である。それ故、人は、美を通して、不死に至る。

おお、何と狂おしくも、調和のとれた諧調《しらべ》を、
我が霊は、すべての麗《うるわ》しき物から、打ち出《いだ》して、生ぜしめたるかな！
我、光輝く実在に寄り縋《すが》ること能《あた》わば、
我が身を宥《なだ》め静めて、不死に至らしむべし。
(O what a wild and harmonized tune
My spirit struck from all the beautiful!
On some bright essence could I lean, and lull
Myself to immortality:)(55)

魔法の杖《つえ》が、岩を打てば、水が流れ出るように、魂が、肉体から抜け出して、「麗《うるわ》しき物」にぶつかれば、調和的な楽《がく》の音《ね》が響き渡る。詩的エクスタシーは、魂の飛翔《ひしょう》である。飛翔《ひしょう》の原動力は、「神の熱狂（furor divinus）」である。これについては、審美的想像力論において、詳述した。魂と美が出会って発せられる和音が、「狂おしい（wild）」の

は、この故である。

美は、真である。更に、美は、善である。最高の美は、同胞に対する、没我的な愛である。

されど、
更に豊かなる関《かか》わり合いあり。そは、はるかに、没我的な
拘束《とらわれ》にして、徐徐に、
最高の強さに至る。

（　But there are
Richer entanglements, enthralments far
More self-destroying, leading, by degrees,
To the chief intensity:) (56)

没我的な愛は、行為による愛である。行為による愛の源は、「古《いにしえ》の歌人《うたびと》達を、力ある行為《わざ》へと駆り立てた拍車（the spur / Of the old bards to mighty deeds)」(57)である。行為による愛を命ずるのは、永遠の掟《おきて》である。

永遠の掟《おきて》とは、斯《か》くの如し。即ち、
美において最高なるものは、力において最高なるべし。

（　for 'tis the eternal law
That first in beauty should be first in might:) (58)

永遠の掟《おきて》を告げるのは、霊の声である。その声に耳を傾けない者は、不滅に到達し得ない。

　　霊の声の導きに
従うことを恐れる者は、
不滅の冠《かんむり》を授けらるることなし。
（　He ne'er is crown'd
With immortality, who fears to follow
Where airy voices lead:)[59]

キーツは、美の探求者が、美的世界に逃避し、美的世界に耽溺《たんでき》することを許さない。キーツは、現実を直視する。この世は、苦の世界（the world of agony）である。

この世は、悲惨と、断腸の思いと、苦痛と、病《やまい》と、そして、暴虐《ぼうぎゃく》に満ち溢《あふ》れている。（the World is full of Mysery and Heartbreak, Pain, Sickness and oppression—）[60]

キーツは、美的な喜びの何たるかを熟知している。そして、それを表現する才能に恵まれている。ホプキンズ（Gerard Manley Hopkins）は、キーツの才能を高く買って、パトモー（Coventry Kersey Dighton Patmore）に宛《あ》てた書簡の中で、こう述べた。

キーツは、若かった。キーツの才能は、質において、強烈であった。美に対する感受性、完璧《かんぺき》に対する感受性は、強烈であった。キーツが、頌詩において辿《たど》った道は、正しかった。キーツは、終《つい》には、自身の精神の真の働きに適した方向に進むであろう。(He was young; his genius intense in its quality; his feeling for beauty, for perfection, intense; he had found his way right in his Odes; he would find his way right at last to the true functions of his mind.)(61)

詩人に買われる詩人には、特有のきらめきがある。すでに、宗教的想像力論において、言及した通り、ヴォーン(Henry Vaughan)には、ブランデン(Edmund Charles Blunden)、フィッツジェラルド(Edward FitzGerald)、そして、サスーン(Siegfried Lorraine Sassoon)が、それぞれの方法で篤《あつ》い賛辞を呈した。詩人の心を揺り動かす詩人の作品には、卓越した美と力が漲っている。

しかし、キーツは、美の世界に安住しなかった。キーツは、美を享受し、美を表現すること以上に、気高い生を求めた。

然《しか》るに、我は、これらの歓楽《よろこび》と訣別《けつべつ》し得るや?
然《しか》り。我は、これらの歓楽《よろこび》を越えて、より気高き生を採《と》らねばならぬ。
そこには、人の心の苦悶《くるしみ》、足掻《あが》きが
あればなり。

(And can I ever bid these joys farewell?
Yes, I must pass them for a nobler life,

Where I may find the agonies, the strife
Of human hearts —)(62)

この世は、苦しみである。その苦しみを、身を以て体験し、身を以て知る者のみが、他者の苦しみを、我が苦しみとすることが出来る。

病気にならない限り、病気のことは、分かりません。結局のところ、バイロンが言う如く、「認識は、悲しみである」。僕は、更に、申します。「悲しみは、叡知《えいち》である」と。(Until we are sick, we understand not;—in fine, as Byron says, "Knowledge is Sorrow", and I go on to say that "Sorrow is Wisdom"—)(63)

真《まこと》の詩人たらんとする者は、悲しみを知る者でなければならぬ。

真《まこと》、詩人は、万人に対して、
賢き人、博愛の人、癒《いや》す人なり。
(　sure a poet is a sage,
A humanist, physician to all men.)(64)

人は、皆、「神秘の重荷(the burden of the Mystery)」(65)を背負って生きる。物事は、何故こうであるのか。物事の起こり方は、しばしば、不可解である。物事の成り行きは、不合理で、脈絡がない。しかし、詩人は、不可解を甘受し、不条理に耐える。不安や疑惑の最中《さなか》にあって、向きになって、理由を探ろうとせず、不可知の前に額《ぬか》づくこと。これが、「消極的能力（*Negative Capability*）」[66]である。そして、これが、詩人を、正真正銘の詩人たらしめる。

この世は、楽園ではない。この世は、「来《きた》るべき実在の影（a shadow of reality to come）」[67]である。実在は、想像を絶する。実在は、「我我の思考をもぎ取る（tease us out of thought）」。[68]実在の影は、実在のほのめかし（insinuation）、実在の予表（prefiguration）である。この世の事象に目を凝らし、深く思いを巡らすなら、人は、彼方《かなた》の世界を類推し、予知することが出来る。自分自身の内面を見詰め、自分自身が、何を喜びとし、何を希求《もと》めているかを突き止めるなら、人は、次の世における自分自身の真の姿を予見することが出来る。

我我は、この世において、幸福と呼んでいたものが、次の世においては、もっと、洗練された形で、繰り返されるのを、楽しむであろう。(we shall enjoy ourselves here after by having what we called happiness on Earth repeated in a finer tone and so repeated.)[69]

キーツは、この世において、歌う鳥であった。この世における歌の受肉は、次の世においては、歌の霊となって、「永遠《とこしえ》の詩歌《うた》（eternal poetry）」[70]を歌い続けるであろう。

第七章

歌人《うたびと》の中の歌人《うたびと》

歌人《うたびと》の中の歌人《うたびと》

ラルゴ⑴は、もと野良犬《のらいぬ》で、顔は、不細工《ぶさいく》、体は、ひょろりとして、不格好《ぶかっこう》、その上、ぐうたらで、大食らいときている。おまけに、どうした訳か、おかしな盗癖がある。

ある時、マンションの建設工事場で、関係者らしい人が、傍《かたわ》らの板塀に、こうもりを立て掛けて、書類に目を通していた。そこへ、ラルゴが、いきなり飛び込んで来て、こうもりをくわえて逃げ出した。その人が、慌《あわ》てて追い掛けた途端《とたん》、鉄製の建築資材が、凄《すさ》まじい音を立てて、落下した。その人は、犬を追い掛けていなければ、間違いなく、資材の下敷きになっていたであろう。こうもりをくわえたまま、道路に飛び出したラルゴは、トラックに撥《は》ねられて、瀕死《ひんし》の重傷を負ったが、ブラック・ジャックの手術によって、一命を取り留めた。そして、ブラック・ジャックの所に、そのまま、居着いてしまい、ラルゴという名前をもらった。

又、ある時は、犬の品評会の会場で、ラルゴは、審査員の一人の首飾りをひったくって、逃げ出した。皆が、驚いて、一斉《いっせい》に、ラルゴを追い掛けた。その刹那《せつな》、審査員席のテントが、グラリと倒れて、ペシャンコに潰《つぶ》れてしまった。ラルゴを追い掛けていなければ、審査員達のある者は、重傷を負い、又、ある者は、運悪く、命を落としていたであろう。

又、ある時は、ブラック・ジャックの所へ、高価な宝石が、手術の礼として、届けられた。机の上の宝石を、ラルゴは、ブラック・ジャックの目の前から、いきなりくわえて、外へ走り出た。さすがのブラック・ジャックも、腹を立て、ラルゴを捕《つか》まえて、一喝《いっかつ》した。これを、元の所に戻してこい、と。ラルゴは、すごすごと、家の中に入って行ったが、その途端《とたん》、何と、大地震が起こって、家は、ガラガラと、崩れて壊滅した。ラルゴは、無論、瓦礫《がれき》の下である。

犬には、犬の思いがあり、犬の言葉もある。何よりも、動物には、危険を予知する能力がある。ところが、人間には、それが分かっていない。ラルゴの盗癖は、愚鈍な人間の命を救うための方便《ほうべん》であったのだ。犬の心人知らずとは、このことである。半身が瓦礫《がれき》の下に埋《うず》もれた、ラルゴの死骸《しがい》の傍《かたわ》らに、悄然《しょうぜん》と立ち尽くして、ブラック・ジャックは、初めて、そう悟った。

作者は、余程《よほど》、動物好きだったのであろう。『ブラック・ジャック』のシリーズには、沢山の動物達が、登場する。

「シャチの詩（Friendship with a Killer Whale）」(2)は、人懐《ひとなつ》っこくて、義理堅い、暴れん坊のシャチの物語である。

「鳥たちと野郎ども（Birds to the Rescue）」(3)には、少年の命を助けるために、自ら囮《おとり》の役を買って出る、鳥達の群れが、描かれる。

「ネコと庄造と（Feline Family）」(4)は、脳血腫のために、頭が狂ってしまった庄造と、家事の手伝いをしながら、共同生活を送る、ネコの親子の話である。「カタンキィ、カタンキィ」と、手押し車を押しながら、買い物に行き、品物を載せて、家に帰って来るネコ。その健気《けなげ》な様子を知って、庄造の主治医は、しみじみ、述懐《じゅつかい》した。「ようやる」、「ネコも庄造さんの愛情がわかるんでしょうなあ」と。ネコの親子は、宿無《やどな》しであったが、庄造に、亡くなった妻子と間違われ、そのまま、家族として、住み着いた。ブラック・ジャックの、神業《かみわざ》のような手術によって、病気が直った後も、庄造は、ネコと暮らしを共にした。

「戦場ガ原のゴリベエ（The Milk Monkey）」(5)は、死んだ母ゴリラに代って、子育てをするために、牛乳ばかり狙《ねら》って、人間から奪い取る、父ゴリラの話である。

「一ぴきだけの丘（Home to the Hills）」(6)は、クマのタローの話である。ある時、ブラック・ジャックは、岩の割れ目に転落し、全身をしたたかに打って、身動きも出来なかった。子グマの頃、人間に可愛《かわい》がられていたタローは、ブラック・ジャックの匂《にお》いを、ちゃんと、覚えていて、森の中から姿を現して、体を引き摺《ず》って、医院の玄関先まで、運んでくれた。

「海のストレンジャー（Dolphin Saviour）」(7)は、羅針盤が壊れた船を、港へ導くために、せっかく、ブラック・ジャックに助けてもらった命を犠牲にしてしまうイルカの話である。大きなシーツの包帯《ほうたい》を、体に巻き付けたまま、ぐんぐん、水面《みなも》を進んで行く姿は、壮絶そのものである。港に着いた時、イルカは、もはや、動かなかった。

「ポケットモンキー（Pocket Monkey）」(8)は、賢く、忠実なポケットモンキーの話である。この小さな生き物は、飼い主が、車に車に轢《ひ》かれた現場を、刑事達に教え、犯人が逮捕された後《あと》も、じっと、そこを動かず、何ケ月も経《た》ってから、とうとう、痩《や》せ衰えて、死んでしまった。

人間と、動物の関係は、常に、友好的で、親密であるとは、限らない。時に、敵対的、破壊的である。作者は、無論、そのことに盲目ではない。「ディンゴ（Dingoes）」(9)、「クマ（The Bear）」(10)、「ナダレ（Super Deer）」(11)のような作品に、示されている通りである。

動物は、実に、賢い。人間が思う以上に、何でも、良く分かっている。動物の生き様《ざま》は、ひたむきで、時に、壮絶である。動物は、人間の心を読むことを知っている。そして、人間の心に感ずることも知っている。それぞれの物語の、最後の場面に描かれる、動物達の後ろ姿を眺めていると、抱き締めてやりたいような衝動に駆られながら、動物達をいとおしんでいる作者の心情が、痛い程《ほど》伝わって来る。

『鳥獣戯画』中巻の中に、猿僧正の法会《ほうえ》を描いた図がある。盛装した猿の導師《どうし》が、厳《おごそ》かに、読経の声を挙げ、壇上では、蛙《かえる》が、蓮の葉の台座に坐《すわ》り、芭蕉《ばしょう》の葉を光背にして、御本尊に成り済ましている。

人間が、動物に擬せられることによって、人間の行為や営みの、見せ掛けの被いが引き剝がされて、隠れていた内実が、露呈《ろてい》される。仏道を極めた高僧が、有難い御経を挙げているように見えたものは、その実、猿が、蛙《かえる》に向かって、わめいているに過ぎない。神妙で、真面目《まじめ》な状況が、哄笑《こうしょう》を誘う、滑稽《こっけい》な場面に変質される。戯画化された動物は、人間の内なる真実を映し出す鏡である。諧謔《かいぎゃく》精神がもたらした、これが人間の掛け値なしの正体さ、という現実認識が、戯画という形式によって、表現される。この絵巻は、遊びと諧謔《かいぎゃく》の産物である。

かつて、猿、兎《うさぎ》、蛙《かえる》は、神の使いであると見なされていたが、絵巻の中で、これらの動物達は、神聖なるもの、という意味を賦与されてはいない。甲巻に、猿や兎《うさぎ》が、渓流《けいりゅう》で、水遊びに興じている図がある。人人は、身近《みぢか》に見慣れた動物達の姿態や習性を熟知していた。動物達の生き生きとした、楽しげな様子を見ていると、嬉嬉《きき》として、はしゃぎ回る人間の子供達の歓声が聴こえてくるような気がする。子供の遊びが、動物の遊びに準《なぞら》えられることによって、遊びの本質が、より鮮やかに、明るみに引き出される。それは、屈託《くったく》のない喜びである。

『鳥獣戯画』は、鳥羽《とば》僧正《そうじょう》覚猷《かくゆう》筆であると伝えられる。どの作品も、素早い略筆による白描画、即ち、彩色や陰影表現を伴わない、墨の線描画である。軽妙な筆致が、動物達の軽《かろ》やかな身のこなしや、猿や蛙《かえる》の目玉の剽軽《ひょうきん》な動きを、見事に写している。この愉快で楽しい絵巻は、動物に対する鋭い観察眼と、鍛《きた》えられた筆の力の産物である。作品の背後には、透徹した人間観察のまなざしと、それに基づく、正確な現実認識と、その上で、世の中を面白がって、自在に筆を揮《ふる》っている、心と技量《わざ》の余裕がある。

動物は、人間の親切に感ずる心を持つ。人間から大切に扱われ、命を助けられた動物が、恩返しをする話は、昔話や説話の中に、数多く見られる。

怪我《けが》をした鶴《つる》(12)が、お爺さんに助けられた。鶴《つる》は、美しい娘に姿を変えて、お爺さんの家を訪れ、一室に籠《こも》って、見事な織物を織り上げた。我と我が身の羽を引き抜いて、織物に仕上げたのである。羽は、鳥の命である。鶴《つる》は、命と引き替えに、恩返しをした。

鶴《つる》よりも、ずっと小さな鳥でさえ、恩に感ずる心は、劣らず大きい。

子供に石を投げつけられて、動けなくなっていた雀《すずめ》(13)を、老婆が拾い上げ、手厚く介抱して、養ってやった。幾月も経《た》って、雀《すずめ》は、「だんだん跳び歩く（やうやう躍《をど》り歩《あり》く）」(14)ようになった。

雀《すずめ》心にも、このように養生してもらったことが、大層うれしかった（雀《すずめ》の心にも、かく養ひ生《い》けたるをいみじくうれしと思ひけり）。(15)

そのうち、雀《すずめ》は、飛べるようになって、老婆の許《もと》から去ってしまったが、二十日ばかりして、又、やって来て、「露ほどの小粒のもの（露ばかりの物）」(16)を落として行った。その小さな瓢《ひさご》の種《たね》を植えると、大きな実《み》が生《な》って、「取っても取っても取り切れないほどだった（取れども取れども尽きもせず多かり）」。(17)そのうちのいくつかを瓢簞《ひょうたん》にして、家の中に吊《つ》るしておいた。何ケ月かして、口を開けてみると、中には、びっしり、白米が入っていた。食べても、食べても、瓢簞《ひょうたん》は、いつも、一杯だった。

事程左様《ことほどさよう》に、雀《すずめ》の喜びは、大きかった。老婆の無私の親切には、いくら御礼《おれい》をしても、し切れない、という思いが、汲《く》めど尽きせぬ米となって顕《あらわ》れた。小さな生き物の、無限の喜び。無限の感謝。

一寸の虫にも、五分の魂がある。昔の人人は、虫は、人間の生まれ変わりである、と考えた。人間と虫は、心を通わせ、言葉を交わす間柄《あいだがら》だった。

昔、余吾大夫《よごのたいふ》(18)という兵《つわもの》が、戦《いくさ》に負けて、落ち延びる余中、蜘蛛《くも》の網に引っ掛かっていた蜂(19)を助けてやった。蜂の大群が加勢《かせい》してくれた御陰《おかげ》で、追手《おって》の敵軍を討《う》ち負かし、大夫《たいふ》は、無事に、故郷に帰った。大夫《たいふ》は、戦《いくさ》の中で犠牲になった蜂を手厚く埋葬し、堂を建てて、毎年、命日を守った。

海の生き物も、恩返しを知る。

浦島太郎を、龍宮界《りゅうごんかい》の乙姫さまのところへ導いた亀(20)、恩人を忘れず、船出の時に、見送りに来てくれた、三匹の大亀(21)、「黒き衣きたる人」に姿を変えて、恩人の親元に、大金を届けた亀(22)、等等の例がある。

「恩は、仇《あだ》で返すものだ」と、うそぶく動物もある。

昔、ある農夫が、道を歩いていると、寒さのために、凍《こご》え切った蛇にでくわした。農夫は、地面から、蛇を拾い上げ、背負い袋の中に入れた。蛇は、袋の中で、体が暖まり、元気になった途端《とたん》、農夫に言い放った。

――さあ、お前を食ってやるぞ。

男は、蛇に言った。こんなに親切にしてやったのに、その後《あと》で、よくも、食ってやる、なんぞと言えたものだ、と。

ところが、蛇は、男に言った。

――構うものか。恩は、仇《あだ》で返すものだ。

(Un campesino caminaba una vez por una carretera y se encontró con una culebra casi helada de frío. La levantó del suelo y se la metió en la alforja. Allí se calentó la culebra y luego que se animó le dijo al campesino:

—Ahora te voy a comer.

El hombre le dijo a la culebra que cómo era posible que después que él le había hecho tant bien se lo quisiera comer. Pero la culebra le dijo:

—No importa. Un bien con un mal se paga.)[23]

弱って、動けなくなっていた蛇が、助けてもらった途端《とたん》、鎌首《かまくび》をもたげて、威嚇《いかく》する。これは、蛇の性《さが》の描写であると同時に、人間の性《さが》の隠喩《いんゆ》でもある。仇《あだ》を返す蛇は、農村において、頻繁《ひんぱん》に目撃されるであろうが、仇《あだ》を返す人は、都市にも、農村にも、等しく、遍在する。

蛇は、キリスト教的な観点に立てば、悪魔の化身であるが、ギリシア文化は、蛇を崇敬する。蛇は、神の化身である。

ギリシア・ローマ神話には、病を引き起こす神がある一方で、病を癒す神がある。アポロの息子、アスクレピオス（*Asklēpiós*）、ラテン名アエスクラピウス（Aesculapius）は、医術の神である。

その昔、死をもたらす疫病が、ラティウムの大気を汚し、人々の屍《しかばね》が、恐るべき病のために、衰え切って、血の気も失せて、横たわっていた。(In olden time a deadly pestilence had corrupted Latium's air , and men's bodies lay wasting and pale with a ghastly disease.)[24]

病の惨状を目の当《まあ》たりにして、為す術《すべ》もない長老達は、アポロに懇願する。その祈りに応《こた》えて、アポロは、医術の神を遣《つか》わした。医術の神は、大蛇の姿を取って、神殿に、現れる。

長老達の言葉が、終わるか、終わらぬうちに、神は、黄金の、高い鶏冠《とさか》をつけた、蛇の姿を取って、しゅっ、しゅっ、と警告の音を発しながら、自らの来臨を告げつつ、現れた。それと同時に、彫像も、祭壇も、扉も、大理石の敷石も、屋根も、大揺れに、揺れ動いた。(Scarce had they [i.e. the elders] ceased to speak when the golden god, in the form of a serpent with high crest, uttered hissing warnings of his presence, and at his coming the statue, altars, doors, the marble pavement and gilded roof, all rocked.)(25)

この神の力によって、ラティウムは、大難から救われる。

ギリシアには、恩返しをする蛇がいる。以下は、アルカディア（Arcadia）のトアース（Thoās）という少年について、伝えられる話である。

トアース少年は、蛇を飼って、大層可愛《かわい》がっていたが、両親は、蛇の性質と図体《ずうたい》に恐れをなして、人気《ひとけ》のない、寂《さび》しい荒れ野に、蛇を放してしまった。その荒れ野で、トアースが、待ち伏せしていた追剝《おいはぎ》に取り囲まれた時、蛇は、トアースの声を聞き分けて、救《たす》けに来てくれた。(nutrierat eum puer dilectum admodum, parensque serpentis naturam et magnitudinem metuens in solitudines tulerat, in quibus circumvento latronum insidiis agnitoque voce subvenit.)(26)

この話を伝えるプリニウス（Gaius Plinius Secundus）の関心は、「野獣の性質（ferarum naturae）」(27)であるよりは、むしろ、特異な経験をした者の「運命の偉大さ（magnitudini fatorum）」(28)の方に向けられている。プリニウスに従えば、ローマの建設者、ロムルス（Romulus）とレムス（Remus）が、狼《おおかみ》に育てられたのは、狼《おおかみ》の性質の故であるよりは、二人の人間の「運命の偉大さ」の故である。

人間の子供が、野生の生き物に育てられる話は、ギリシア神話にも、いくつか伝えられる。ヘラクレス（Hērāklēs）の息子のテレポス（Telephos）は、牝鹿《めじか》に養われた。「赤子のテレポスを見つけるヘラクレス（"Herakles discovering the infant Telephos"）」と題された、大きなフレスコ画の中に、片方の後足《あとあし》を挙げている牝鹿《め》の乳に、下方から吸い付いている人間の赤子と、それを見詰めるヘラクレスが、描かれている。この作品の前に立ったのは、二〇一六年九月のある日、「ポンペイの壁画展（"Roman Wall Painting in Pompeii"）」を観るために、名古屋市博物館を訪れた時のことである。ぐいと首を回して、赤子の脚を舐《な》めている鹿の表情は、優しく、穏やかで、母性の充足が、ありありと滲《にじ》み出ている。人間であれ、野性の動物であれ、赤子に乳を含ませている母親の顔には、共通して、母性の至福が宿る。

ポセイドン（Poseidon）の息子、ペリアス（Pelias）は、牝《め》馬に、プリアモス（Priamos）の息子、アレクサンドロス〔パリス〕（Alexandros〔Paris〕）は、牝《め》熊に、テュエステス（Thyestes）の息子、アイギストス（Aigisthos）は、牝《め》山羊に養われた。

『ジャングル・ブック』(29)の主人公は、狼《おおかみ》に育てられた。

「ようやく歩き始めたばかりの、茶色の、裸《はだか》の赤ん坊（a naked brown baby who could just walk）」(30)が、ジャ

ングルに、捨てられていた。お父さん狼《おおかみ》（Father Wolf）が、見付けて、洞穴に連れ帰った。お母さん狼《おおかみ》は、「いいわ、ここにお入れなさい（Bring it here）」(31)と言った。お父さん狼《おおかみ》が、「群れの連中に、この子のお披露目《ひろめ》をしてしてやらねばならん。それでも、お前は、この子をここに置いてやる気か？（The cub must be shown to the pack. Wilt thou still keep him, Mother?）」(32)と言った時、お母さん狼《おおかみ》は、ためらわず、こう答えた。「置いてやるかですって？勿論《もちろん》ですとも。蛙《かえる》ちゃん、じっとしておいで。さあ、マウグリ――私は、お前のことを、蛙《かえる》のマウグリって呼ぶことにするわ（Keep him? Assuredly I will keep him. Lie still, little frog. O thou Mowgli—for Mowgli the Frog I will call thee—）」。(33)

マウグリが、狼の群れに受け入れられるためには、両親の他《ほか》に、二頭の動物の後押《あとお》しが必要だった。先ず、「狼の子供達に、ジャングルの掟《おきて》を教える、眠たがりの、茶色の熊、バルー（Baloo, the sleepy brown bear who teaches the wolf cubs the law of the Jungle）」(34)が、後見《こうけん》役を買って出た。「このおれが、この人間の子を推薦《すいせん》しよう（*I* speak for the man's cub）」(35)と。そして、「黒豹《ひょう》のバギーラ（Bagheera the Black Panther）」(36)が、「殺したばかりの雄牛《おうし》で、しかも、肥《こ》えた奴を一頭（one bull, and a fat one, newly killed）」(37)差し出して、子供の命を、飢えた狼達から救った。

狼の家族と、二頭の後見人に見守られ、マウグリは、「もはや、人間の子供ではない、一人前の人間（a man, and a man's cub no longer）」(38)に成長した。そして、マウグリは、たった一人、丘を下って行った。人間に会うためである。

天竺《てんじく》には、人の命を助けた鹿《しか》の話(39)が伝えられる。

昔、「体の色が五色で、角の白い鹿（身の色は五色にて、角《つの》の色は白き鹿）」(40)が、「山奥（深山《みやま》）」に住んでいた。

山の辺《ほとり》に、大きな川があり、ある時、一人の男が、溺《おぼ》れかけた。男は、「誰か助けてくれ（我を人助けよ）」(41)と叫んだ。鹿は、その声を聞いて、「かわいそうでいたたまれず、川を泳いで近寄って、この男を助けてやった（悲しみに堪へずして、川を泳ぎ寄りて、この男を助けてけり）」。(42)

五色の鹿は、憐《あわ》れを知る鹿である。鹿は、「この山に自分がいるということを決して人に話さないで下さい（この山に我ありといふ事をゆめゆめ人に語るべからず）」(43)と、何度も念を押し、男も、「決して口外はいたしません（さらにもらす事あるまじ）」、と誓った。

しばらくして、国の后《きさき》が、体が五色で、角が白い鹿の夢を見た。そして、大王に、「大王様、きっと探し捕えてそれを私にください（大王必ず尋ね取りて、吾《われ》に与へ給へ）」(44)と申し上げた。そこで、大王は、「もし五色の鹿を探して差し出した者には、金銀、珠玉などの宝、ならびに一国をも取らせよう（もし五色のかせぎ尋ねて奉らん者には、金銀、珠玉等の宝、ならびに一国等を賜《た》ぶべし）」(45)というお触れを出した。件《くだん》の男が、「居場所を知っています（あり所を知れり）」(46)と申し出て、大王と狩人《かりゅうど》を深山《みやま》に案内した。鹿の唯一《ゆいいつ》の友である烏《からす》が、寝ていた鹿の耳を引っ張って、危急《ききゅう》を知らせた。烏《からす》は、「もはや逃げ出すすべもない（今は逃ぐべき方《かた》なし）」(47)と言って、泣く泣く、飛んで行ってしまった。

鹿は、驚いて、大王の御輿《みこし》の側《そば》へ歩み寄り、ひざまずいて尋ねた。「大王は、どうして私の居場所をお知りになりましたか（大王、いかにして我が住む所をば知り給へるぞや）」(48)と。事の次第を知った鹿は、御輿《みこし》の傍《かたわ》らにいた件《くだん》の男に言った。「どうだおまえ、水におぼれて死にそうになっていた時、私が命をかえりみず、泳ぎ寄って助けた時、あれほど大喜びをしたことを覚えてはいないのか（いかに汝《なんぢ》、水に溺《おぼ》れて死なんとせし時、我《わ》が命をかへりみず、泳ぎ寄りて助けし時、汝限りなく悦《よろこ》びし事は覚えずや）」(49)と。鹿は、「深く恨みに思う様子で涙を流して泣いた（深く恨みたる気色《けしき》にて涙をたれて泣く）」(50)。大王は、鹿の涙に感じて、自らも、涙を流して言った。「おまえは畜生だが、慈悲の心をもって、人を助けた。この男は欲にとらわれて恩を忘れた。まさに畜生というべきである。恩を知ってこそ人間なのだ（汝は畜生《ちくしょう》なれども、慈悲《じひ》をもて人を助く。かの男は欲にふけりて恩を忘れたり。畜生といふべし。恩を知るをもて人倫《じんりん》とす）」(51)と。大王は、鹿の目の前で、裏切り者の首を斬《き》らせ、「今から後、国の中で鹿を狩ってはならぬ（今より後、国の中にかせぎを狩る事なかれ）」(52)という「命令（宣旨《せんじ》）」(53)を下した。

生きとし生けるものは、皆、心を持つ。心有るものは、他者と「情を共にすること（compassion）」を知る。「情を共にする（*compati*）」とは、「共に苦しむ（to suffer with）」ことを意味する。溺れかけた人の叫びを聞いて、鹿は、「かわいそうでいたたまれず（悲しみに堪へずして）」(54)、泳ぎ寄って助けた。それなのに、裏切られた鹿の嘆きは、喩《たと》えようもない。大王は、その涙に感じて、自らも、落涙《らくるい》した。大王は、慈悲の人である。

「哀れみ（pity）」の語源を辿《たど》れば、次の通りである。

〔[ME *pite*, pity □ OF (*pitié*) < L. *pietātem*, piety ← *pius* pious〕

「哀れみ」とは、「神の御心《みこころ》に適《かな》う（pius）」心である。力ではなく、慈悲によって治められる国は、栄える。「その後は、天下は安泰、国土も豊かであり続けたという（その後より天下安全に、国土ゆたかなりけりとぞ）」(55)。

ローレンツ（Konrad Lorenz）の動物行動学（ethology）は、楽園回帰の一形体である。生家の広大な家敷には、野生の生き物達が、自由に、出入《ではい》りしていた。幼い頃から、ローレンツは、動物達と親しく交わった。こんなにも美しく、こんなにも賢く、こんなにも素晴らしい動物達は、驚きと喜びの、尽きせぬ源であった。ローレンツは、鎖《くさり》につながれていない動物、檻《おり》に入れられていない動物、正真正銘《しょうしんしょうめい》の、「自由に暮らしている動物（das freilebende Tier）」(56)の、声や、姿形《すがたかたち》や、振舞いや、習性を、間近《まぢか》に、具《つぶさ》に、観察し、動物の心を、聴《さと》く、正確に、察知した。幼い頃は、子供特有の直観によって、長じて後《のち》は、専門の研究者としての深い洞察力によって、ローレンツは、動物の心を理解した。「直観（intuition）」とは、動詞 *tuērī* to look at, watch から派生して、内側を観ることを意味し、「洞察力（insight）」も、内面を見抜く力を意味する。

"Ethology"は、ラテン語の *ēthologia*、ギリシア語の *ēthologia* に由来して、「性質を叙述すること（depicting of character）」を意味する。「動物行動学」という訳語は、必ずしも、正確ではない。動物の行動そのものが、この学問の研究対象ではないからである。外側に現れた行動を手掛かりにして、動物の内なる心を推し測り、動物が、何を考え、どう感じているかを解き明かすことが、この学問の本来の仕事である。ギリシア語の *ēthos* は、性質（character）、習慣（custom）を意味する。"Ethology"は、読んで字の如し、「性質学」である。

この学問の素晴らしさは、その双方向性に在る。研究者としての人間が、研究対象としての動物の機能や形態を、分析的に探求するのではない。そうではなくて、人が人を知る如くにして、人が動物を理解する。動物は、実に賢い。人が動物を知るのと同程度か、或《ある》いは、それ以上に正確に、人間の内なる心を察知する。人と動物の交わりは、心と心の交わりである。

ローレンツ家の広大な屋敷の一郭《いっかく》に、根城《ねじろ》を構《かま》え、住み着いてしまった動物達もある。

自由に暮らしている動物が、立ち去ろうと思えば、立ち去ることが出来るのに、そうせずに、しかも、私に懐《なつ》いて、立ち去らないでいるとは、名伏し難い魅力である。（das freilebende Tier, das fort *könnte* und doch dableibt, und zwar aus Anhänglichkeit zu mir dableibt, einen unnennbaren Reiz.）(57)

野性の生き物が懐《なつ》いてくれるとは、「名伏し難い（unnennbaren）」堪《こた》えられない喜びである。これぞ、正《まさ》しく、楽園の喜びである。「動物達と親しく交わること（amitié avec les animaux）」(58)は、楽園の条件の一つであるのだから。

例えば、私には、分かっている。今、散歩から帰れば、家には、鵞鳥《がちょう》達が、ヴェランダの前の階段の上にいて、首を長く伸ばして、私を歓迎してくれるであろう、と。鵞鳥《がちょう》が、首を伸ばすのは、犬が、尻尾《しっぽ》を振るのと、同じ意味である。(Ich weiß zum Beispiel: Wenn ich jetzt von meinem Gange nach Hause komme, werden die Gänse auf der Treppe vor der Veranda stehen und mich mit lang vorgestreckten Hälsen begrüßen, was bei Gänsen dasselbe bedeutet wie beim Hund das Schwanzwedeln.)(59)

喜び迎える鵞鳥《がちょう》達の心と、歓迎を喜ぶローレンツの心が、相《あい》和して、協和音を奏でる。野生の心と人間の心が、愛情と信頼によって結ばれる。あたかも、「楽園からの追放が、幾分《いくぶん》なりとも、取り消されるかのように（als sei ein kleiner Teil der Vertreibung aus dem Paradiese rückgängig gemacht worden）」(60)。

野生を知り、野生と交わる学問は、「幸いなる学問（Glückliche Wissenschaft）」(61)である。しかし、この至福の学問は、何と、多くを要求する、取り立ての厳しい学問であることか。

至福の学問に従事する者は、先ず、第一に、体が強くなければならない。狼《おおかみ》の戯《たわむ》れを受けて立つためには、頑丈《がんじょう》な体軀《たいく》と、死の恐怖を物ともしない、強い精神力が、要求される。

そこで、私は、巨大な動物の、親し気な、期待に満ちた激突に、全力で、抵抗した。更《さら》に、私は、脇《わき》へ避《よ》けて、人も知る恐ろしい一蹴《け》りを、腹に食らうのを、逃《のが》れようとした。しかし、この予防措置にも拘《かか》わらず、私は、どしんと音立てて、壁に投げつけられた。(So stemmte ich mich denn mit aller Kraft dem zu erwartenden freundlichen Anprall des gewaltigen Tieres entgegen; dabei stellte ich mich seitlich, um dem nur zu wohlbekannten fürchterlichen Tritt in den Bauch zu entgehen. Aber trotz diesen Vorkehrungen wurde ich krachend an die Wand geschleudert.) [62]

至福の学問は、命懸《いのちが》けの学問である。
厳寒の最中《さなか》に、散歩の途中で、犬が溺れたら、ためらわず、零下二十八度 (minus achtundzwanzig Grad) [63] の川に手を差し伸べる勇気が必要である。

私が飼っていた、シェパードのビンゴは、ドーナウ川の凍った川縁《かわべり》を走っていたが、そこから滑り落ちて、川の中に落ちてしまった。……私は、流されている犬から、数メートル先へ走り、体を伏せて、体重を分散させるために、凍った川縁《かわべり》に、腹這《はらば》いになった。犬が、私の手の届くところまで来た時、私は、犬の首筋を摑《つか》んで、ぐいと私の方へ引き寄せ、氷の上に引き上げた。(Mein Schäferhund Bingo war auf dem Randeise des Stromes dahingelaufen, ausgerutscht und in das Wasser gefallen....Ich lief daher dem treibenden Hunde einige Meter stromabwärts voraus, legte mich nieder und kroch bäuchlings, um das Gewicht möglichst zu verteilen, auf das Rahndeis hinaus. Als der Hund in meine Reichweite kam, ergriff ich ihn am Nacken und zog ihn mit einem Ruck zu mir auf das Eis.) [64]

こうして、犬は、助け上げられたが、ローレンツ自身は、頭から、逆様《さかさま》に、川の中に落ちてしまった。そうして、下流に流された。

私は、流れの下の川底に触れ、底を蹴《け》って跳《は》ね上がり、上半身を、氷の川縁《かわべり》に、投げ出した。(Ich spürte Grund unter den Füßen, schnellte mich ab und warf mich mit dem Oberkörper auf das Randeis...)(65)

命を賭《と》して、ビンゴを救ったことは、ローレンツの永遠の誉《ほま》れである。

「幸いなる学問」は、時に、恐るべき悪夢の源になる。

ローレンツは、「動物学研究所に (im zoologischen Institut)」(66)勤務していた時、うわばみを養うために、二十日鼠《はつかねずみ》を殺さなければならなかった。二十日鼠《はつかねずみ》は、繁殖させるのが困難だったので、研究所では、家鼠《いえねずみ》を沢山飼っていた。

そういう訳で、私は、幼い家鼠《いえねずみ》を打ち殺さなければならなかった。ところで、二十日鼠《はつかねずみ》と同じ大きさの幼い家鼠《いえねずみ》は、顔がぽちゃりとして、目が大きく、小さな脚《あし》は、むくむくとして短く、歩き方は、子供っぽく、よちよちしてるので、それ自体、動物の子供や、小さな、人間の幼児の如く、我我の心に訴え、心を動かす。(aber dann hatte ich *junge* Ratten totschlagen müssen. Nun haben aber junge Ratten von der Größe einer Hausmaus, mit ihrem dicken Kopf, den großen Augen, den kurzen dicken Beinchen und ihren kindlich täppischen Bewegungen, all das an sich, was junge Tiere und kleine Menschenkinder für unser Gefühl so ansprechend und rührend macht.)[67]

ローレンツは、繊細な人である。ローレンツは、感受性の強い人である。如何に、仕事のためとはいえ、生きるために生まれて来た、いたいけな、幼い生き物を、我が手であやめた事は、ローレンツの魂を、深く、傷つけた。

少くとも、一週間、私は、夜毎《よごと》、この出来事の夢を見た。……あの愛くるしい、家鼠《いえねずみ》の子供達を殺したことで、私は、ちょっとしたノイローゼすれすれのところまで、精神を冒《おか》された。(Mindestens eine Woche lang, Nacht für Nacht, *träumte* ich von jenem Geschehen: ...ich mir durch die Tötung jener süßen jungen Ratten zugefügt hatte, bis hart an die Grenze einer kleinen Neurose.)[68]

「幸いなる学問」は、優れた知力を要求する。対象を、正確に把握する、鋭い観察眼と、観察の結果得られた事実を、細大漏らさず、有りのままに叙述するペンの力、そして、言葉による記述に添えて挿絵《さしえ》を描く、達者な画才。更《さら》に、そちこちに、詩や散文からの引用を可能とする、文学的素養。集められた事実を、分析し、統合し、体系化する、明《めい》晰《せき》な頭脳。ローレンツは、恵まれた天分を十二分に発揮して、新しい学問分野を樹立し、大成させた。

『聖ヒエロニムスの庵《いおり》』[69]には、人と、犬と、ライオンが、同居していたが、庵《いおり》は、完全な、平和と、安全と、安心に支配されていた。

ローレンツの書斎には、様様の生き物が共存していたが、室内は、いわば、休戦の状態に置かれていた。忠実そのものの犬は、主人《あるじ》の意向に背いて、小さな、弱い生き物に手を出すことはなかった。

そんな訳で、以前から、私は、新しく手に入れた動物を、皆、部屋の中で、犬に引き合わせるのを常としている。我が家の犬が、どうして、こんなに、がつがつ食らいつかないのかは、分からない。(Deshalb pflege ich schon lange meinen Hunden alle neu erworbenen Tiere in meinem Zimmer vorzustellen. Warum der Hund im Heim um so viel weniger raubgierig ist, weiß ich nicht.)(70)

書斎は、ある掟《おきて》に支配されていた。

思うに、部屋の中の動物達に対して、我が家の犬達を、こんなにも平和的にさせるのは、古くからの塔の掟《おきて》、即ち、戦闘避難のための塔の掟《おきて》である。(Ich glaube, daß es eben dieses uralte Gesetz des Burgfriedens ist, welches unsere Hunde gegen verschiedene Tiere im Zimmer so friedfertig sein läßt.)(71)

戦闘回避の掟《おきて》は、無論《むろん》、生得的なものではなく、教え込む必要がある。

言うまでもなく、獲物《えもの》を捕《つか》まえてはならない、という、我が家における制止は、少しも、絶対的なものではない。と言うよりも、もっと正確に言えば、狩りをしたくてうずうずしている元気な犬に、次のことをはっきり分からせるためには、強力な措置を講ずる必要がある。つまり、猫であろうと、穴熊であろうと、野兎《うさぎ》であろうと、飛び鼠《ねずみ》であろうと、或《あ》いは、その他《ほか》の動物であろうと、これからは、彼等と、主人《あるじ》の部屋を共にしなければならないこと。又、一言「こら」と言えば、動物達を貪《むさぼ》り食ってはならず、それどころか、彼等は、全く、犯すべからざるタブーであって、小指の先程も、触れてはならないことを、分からせなければならない。(Selbstverständlich ist die besprochene Hemmung, im eigenen Heim Beute zu machen, durchaus nicht absolut. Es bedarf vielmehr eindringlicher Maßnahmen, um einem lebhaften und jagdlustigen Hunde klarzumachen, daß die Katze, der Dachs, der junge Feldhase, die Wüstenspringmaus oder sonst ein Tier, mit dem er von nun an das Zimmer seines Herrn teilen soll, nicht nur nicht gefressen werden darf, sondern völling unverletzlich, tabu, mit einem Worte »pfui« sei.)[72]

たった一言「こら」と言えば、直ちに、狩猟本能を抑制する犬の、主人《あるじ》に対する忠実と信頼は、このようなものである。これが、書斎の休戦状態の源である。
休戦状態は、書斎の外では、保証の限りではなかった。

最初、私は、私に良く懐《なつ》いていた原猿の、気の優しいマングース狐猿《きつねざる》（学名 Lemur mongoz L.）の「マクシ」を、犬から守ってやるために、厳しい命令と懲罰《ちょうばつ》を課さなければならなかった。(Meine zahmen Halbaffen, vor allem den netten Mongozmaki (Lemur mongoz L.) »Maxi«, mußte ich anfänglich durch strenge Befehle und Strafen vor den Hunden schützen.)[73]

マクシは、母性本能の権化《ごんげ》であった。

という訳で、マクシは、ずっと、子宝に恵まれなかった。そして、子供のない、多くの女性達と同様に、幸福な母親達の家庭の幸せをうらやんだ。プシーは、大層幸せな母親で、年に二回、定期的に子供を産んだ。……プシーは、あんなにも念入りに、子猫達を隠して、見張っていたのに、マクシは、巣を見付けて、小さな子猫を一匹奪い取った。……取り分け、子猫をきれいにしてやるという、本能的な、生まれながらの行動が、マクシにとっては、重要であるらしかった。マクシが、猫の毛づくろいをしてやっている様子は、如何《いか》にも、うれしそうで、得意気であった。……後《のち》に、私が飼っていた、雌《めす》犬のティートが子供を産んだ時、この優しい子犬のおばさんは、以前、子猫のおばさんだったように、細心の注意を払って、夢中で、世話をした。……そればかりか、詳しく言うと、私の長男が生まれた時、マクシは、息子を、もってこいの子育ての対象と見なして、乳母車《うばぐるま》の中の赤ん坊の傍《かたわ》らに、何時間も座り続けた。(So war Maxi kinderlos geblieben, und wie manche kinderlose Frau neidete sie glücklichen Müttern ihren Familiensegen. Eine solche glückliche Mutter war Pussy regelmäßig zweimal jährlich…So sorgfältig auch die Katze ihren Wurf versteckte und bewachte, Maxi fand das Nest und bemächtigte sich einer kleinen Katze…Vor allem schien es Maxi auf die instinktmäßig angeborene Bewegung der Reinigung anzukommen: Sie kämmte dem Kätzchen, das sich dieses Verfathren gern gefallen ließ,…Als aber später meine Hündin Tito Kinder hatte, zeigte sich die gute Tante von den jungen Hunden genau so entzückt wie vorher von den kleinen Katzen,…Damit nicht genug; als nämlich mein ältestes Kind geboren wurde, betrachtete Maxi auch dieses als hochwillkommenes Pflegeobjekt und saß stundenlang bei dem kleinen Buben im Kinderwagen —)[74]

子宝に恵まれない、野性の生き物の、風貌《ふうぼう》に似合わぬ優しさの源は、何だったのであろうか。マクシの優しさを理解したのは、ローレンツが、心の優しい人だったからであろう。マクシも、ローレンツの優しさを理解した。ローレンツ以外の人にも、動物にも、マクシは、気を許さなかった。

献身的な母は、剽軽《ひょうきん》な悪戯《いたずら》っ子でもあった。

マクシの何よりの楽しみは、逞《たくま》しい犬の背後から、そっと忍《しの》び寄り、尻《しり》を抓《つね》るか、さもなければ、思い切り尻尾《しっぽ》を引っ張ることだった。それから、透《す》かさず、木の上に飛び上がり、今や、安全な高みから、犬の鼻先すれすれに、自分の長い尻尾《しっぽ》をぶらぶらさせることだった。(Maxi kannte kein größeres Vergnügen als von hinten heranzuschleichen, einen Hund kräftig in den Hintern zu zwicken oder am Schwanz zu zerren, dann eiligst auf einen Baum zu springen und nun aus sicherer Höhe seinen langen Schwanz gerade so tief herabbaumeln zu lassen.)(75)

生き物同志の関係は、実に、面白い。弱い生き物が、強い生き物をからかって、面白がっている。人間を定義して、「笑う動物（animal ridens）」と称したのは、アリストテレスであるが、恐らく、動物にも、笑いがあるであろう。冗談や、からかいを知ることは、笑いを知ることに他《ほか》ならないのだから。

友とは、何であるのか。

我我は、親しい人間同士の道徳を、二人のうちのどちらが、代償を念頭に置かずに、より大きな犠牲を進んで払うかによって、判断して当然である。(Die Moral befreundeter Menschen werden wir füglich danach beurteilen, welcher von ihnen das größere Opfer zu bringen bereit ist, ohne dabei an eine Gegenleistung zu denken.)(76)

見返《みかえ》りを当てにして差し出す親切は、親切の名に価《あたい》しない。

犬の愛は、無償の愛である。犬の忠誠は、絶対不変である。

私の忠実な犬との友情の契りにおいて、私は、いつも、犬には敵《かな》わない。(im Freundschaftsbunde mit meinem treuen Hunde dagegen bin ich immer der »Zweite«.)[77]

家畜は、奴隷であるが、犬は、友である。

そして、すべての家畜は、隷属した奴隷であるが、犬だけは、友である。間違いなく、忠誠を契った、絶対服従の友である。(Und alle Haustiere sind leibeigene Sklaven, nur der Hund ist ein Freund. Gewiß, ein ergebener, ein *untergebener* Freund:)[78]

忠誠は、直《す》ぐにも破られると決まっているが、真に忠実な犬の忠誠だけは別である。(Es gibt keine Treue, die nicht schon gebrochen wurde, ausgenommen die eines wirklich treuen Hundes.)[79]

ローレンツは、殊《こと》の外《ほか》、狼犬《おおかみけん》を愛する。

狼犬《おおかみけん》は、完全に、唯一（ゆいいつ）の主人《あるじ》のもので、永久に忠誠を誓っているか、さもなければ、真《まこと》の主人《あるじ》を見出《みいだ》せないか、或《ある》いは、失うかした場合には、誰のものでもない。(Der Lupushund ist entweder *einem* Herrn *ganz* und für immer ergeben oder aber, wenn er einen wirklichen Herrn nicht findet oder ihn verliert, gar niemandem.)[80]

ローレンツは、犬の貴族精神を愛する。

反対に、狼犬《おおかみけん》が持つ、肉食獣の高潔な特性、即ち、見知らぬ人間に対して、誇り高く、容易に馴《な》れ合ったりしない性質、主人《あるじ》に対する愛情の、名伏し難い深さ、同時に、この大いなる愛情を、外に表す方法が、控え目であること、要するに、内面の高貴が、実に、見事である。(Anderseits sind die edlen Raubtiereigenschaften des Lupushundes, die stolze Zurückhaltung gegen Fremde, die namenlose Tiefe seiner Liebe zu seinem Herrn und gleichzeitig die Sparsamkeit im äußeren Ausdruck dieser großen Liebe, kurz, die innere Vornehmheit, nicht weniger großarting;)[81]

内面に秘められた、主人《あるじ》に対する深い愛。抑制の利《き》いた、控え目な愛情表現。主人《あるじ》にとっては、そういうところが、堪《こた》えられない。狼犬《おおかみけん》は、犬の中の犬である。

人間が、犬の内面を理解するように、犬も、人間の心を読む。

犬を知る人には、分かっていることであるが、忠実な犬は、自分の主人《あるじ》が、犬には関心のない、何かの目的で、部屋を出て行くのか、それとも、待ち焦がれた散歩に出掛ける合図をしているのか、気味が悪い程《ほど》、正確に見抜く。しかし、こうした点で、もっとずっとすごいことをやってのける犬も、多い。という訳で、私のシェパード犬のティートは、今飼っている犬のひいおばあさんの、その又ひいおばあさんの、その又ひいおばあさんの、その又ひいおばあさんに当たるが、どんな人間が、いつ、私の気に障《さわ》るかを、完全に正確な、「テレパーシーによる」方法で、分かっていた。そういう人間の尻に、ティートが、軽く、しかし、断固として、噛《か》みつくのを、どうしても、阻止することが出来なかった。特に、年配の紳士が、私と向かい合って、議論している最中《さいちゅう》に、権威を振りかざして、「そもそも、君は、若過ぎる」という態度を取る時は、危険だった。馴染《なじみ》のない人が、そんな素振《そぶ》りを見せた途端《とたん》、その人は、ぎょっとして、その個所を掴《つか》む。ティートが、すぐさま、処罰の一撃を喰らわしたのだ。(Jeder Hundekenner weiß, mit welch geradezu unheimlicher Sicherheit ein treuer Hund es seinem Herrn ansieht, ob er das Zimmer zu irgendeinem für den Hund uninteressanten Zweck verläßt oder ob der heiß ersehnte Spaziergang winkt. Manche Hunde aber leisten in dieser Hinsicht noch viel mehr. So wußte meine Schäferhündin Tito, die Ururururgroßmutter des Hundes, den ich jetzt besitze, auf »telepathischem« Wege ganz genau, *welcher* Mensch mir auf die Nerven ging und *wann*. Sie war durch nichts daran zu hindern, solche Leute sanft, aber bestimmt in den Hintern zu beißen. Besonders gefährlich war es für autoritative ältere Herren, mir gegenüber in Diskussionen die bekannte »Überhaupt-du-bist-zu-jung«-Attitüde einzunehmen: Äußerte ein Fremder derartiges, griff er alsbald erschrocken nach der Stelle, an der ihn Tito pünktlich gestraft hatte.)(82)

読心術は、親から子へ、子から孫へと、代代受け継がれる。私の子犬のズージ（meine kleine Susi）は、私が、仕事の邪魔になる訪問客に対して、心にもない歓迎の挨拶《あいさつ》をすると、唸《うな》り声を挙げたり、吠えついたりする。

（ズージは、そのうち、きっと、咬《か》みつくようになるだろう）ズージは、私の言葉には、騙《だま》されない。（einen störenden Besucher, den ich gleisnerisch willkommen heiße, anknurrt und anbellt (später wird sie ihn gewiß auch gemäßigt beißen), da sie sich von meinen Worten nicht täuschen läßt —）(83)

ズージは、上辺《うわべ》の儀礼的な言葉には、騙《だま》されない。ズージは、「私の内心の気持を察知する（Erraten meiner tatsächlichen Seelenstimmung）」(84)能力を、ティート（Tito）から受け継いでいる。

「幸いなる学問」が、地上に属するものである以上、嘆きと悲しみを免れ得ない。

そして、もし君が、非常に、感じ易《やす》い人であるなら、君の友の寿命は、君の寿命より、ずっと短い、ということ、そして、十年か、十四年後には、悲しい別れが避け難い、ということを、よくよく、お考え戴きたい。（Und bedenke auch, falls du ein sehr empfindsamer Mensch bist, daß die Lebensdauer deines Freundes um so viel kürzer ist als die deine und daß ein trauriger Abschied nach zehn oder vierzehn Jahren unvermeidlich ist.）(85)

年来の友であった犬を、死によって失う打撃は、測り知れない。ローレンツが、初めて、忠実な友の死に直面したのは、十七才の時であった。

ある日、私の老犬のブリーが、発作のために、死んで横たわっていた時、私は、ブリーの代わりになる、ブリーの子孫を残しておかなかったことを、心底《しんそこ》から、悔やんだ。（Als mein alter Bully eines Tages vom Schlag getroffen tot auf seinem »Bellwege« lag, da bedauerte ich es plötzlich zutiefst, daß ich von ihm keinen Nachkommen hatte, der seine Stelle hätte ausfüllen können.)(86)

ブリーは、死後も、ローレンツに従《つ》いて来た。

何年もの間、私の後を追って来る、犬の足音が聞こえていたので、それは、後後《あとあと》まで、私の脳に、消えない印象を残した。それで、私は、ブリーの死後、何週間も、ブリーが、小走りに、私の後を追ってくるのを、実際に、はっきりと、この耳で聞いた。心理学では、こうした現象を、直観的残像と呼ぶ。(Das jahrelange Hören des mir auf den Fersen folgenden Hundes hatte einen so nachhaltigen Eindruck in meinem Gehirn hinterlassen — die Psychologie nennt dieses Phänomen ein eidetisches Nachbild —, daß ich den Hund mit wahrhaft sinnlicher Deutlichkeit noch wochenlang nach seinem Tode auf meiner Spur traben hörte.)(87)

ブリーを失った悲しみは、ローレンツの耳に、いない筈のブリーの足音を響かせた。

別離は、犬にも、想像を絶する打撃を与える。「犬にとっては、個人的な友情が、すべてである（Die persönliche Freundschalt ist für den Hund alles）」(88)。それ故、主人《あるじ》との別れは、犬にとっては、「殺害にも等しい（Mord gleich）」(89)。たとえ、主人《あるじ》の不在が、一時的なものであって、やがて、再会の時が訪れると決まっていても、悲しいかな、犬には、それを分からせる術《すべ》がない。

シュタージ（Stasi）は、素晴らしい犬であった。

シュタージは、私が、これまでに知り合った犬の中でも、ずば抜けて、最も忠実な犬であった。(war sie [i.e. Stasi] bei weitem der treueste Hund, den ich bisher kennengelernt habe.)[90]

シュタージは、「一九四〇年の早春に生まれ (Im Vorfrühling 1940 geboren)」[91] た。「容姿も性格も (In Aussehen und Character)」[92] 抜群であった。「しなやかな身のこなしは、さながら、小さな狼《おおかみ》の如くであった (in ihren elastischen Bewegungen glich sie einer kleinen Wölfin)」[93]。「シュタージは、犬の躾《しつけ》のいろはを、……めざましい速さでのみ込んだ (Die Grundlagen der Hundeerziehung ... begriff sie in erstaunlich kurzer Zeit)」[94]。

これ程の美質に恵まれたシュージは、度重なる別離によって、比類ない主人《あるじ》との仲を引き裂かれることがなかったなら、この上なく幸せな犬として、天寿を全うしたことでもあろう。しかし、シュタージの、わずか六年という短い生涯には、悲劇と不運が、色濃く、蔭《かげ》を落としていた。

一九四〇年の九月に、早くも、最初の別れが訪れた。ローレンツが、「ケーニヒスベルク大学に、心理学正教授として招聘《しょうへい》(eine Berufung an die Universität Königsberg als Ordinarius Psychologie)」[95] されたからである。シュタージは、まだ、一才にもなっていなかった。クリスマスに、帰省はしたものの、短い休暇は、あっという間に過ぎ去って、ローレンツは、再び、車中の人となった。列車は、次第に速度を上げて、遠ざかる。シュタージは、「列車が見えなくなるまで、いつまでも、じっと、見詰めていた (sah dem Zuge nach, solange sie ihn sehen konnte)」[96]。

愛と忠誠の対象を奪われた痛みと悲しみは、シュタージの心を狂わせた。ずたずたに引き裂かれた心が、そっくりそのまま、行為となって、外に現れた。

シュタージは、隣人の鶏《にわとり》を殺し、辺《あた》りをうろうろ徘徊《はいかい》し、部屋を汚さない、躾《しつけ》の良い犬ではなくなり、誰の言うこ とも聞かなくなり、とうとう檻《おり》に入れられない訳にはいかなくなった。(Stasi habe beim Nachbarn etliche Hühner getötet, streune ruhelos durch die Gegend, habe ihre Zimmerreinheit verloren, folge niemandem mehr und müsse deshalb im Zwinger gehalten werden.)(97)

一九四一年、六月の末に、ローレンツは、アルテンベルク（Altenberg）に帰省し、真っ先に、シュタージのところへ向かった。シュタージは、「あんなにも胸を打つ、狼《おおかみ》が吠えるような、美しい声（so ergreifend schönen Tönen des Wolfsgeheuls）」(98)を挙げた。

シュタージは、長い間、声を挙げていたが、それから、私の上に、雷雨の如く、覆《おお》い被《かぶ》さった。私は、いわば、半狂乱の犬の喜びの嵐の渦に、巻き込まれた。シュタージは、私の肩の高さにまで飛び上がり、殆《ほとん》ど、上着を引きちぎらんばかりであった。(Sie heulte eine lange Zeit, dann aber war sie wie ein Gewitter über mir, ich war gewissermaßen eingehüllt in einen Wirbelsturm rasender Hundefreude. Stasi sprang an mir bis in Schulterhöhe empor und riß mir fast die Kleider vom Leibe.)(99)

「控え目で、露骨に感情を表したりしない（Zuruckhaltende, Undemonstrative）」(100)シュタージの、狂喜の発露であった。

ローレンツは、今度は、シュタージを伴って、ケーニヒスベルクへ赴いた。が、シュタージが、主人《あるじ》の散歩のお供《とも》が出来たのは、わずかの間だけだった。一九四一年十月十日に、私が、軍隊に召集されたからである。……シュタージは、今度は、逃亡してしまい、誰にも依存せず、独りだけで、二ケ月の間、ケーニヒスベルク周辺を、野生動物さながらに、駆《か》け巡った。シュタージは、悪行に悪行を重ねた。……しかし、私は、一九四四年六月に、前線に移動させられ、我我は、シュタージと六匹の子犬を、シェーンブルン動物園に入園させた。そこで、シュタージは、終戦直前に、爆弾の爆発の犠牲になった。(Nur wenige Monate war es ihr vergönnt, den Spuren ihres Herrn zu folgen, da ich schon am 10. Oktober 1941 zum Militär eingezogen wurde....Stasi diesmal ausrückte, sich völlig unabhängig machte und über zwei Monate als wildes Tier in der Umgebung Königsbergs umherlief. Sie verübte Untat auf Untat....Als ich jedoch im Juni 1944 an die Front versetzt wurde, brachten wir Stasi mit ihren sechs Jungen in den Schönbrunner Tiergarten. Dort ist sie knapp vor Kriegsende einer Bombenexplosion zum Opfer gefallen.)(101)

シュタージが仕出《しで》かした、悪行の数数は、自暴自棄《じぼうじき》の悲しみと寂しさの為《な》せる業《わざ》であることが、ローレンツには、痛い程《ほど》分かった。野生動物の如く、辺《あた》りを徘徊《はいかい》したスタージの身に降《ふ》り懸《か》かった、ありとあらゆる試練と辛酸《しんさん》が、ローレンツには、手に取るように分かった。

わずか六年の、余りにも短い、不運に次ぐ不運に見舞われた生涯。そして、最後の、悲劇的な死。シュタージについての詳細な記録は、あんなにも、一途《いちず》で、ひたむきだったシュタージに捧げる、鎮魂の歌だったのではなかろうか。そして、この無二の親友に対して、同じ忠誠を以て報いることが出来なかったローレンツの、自分自身に対する鎮魂の歌だったのではなかろうか。

犬が、真の友であるように、鴉《からす》も、ローレンツにとって、掛け替えのない友であった。

鴉《からす》のローアは、通常、鳥のひなが鳴く時の声音《こわね》に因《ちな》んで、こう名付けられたが、年取《とし》ってからも、私にとって、親密な友であった。ローアは、他《ほか》に用事がない時は、遠出《とおで》の散歩や、ドーナウ河のモーターボート旅行や、スキーツアーの折でさえも、私に従《つ》いて来た。(Der Rabe Roa, benannt nach dem gewöhnlichen Stimmfühlungsruf des Jungvogels seiner Art, war mit mir noch in seinen alten Tagen eng befreundet, begleitete mich, wenn er nichts anderes vorhatte, bei weiten Spaziergängen, ja selbst bei Motorbootfahrten auf der Donau und auf Skitouren.)(102)

遙《はる》か頭上に、同行の友がいるとは、何と楽しい旅行であったことだろう。人と鳥が、船上と空中で、又、山上と空中で、心を通わせた。

ローアは、人間の言葉を話した。

ローアは、自分の妻に対しては、クラックラックラックと言って、舞い上がらせようとしたが、人間の友に対しては、人間の言葉を話した！……つまり、この年老いた鴉《からす》は、「ローア」は、私がひなを呼ぶ時の鳴き声だ、という一種の認識を持っていたに違いない。……ローアは、今までのところ、かつて、人間に対して、意味のある、理解可能な、人間の言葉を話した、唯一の動物である。それが、唯《ただ》の、一声《ひとこえ》であったとしても。(Zu seiner Frau sagte er Krackrackrack, wollte er sie zum Auffliegen bringen, zu seinem menschlichen Freund aber das Menschenwort!...Der alte Rabe muß also eine Art Einsicht dafür besessen haben, daß »Roa« *mein* Lockruf ist!...Roa ist bis jetzt das einzige Tier, das je zu Menschen ein Menschenwort sinnvoll und einsichtig gesprochen hat, wenn es auch nur ein einfacher Lockruf gewesen ist.)(103)

鴉《からす》は、非常に、賢い。そればかりか、鴉《からす》は、情愛深い。

それにしても、あの黒丸鴉《こくまるがらす》には、取り分け、閉口《へいこう》した。いつも、いつも、選《よ》り抜きの御馳走《ごちそう》——彼の味覚に従えば——を、餌《えさ》として、私に与えようとしたからである。その場合、彼は、奇妙なことに、解剖学的に正確な、人間の口を、差し入れるための開口部として、「理解していた」。(Jener Dohlenmann aber wurde dadurch besonders lästig, daß er mich immer mit den — nach seinem Geschmack — erlesensten Leckerbissen füttern wollte. Dabei »verstand« er merkwürdigerweise den menschlichen Mund anatomisch richtig als Einfuhröffnung;)(104)

さすがのローレンツにも、鴉《からす》の好意を、有難く受け入れることは出来かねた。すると、今度は、

私は、私の——耳に気を付けなければならなかった。さもないと、生暖かい、偽歩行虫《ごみむしだまし》の幼虫を、耳道に、厳密に言うと、鼓膜の中まで、ぎっしり詰め込まれてしまう。(mußte ich meine — Ohren in acht nehmen, sonst hatte ich, ehe ich mich dessen versah, einen Gehörgang mit warmem Mehlwurmbrei vollgestopft, und zwar bis zum Trommelfell hinein,)(105)

鴉《からす》が、ひなを養う時の愛情が、素晴らしい御馳走と共に、そっくりそのまま、ローレンツの耳の中に注がれた。

ローレンツは、自然の美しさに心を奪われた。

目を以て、美を見た者は、プラーテンの言う如く、死の手に引き渡されることはないが、しかし、自然の美を見た者は、自然の手に引き渡される。そして、その者が、真《まこと》の目を持っているなら、必然的に、自然研究者になる。(Denn wer die Schönheit angeschaut mit Augen, ist nicht dem Tod anheimgegeben, wie Platen meint, wohl aber, so er die Schönheit der Natur angeschaut, dieser Natur. Und hat er wirklich Augen, wird er unweigerlich Naturforscher.)(106)

ローレンツは、自然研究者になり、自然の神秘の内奥に引き渡された。そして、著書の表題が示す如く、『彼は、動物と語り、鳥と語り、魚と語った（*Er redete mit dem Vieh, den Vögeln und den Fischen*）』。自然の美しさに魅せられて、自然研究者になった者は、自然と言葉を交わし、自然と心を通わせる。自然研究者は、ドイツ語や、ラテン語の他《ほか》に、自然語を聴き分け、自然語を話す。自然研究者は、自然語の達人である。自然語は、単に、ある生き物が、音声によって発する言葉ではない。それは、生き物の、色や、形や、鳴き声や、行動や、性質の総体が発する言葉である。それは、生き物の、全存在が発する言葉である。人間も、全存在をかけて、自然と交わるなら、自然の友となり、自然を友とする。友（friend）とは、古代英語の「愛する（*frēogan*, to love）」から派生して、「愛する者（*frēond*, lover）」を意味する。

自然の素晴らしさに驚嘆して、詩人や芸術家になる者もある。

芸術家の像化については、審美的想像力論(107)において、詳述した。花を描く画家は、花と一体化し、自身が、花そのものとなり、線と色彩によって、花を像化する。画家は、もう一つの花を創造する。花は、宇宙の生命《いのち》の根源の、自己像化の一形体である。絵の花は、宇宙の生命《いのち》の根源が、芸術家を使って行う、もう一つの自己像化である。

絵の花には、生命《いのち》が宿る。同じ意味において、描かれた物は、すべて、生命《いのち》の具現化である。

真《まこと》の名画には、必ず、その絵の魂というものがございます。そういう絵には、又、その絵の心がございまして、描いた主《ぬし》の手を離れたり、あるいは、ふさわしくない持ち主の手に渡ったりするのを厭《いと》うのでございます。名画に宿る魂につきましては、数多くの逸話もございます。法眼元信《ほうげんもとのぶ》の描いた襖《ふすま》から、雀が飛び立って、その跡が白紙になってしまったとか、あるいは、掛け物に描かれた駒が、夜中にそこから抜け出して、外で草を喰《は》んでいた、などという話もございます。(In any picture of real excellence there must be a ghost; and such a picture having a will of its own, may refuse to be separated from the person who gave it life, or even from its rightful owner. 'There are many stories to prove that really great pictures have souls. It is well known that some sparrows, painted upon a sliding-screen (*fusuma*) by Hōgen Motonobu, once flew away, leaving blank the spaces which they had occupied upon the surface. Also it is well known that a horse, painted upon a certain kakémono, used to go out at night to eat grass.)(108)

「抜け雀《すずめ》」(109)は、五代目古今亭志ん生の十八番《おはこ》であった。

小田原の安宿に、ひどい身形《みなり》の旅人が、逗留《とうりゅう》した。朝一升、昼一升、晩一升の、大酒を食らって、ごろごろしていた。七日目に、宿の親爺《おやじ》が、勘定《かんじょう》を催促《さいそく》すると、細《こまか》いのがない、と言う。では、大きいのでも、と言うと、それもない、と言う。文無《もん》しの旅人は、「狩野派の絵画き」(110)であった。酒代《さかだい》の担保《かた》として、衝立《ついたて》に五羽の雀《すずめ》を描き、又、来る、と言い残して、立ち去った。

翌朝、親爺《おやじ》が、二階へ上がって、驚いた。雀《すずめ》が、いない。見ると、「向うの屋根で、何か食ってる」(111)。そうして、又、帰って来る。評判を聞いた人人が詰め掛けて、宿は、連日、満員であった。しかし、この絵は、絵としては、不完全であった。品の良い老人が、宿を訪ねて来て、衝立《ついたて》をじっと眺めていたが、「この雀《すずめ》は、もうじき落ちるぞ」(112)と言った。理由《わけ》は、こうである。「画いた者に抜かりがあって、止り木というものを画いていかない、抜け出る力量《ちから》のある雀《すずめ》であるからして、自然と疲れて落ちる」(113)。老人は、自ら、筆を取って、雀《すずめ》が抜け出した跡に、鳥籠《かご》と止り木を画き上げた。雀《すずめ》が戻って来て、すっと、止り木に止った。「これで、あの雀《すずめ》は、無事でいるぞ」(114)。

雀《すずめ》は、不死の生命《いのち》を獲得した。止り木の雀《すずめ》は、イデアの雀《すずめ》、「向うの屋根で、何か食ってる」雀《すずめ》は、現象界の雀《すずめ》である。

自然は、宇宙の生命《いのち》の根源の受肉である

彼方《かなた》の世界に在る生命《いのち》の根源は、潜在エネルギーである。潜在エネルギーを、此方《こなた》の世界に噴出させる原動力は、歓喜である。潜在エネルギーが、顕在化する決定的な瞬間を、ケルトの伝説は、次のように、説明する。

しかし、リアの中には、依然として、広大無辺の、存在の深み、即ち、生きた情緒がある。その生きた情緒は、余りにも大きく、余りにも霊的で、余りにも深遠であるために、筆舌に尽くし難い。それは、いまだ、息吹を発散させていない愛である。否、愛というよりは、むしろ、言語《ごんご》に絶する、密かな優しさ、あるいは、歓喜である。あるいは、その双方の、潜在エネルギーである。神の像化力が生む像が、母なるダナの中に映されると、この潜在エネルギーが目覚めて、迸《ほとばし》り、母なるダナを抱擁する。聖なるハシバミの木の許の泉の封印が破られたのだ。創造が

起ころうとしている。一《いっ》から多が流出する。エネルギー、即ち、愛、即ち、永遠の欲求が、流れ出で、それは、無数の幻想の形体を通じて、再び、元の住処《すみか》の無限に戻ろうとする。これは、青年アンガスである。アンガスは、もともとは、永遠の歓喜である。その歓喜が、愛になり、愛は欲求に変じ、さらに、この世の情熱になり、終《つい》には、己れの神性を忘却するに至る。永遠の歓喜が、己れ自身を形の中に没入させ、この形の前に、数数の、神神しくも美しい像が舞い、その心をはるかに惹き寄せる時、永遠の歓喜は、愛となる……。別の意味では、アンガスは、リアの中に潜在する力が、活動へ移行したものである。この力は、神の像化力を通じて働き、霊的な状態にあって、その数々の観念の刻印を自然に押し、それによって、無数の変形を生ぜしめる。(But there is still in Lir an immense deep of being, an emotional life too vast, too spiritual, too remote to speak of, for the words we use to-day cannot tell its story. It is the love yet unbreathed, and yet not love, but rather a hidden unutterable tenderness, or joy, or the potency of these, which awakens as the image of the divine imagination is reflected in the being of the Mother, and then it rushes forth to embrace it. The Fountain beneath the Hazel has broken. Creation is astir. The Many are proceeding from the One. An energy or love or eternal desire has gone forth which seeks through a myriad forms of illusion for the infinite being it has left. It is Angus the Young, an eternal joy becoming love, a love changing into desire, and leading on to earthly passion and forgetfulness of its own divinity. The eternal joy becomes love when it has first merged itself in form and images of a divine beauty dance before it and lure it afar....In another sense Angus may be described as the passing into activity of a power latent in Lir, working through the divine imagination, impressing its ideations on nature in its spiritual state, and thereby causing its myriad transformations.)(115)

リアは、潜在エネルギーの神格化である。

恍惚の状態においてのみ、幻視者は、己れの幻視の究極を越えて、リアの本質を察知するであろう。リアは、数多くの声を持った息吹である。この息吹は、一つの音色《ねいろ》では、語ることが出来ず、数多くの音色を通じて、己れを表現する。(In trance alone the seer might divine beyond his ultimate vision this being. It is a breath with many voices which cannot speak in one tone, but utters itself through multitudes.)(116)

『創世記』第一章は、声が万物を在らしめた、という比喩によって、天地創造を説明する。ケルトの神話において、この世は、「数多くの声を持った息吹《いぶき》(a breath with many voices)」(117)が、数多くの音色になって顕れたものだ、と語られる。バラモン教(Brahmanism)は、ブラフマン(Brahma)の歓喜の歌が、この世を産み出した、と教える。無論《むろん》、世界中、どこの国の神話でも、宇宙万物の始まりを、聴覚的な比喩によって、語る訳ではない。しかし、その多くが、万物の根源を、音であり、声である、と見なしている。

　万物は、宇宙の生命の根源の歌の受肉である。宇宙の生命の根源が、彼方《かなた》の世界で歌う花の歌が、物質の衣をまとって、此方《こなた》の世界に咲き出《い》でる。花の歌に聴き入る、詩人や芸術家は、彼方《かなた》の世界に鳴り響く、宇宙の生命の根源の、歌の甘美を識る。それは、詩人や芸術家の楽園回帰である。同時に、それは、此方《こなた》の世界に咲き出《い》でた、花の楽園回帰である。花は、詩人や芸術家の懐《ふところ》に抱《いだ》かれて、自らの本源に還《かえ》り行くのだから。何よりも、それは、花となって、此方《こなた》の世界に顕《あらわ》れ出《い》でた、宇宙の生命《いのち》の根源自身の楽園回帰である。物と、人と、宇宙の生命《いのち》の根源の、三重の楽園回帰が、第二の創造に不可欠である。楽園に回帰した詩人や芸術家は、宇宙の生命《いのち》の根源が歌う歌に唱和して、同じ歌を繰り返す。もう一つの歌の受肉、もう一つの花は、このようにして、咲き出《い》でる。

宇宙の生命《いのち》の根源は、詩人や芸術家を使って、もう一つの歌の受肉を作る時、三重の倍音歌唱を歌う。宇宙の生命《いのち》の根源は、歌人《うたびと》の中の歌人《うたびと》である。

注

第一章　モルペウス

(1) Shakespeare, W., *The Sonnets*, No. 18, l. 11.
(2) Omar Khayyam, *The Ruba'iyat of Omar Khayyam*, tr. by P. Avery & J. Heath-Stubb (Penguin Books Ltd., 1983), p. 14.
(3) *Meister Eckhart, Deutsche Predigten und Traktate*, herausgegeben und übersetzt von Josef Quint (Carl Hauser Verlag, Munchen, 1985), S. 305.
(4) *ibid*., S. 305.
(5) Haeckel, E., *Kunstformen der Natur* (marixverlag GmbH, Wiesbaden 2009)
(6) *ibid*., S. 251.
(7) *ibid*., S. 251.
(8) Ball, P., *Shapes: Nature's Patterns: A Tapestry in Three Parts* (O. U. P., 2011), pp. 39, 40.
(9) *ibid*., p. 42.
(10) Haeckel, E., *op. cit*., S. 252.
(11) Huntley, H. E., *The Divine Proportion* (Dover Publications, Inc., 1970), p. 154.
(12) cf. Kris, E. / Kruz, O., *Die Legende vom Künstler* (Yale U. P., 1979), S. 80.
(13) Novalis, *Fragmente I*, Herausgegeben von Ewald Wasmuth (Verlag Lambert Schneider, 1957), S. 167.

(14) *ibid.*, S. 63.
(15) *ibid.*, S. 55.
(16) *ibid.*, S. 55.
(17) *ibid.*, S. 137.
(18) *ibid.*, S. 141.
(19) *ibid.*, S. 67.
(20) *ibid.*, S. 67.
(21) Traherne, T., *The Third Century*, 52.
(22) 拙著『眩《まばゆ》い闇《やみ》——宗教的想像力』(朝日出版社、二〇一三年)。
(23) Traherne, T., "The Praeparative", l. 61.
(24) Traherne, T., *The Third Century*, 67.
(25) Traherne, T., "The Auticipation", l. 91.
(26) Traherne, T., "Sixth Day", ll. 38, 39.
(27) Traherne, T., *The Second Century*, 84.
(28) Traherne, T., *The Third Century*, 42.
(29) Traherne, T., "Silence", l. 81.
(30) Traherne, T., "Thoughts II", ll. 43〜45.
(31) Traherne, T., "The Improvement", l. 1.
(32) Novalis, *Fragmente I*, Herausgegeben von Ewald Wasmuth (Verlag Lambert Schneider, 1957), S. 55.
(33) *ibid.*, S. 382.

(34) 注⑹参照。

(35) 注⑽参照。

(36) Novalis, *op. cit.*, S. 367.

(37) Novalis, *ibid.*, S. 393.

(38) Novalis, *ibid.*, S. 90.

(39) Novalis, *ibid.*, S. 91.

(40) Novalis, *ibid.*, S. 396.

(41) Shakespeare, W., *The Sonnets*, No. 29, l. 12.

(42) 拙著『笛とたて琴——審美的想像力』(近代文芸社、二〇〇〇年)。

(43) Novalis, *op. cit*, S. 384.

(44) *ibid.*, S. 395.

(45) *ibid.*, S. 390.

(46) 『ヨハネ聖福音書』第三章十八節。

(47) Novalis, *op. cit.*, S. 391.

(48) Novalis, *ibid.*, S. 390.

(49) Wordsworth, W., "Lines composed a few miles above Tintern Abbey, on revisiting the Banks of the Wye during a Tour. July 13, 1798", ll. 39, 40.

(50) *ibid.*, l. 38.

(51) Keats, J., "To George and Tom Keats, 21, 27 (?) December 1817", *Letters of John Keats*, ed. by Gittngs, R. (O. U. P., 1987)

(52) Novalis, *op. cit.*, S. 388.

(53) Bulfinch, T., *Bulfinch's Mythology: The Age of Fable* with a Foreword by R. Graves and illustrated by J. Papin (Nelson Doubleday, Inc., 1968), pp. 192, 193.

(54) Ovidius, P. N., *Ovid: Metamorphoses* with an English translation by F. J. Miller (The Loeb Classical Library) (William Heineman Ltd., 1964), Lib. X, ll. 11, 12.

(55) Milton, J., *Il Penseroso*, l. 174.

(56) Wordsworth, W., *The Prelude* (1805-6), Bk. V, l. 96.

(57) Novalis, *op. cit.*, S. 387.

(58) A. E., *Imaginations and Reveries* (Maunsel & Co., Ltd., 1915), p. 70.

(59) A. E., *ibid.*, p. 54.

(60) A. E., *ibid.*, p. 50.

(61) A. E., *ibid.*, p. 54.

(62) A. E., ibid., p. 53.

(63) A. E., *ibid.*, p. 52.

(64) A. E., *ibid.*, p. 54.

(65) A. E., *The Candle of Vision* (Macmillan & Co., Ltd., 1919), p. 105.

(66) A. E., *ibid.*, pp. 102, 103.

(67) A. E., *ibid.*, p. 105.

(68) A. E., *ibid.*, pp. 105, 106.

(69) A. E., *ibid.*, p. 106.

(70) A. E., *ibid.*, pp. 134, 135.

(71) A. E., *ibid.*, pp. 157, 158.

(72) A. E., *ibid.*, p. 153.

(73) A. E., *ibid.*, p. 48.

(74) 拙著『眩《まばゆ》い闇《やみ》——宗教的想像力』（朝日出版社、二〇一三年）。

(75) Underhill. E., *Mysticism: A Study in the Nature and Development of Man's Spiritual Consciousness* (Methuen & Co. Ltd., 1960), p. 169.

(76) A. E., *op. cit.*, pp. 34, 35.

(77) *The Works of Henry Vaughan*, ed. by L. C. Martin (O. U. P., 1963), p. 177.

(78) Rolle, R., *The Fire of Love*, tr. from the original *Incendium Amoris* into Mod. English by C. Wolters (Penguin Books Ltd., 1981), p. 114.

(79) *ibid.*, p. 96.

(80) A. E., *op. cit.*, p. 35.

(81) 拙著『笛とたて琴——審美的想像力』（近代文芸社、二〇〇〇年）。

(82) Fontana, D., *The Secret Language of Symbols: A Visual Key to Symbols and their Meanings* (Chronicle Books, 1993), p. 127.

(83) Cirlot, J. E., *A Dictionary of Symbols*, tr. from the Spanish by Sage, J. (Routledge & Kegan Paul, 1971), p. 135.

(84) *ibid.*, p. 119.

(85) Fontana, D., *op. cit.*, p. 66.

(86) *ibid.*, p. 54.

(87) *ibid.*, p. 74.

(88) Kerényi, K., *Die Mythologie der Griechen* (Deutscher Taschenbuch Verlag GmbH & Co. KG, München, 1966), Bd. I, S. 118.

(89) 注(53)参照。

(90) Kerényi, K., *op. cit.*, Bd. II, S. 225.

(91) Whyte, L. L., *The Universe of Experience* (Harper & Row, Publishers, 1974), p. 42.

(92) *ibid.*, p. 42.

(93) Watson, L., *Supernature* (Hodder & Stoughton Ltd., 1974), p. 3.

(94) Haken, H., *Synergetics: An Introduction, Nonequilibrium Phase Transitions and Self-Organization in Physics, Chemistry and Biology* (Springer-Verlag Berlin Heidelberg, 1978), p. 42.

(95) Whyte, L. L., *op. cit.*, p. 42.

(96) *ibid.*, p. 48.

(97) 倉野憲司、武田祐吉校注『古事記祝詞』（日本古典文学大系１）（岩波書店、一九七二年）、六三、六五、六七頁。

(98) 拙著『笛とたて琴――審美的想像力』（近代文芸社、二〇〇〇年）。

(99) Whyte, L. L., *op. cit.*, p. 44.

(100) *ibid.*, pp. 51, 52.

(101) *ibid.*, pp. 38, 39.

(102) 注(36)参照。

(103) 注(65)参照。

第二章 「柳の歌」

(1) Shakespeare, W., *Othello*, IV. iii. 41〜47.

(2) Brosse, J., *Mythologie des arbres* (Édition Payot & Rivages pour l'édition de poche, 2001), p. 277.

(3) *ibid.*, p. 285.

(4) *ibid.*, p. 285.

(5) Cotterell, A. & Storm, R., *The Ultimate Encyclopedia of Mythology* (Southwater, an imprint of Anness Publishing Ltd., 2012), p. 224.

(6) Shakespeare, W., *Hamlet*, IV. vii. 167〜184.

(7) "The willow song", *O Mistress Mine and other Elizabethan Songs in Shakespeare's Plays and Dances of the Period* ed. by Harold Newman (Hargail Music Press, New York, 1975)

The willow song

Traditional

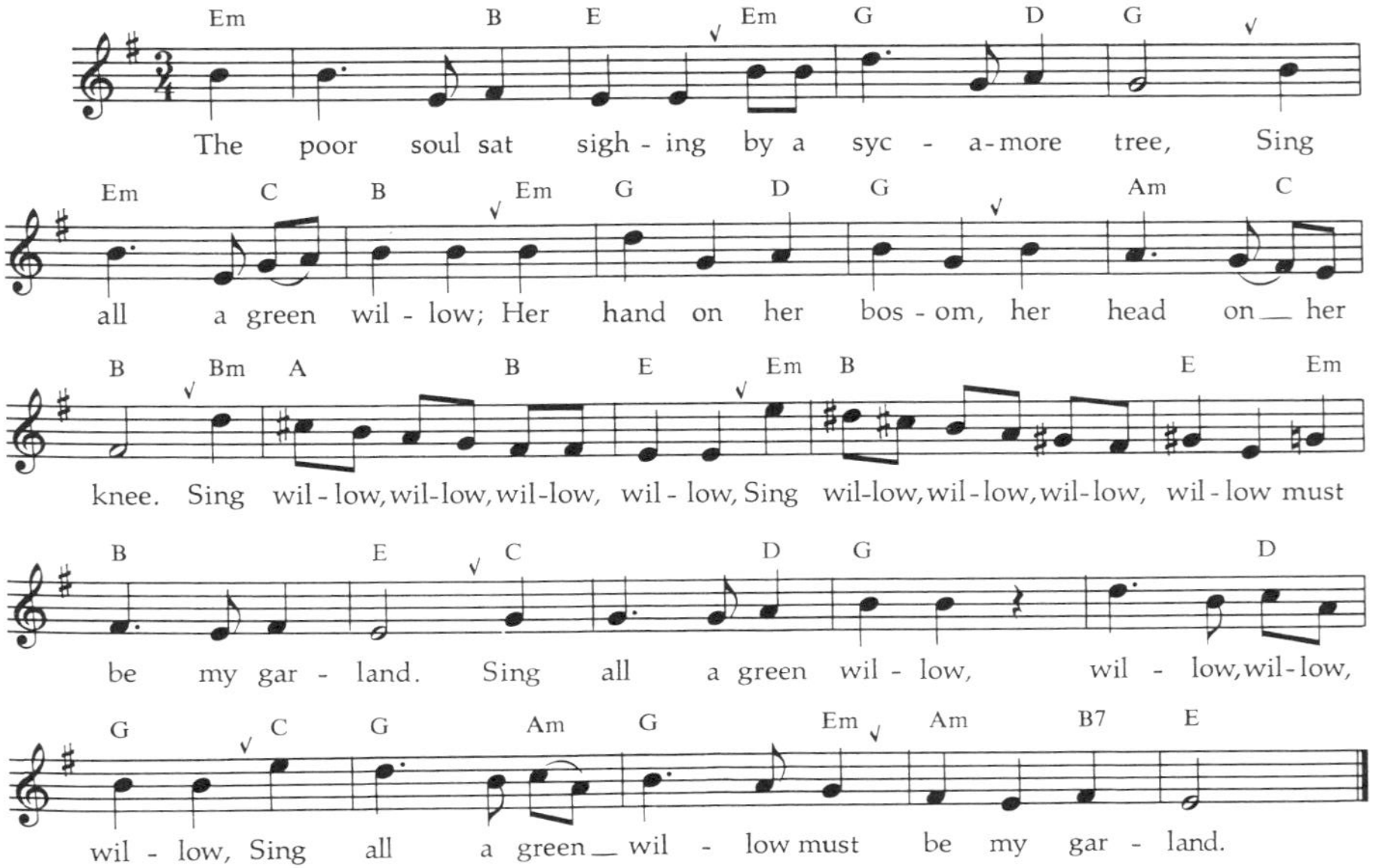

(8) Shakespeare, W., *Othello*, IV. iii. 26〜30.
(9) *ibid.*, V. ii. 69.
(10) *ibid.*, V. ii. 142.
(11) *ibid.*, III. iii. 432〜439.
(12) *ibid.*, III. iv. 55〜68.
(13) *ibid.*, III. iv. 69〜74.
(14) Shakespeare, W., *The Sonnets*, No. 11, l. 7.
(15) Shakespeare, W., *Othello*, V. ii. 301.
(16) *ibid.*, V. ii. 316.
(17) *ibid.*, V. ii. 368.
(18) *ibid.*, V. ii. 347.
(19) *ibid.*, V. ii. 291, 292.
(20) *ibid.*, V. ii. 123.
(21) *ibid.*, V. ii. 124, 125.
(22) *ibid.*, V. ii. 122.
(23) *ibid.*, V. ii. 340〜351.
(24) *ibid.*, V. ii. 204〜206.
(25) 拙著『笛とたて琴——審美的想像力』（近代文芸社、二〇〇〇年）、注(308)参照。
(26) Christie, A., *Murder is Easy* (Harper Paperbacks) (A Division of Harper Collins Publishers, 1992), p. 210.
(27) Ronsard, Pierre, "Quiconque aura premier la main embesognée", ll. 19〜22.

(28) Grant, M. and Hazel, J., *Gods and Mortals in Classical Mythology* (Michael Grant Publications Ltd., & John Hazel, 1973), pp. 132, 133.

(29) *ibid*., pp. 107, 108.

(30) Herrick, R., "To Laurels".

(31) Shakespeare, W., *A Midsummer-Night's Dream*, II. i. 231.

(32) *ibid*., II. i. 166～172.

(33) 拙著『死の舞踏——倫理的想像力』（近代文芸社、二〇〇六年）。

(34) cf. Keats, J., "Ode on a Grecian Urn".

(35) *ibid*., l. 45.

(36) ibid., ll. 1～10.

第三章　嫩枝《わかえだ》

(1) 拙著『笛とたて琴——審美的想像力』（近代文芸社、二〇〇〇年）。

(2) Kerényi, K., *Die Mythologie der Griechen* (Deutschen Taschenbuch Verlag GmbH & Co. KG, München, 1966), Bd. I, S. 75.

(3) *ibid*., S. 75.

(4) Brosse, J., *op. cit*., p. 95.

(5) *ibid*., p. 95.

(6) *ibid*., p. 84.

(7) Georgica, Lib. II, ll. 14〜16. *Virgil I: Eclogue, Georgics, Aeneid I-VI*, with an English Translation by H. R. Fairclough, revised by G. P. Goold (Harvard ll. P., 2006), pp. 136, 137.

(8) *The Geogics*, tr. into English with Introduction and Notes by L. P. Wilkinson (Penguin Books Ltd., 1984), p. 77.

(9) *Aeneid*, Lib. VI, ll. 136〜144., *Virgil I* (*op. cit.*), pp. 542, 543.

(10) *ibid.*, Lib. VI, ll. 187, 188, pp. 544, 545.

(11) *ibid.*, Lib. VI, ll. 202〜211, pp. 546, 547.

(12) Franzer, Sir J. G., *The Golden Bough: A Study in Magic and Religion* (The Macmillan Press Ltd., 1978), p. 145.

(13) *ibid.*, p. 146.

(14) *ibid.*, p. 148.

(15) Piggott, S., *The Druids* (Penguine Books Ltd., 1978), p. 91.

(16) Cotterell, A. & Storm, R., *op. cit.*, p. 99.

(17) *Brosse*, J., *op. cit.*, p. 117.

(18) Frazer, Sir. J. G., *op. cit.*, p. 211.

(19) Cotterell, A. & Storm, R., *op. cit.*, p. 117.

(20) Frazer, Sir J. G., *op. cit.*, pp. 862, 863.

(21) *ibid.*, p. 867.

(22) Brosse, J., *op. cit.*, p. 121.

(23) Frazer, Sir J. G., *op. cit.*, p. 869.

(24) Frazer, Sir J. G., *op. cit.*, p. 918.

(25) 注(3)参照。

(26) Frazer, Sir J. G., *op. cit.*, pp. 918, 919.
(27) Frazer, Sir J. G., *ibid.*, p. 920.
(28) Frazer, Sir J. G., *ibid.*, pp. 923, 924.
(29) Frazer, Sir J. G., *ibid.*, p. 924.
(30) Frazer, Sir J. G., *ibid.*, p. 925.
(31) Frazer, Sir J. G., *ibid.*, p. 925.
(32) Frazer, Sir J. G., *ibid.*, p. 927.
(33) Frazer, Sir J. G., *ibid.*, p. 929.
(34) Frazer, Sir J. G., *ibid.*, p. 1.
(35) 『創世記』第二章八、九節。
(36) 同上書、第二章十五〜十八節。
(37) 同上書、第二章二十一〜二十三節。
(38) 同上書、第三章一〜二十四節。
(39) Fontana, D., *The Secret Language of Symbols: A Visual Key to Symbols and their Meanings* (Chronicle Books, 1993), p. 102.
(40) 『エフェゾ書』第一章七節。
(41) 『マテオ聖福音書』第二十七章二十九節。
(42) 同上書、第二十七章四十五、四十六節。
(43) 『ヨハネ聖福音書』第十九章三十四節。
(44) 『使徒行録』第二章二十二〜二十四節。

(45) 『マテオ聖福音書』第二十八章一〜八節。
(46) 『ヨハネ聖福音書』第二十章十四〜三十節参照。
(47) 『コリント前書』第十五章二十一、二十二節。
(48) 『ロマ書』第六章四、五節。
(49) 『ロマ書』第八章二十一節。
(50) 『コロサイ書』第一章十五〜二十二節。
(51) 『マラキア書』第四章二節。
(52) 『ペトロ前書』第二章、四、五節。
(53) 『ヨハネ聖福音書』第十四章六節。
(54) 同上書、第十章十一節。
(55) 同上書、第一章二十九節。
(56) 『イェレミア預言書』第二十三章五節。
(57) 『イザヤ書』第十一章一、二節。
(58) Fontana, D., *op. cit.*, p. 104.
(59) *ibid.*, p. 102.
(60) 『ヨハネ聖福音書』第四章二十四節。
(61) 『詩篇』第八十九篇二節。
(62) Eliade, M., *Traité d'histoire des religion* (Payot, Paris, 1987), p. 231.
(63) *ibid.*, p. 232.
(64) *ibid.*, p. 232.

(65) *ibid.*, p. 239.
(66) *ibid.*, p. 263.
(67) *ibid.*, p. 275.

第四章　「緑の木陰《こかげ》の緑の想念《おもい》」

(1) Shakespeare, W., *As You Like It*, III. ii. 242〜250.
(2) *ibid.*, III. ii. 276〜287.
(3) *ibid.*, III. ii. 1〜10.
(4) Shakespeare, W., *A Midsummer-Night's Dream*, II. i. 164.
(5) *ibid.*, III. ii. 96.
(6) Shakespeare, W., *As You Like It*, III. ii. 385.
(7) Marvell, A., "Ametas *and* Thestylis *making* Hay-Ropes", l. 3.
(8) Cohen, J. M., *The Baroque Lyric* (Hutchinson U. Library, 1963), p. 89.
(9) Marvell, A., "*Upon Appleton House, to my Lord* Fairfax", l. 561.
(10) Marell, A., *The Mower against Gardens.*, l. 4.
(11) Marvell, A., *To his Coy Mistress.*, l. 11.
(12) 『雅歌』第五章一節。
(13) Toliver, H. E., *Marvell's Ironic Vision* (Yale U. P., 1965), p. 123.
(14) Marvell, A., *The Coronet.*, ll. 13〜15.

(15) Marvell, A., *The Mower's Song.*, l. 26.
(16) Cirlot, J. E., *op. cit.*, pp. 26, 27.
(17) *ibid.*, p. 28.
(18) 『創世記』第二章一八節。
(19) Hyman, L. W., *Andrew Marvell* (Twayne Publishers, Inc., 1964), p. 65.
(20) Cotterell, A. & Storm, R., *op. cit.*, p. 51.
(21) Shakespeare, W., *The Sonnets*, No. 20, ll. 1, 2. 千足伸行訳。
(22) Marvell, A., *Upon Appleton House, to my Lord* Fairfax., ll. 601, 602.
(23) Virgil, *Aeneid*, VIII. ll. 314〜318, *Virgil II: Aeneid VII-XII, Appendix Vergiliana* with an English Translation by H. R. Fairclough, revised by G. P. Goold (Harvard U. P., 2000).
(24) Brosse, J., *Mythologie des arbres* (Édition Payot & Rivages pour l'édition de poche, 2001), pp. 105, 106.
(25) Fontana, D., *The Secret Language of Symbols: A Visual Key to Symbols and their Meanings* (Chronicle Books, 1993), p. 103.
(26) *ibid.*, p. 103.
(27) *ibid.*, p. 102.
(28) Scholem, G., *On the Kabbalah and Its Symbolism*, tr. by Manheim, R. (Schocken Books Inc., 1977).
(29) Marvell, A., *Upon Appleton House, to my Lord* Fairfax., ll. 561〜568.
(30) Dante Alighieri, *Paradiso*, can. XVIII, vv. 28〜33.
(31) *The Prose Edda* by Snovri Sturluson tr. from the Icelandic with an Introduction by Brodeur, A. G., Ph. D. (The American-Scandinavian Foundation, 1967), p. 21.

(32) Shakespeare, W., *King Lear*, III. iv. 112, 113.

(33) Fontana, D., op. cit., p. 102.

(34) 山下正男『植物と哲学』（中公新書、S.五二年）、六七～六九頁。

(35) Brosse, J., op. cit., p. 113.

(36) *ibid*., p. 114.

(37) 『カレワラ』（小泉保訳）（岩波書店）、六七～八八行。
The Kalevala or Poems of the Kalevala District, compiled by Elias Lönnrot, A Prose Translation with Foreword & Appendices by Francis Peabody Magoun, Jr. (Harvard U. P., 1963), p. 9.

(38) 『カレワラ』（同上）、一一一、一一二行、一三七～一四二行。
The Kalevala, op. cit., pp. 9, 10.

(39) 『カレワラ』（同上）、一七五～一九六行。
The Kalevala, ibid., pp. 10, 11.

(40) Cotterell, A. & Storm, R., *op. cit.*, pp. 252, 253.

(41) *ibid.*, p. 253.

第五章　「兄弟《はらから》なる太陽君」

(1) プラトン、「ティマイオス」（泉治泉訳）、『プラトン全集6』（山本光雄編集）（角川書店、一九七四年）、二七三頁。

(2) 同上書、二五五、二五六頁。

(3) 『創世記』第一章二十六～三〇節。

(4) San Francesco e Santa Chiara di Assisi, *Tutti gli Scritti*, Traduzione, introduzione e note di Luciano Canonici ofm. Induce analitico a cura di Giovanni Boccali ofm. (Edizioni Porziuncola, 2012), pp. 132, 133.

(5) Jacobus a Voragine, *Legenda aurea* Vulgo Historia Lombardica Dicta. (Recensuit de Th Graesse Dresden, 1890), p. 670.

(6) Shakespeare, W., *The Sonnets*, No. 64, l. 1.

(7) *I Fioretti di san Francesco*, Versione rivenduta da p. B. Bughetti, Note di Feliciano Olgiati, Prefazione di Claudio Leonardi (Citta Nuova Editrice, 1999), p. 72.

(8) *ibid.*, p. 73.

(9) *ibid.* p. 73.

(10) *ibid.*, p. 74.

(11) 『イザヤ書』 第十一章六～九節。

(12) *I Fioretti (op. cit.)*, pp. 127, 128.

(13) Horatius Flaccus, "Horati Epistularum", II. ii. 102, *Horatius Flaccus* (G. Freytag G. M. B. H., 1907).

(14) "To B. Bailey. 22 Nov. 1817", *Letters of John Keats*, ed. by Gittings, R. (O. U. P., 1970), p. 38.

(15) "To Richard Woodhouse, 27 October 1818", *Letters (ibid.)*, p. 157.

(16) 『ヨハネ聖福音書』 第十三章二十三節。

(17) Dante Alighieri, *Puratorio*, cant. II, vv. 91～94.

(18) 『マテオ聖福音書』 第十六章十五～十九章。

(19) 『ルカ聖福音書』 第十章三十八～四十二節。

(20) Keats, J., *Endymion*, Bk. I, l. 825.

(21) *ibid.*, ll. 826, 827.
(22) Chesterton, G. K., *Saint Thomas Aquinas and Saint Francis of Assisi* (Ignatius Press, 2002), p. 283.
(23) Shakespeare, W., *King Lear*, III. iv. 111〜114.
(24) Feuerstein, G., *Holy Madness: The Shock Tactics and Radical Teachings* (Arkana, New York, 1992), p. 10.
(25) *ibid.*, p. 13.
(26) Jacobus a Voragine, *op. cit.*, p. 665.
(27) *ibid.*, p. 667.
(28) 拙著『笛とたて琴――審美的想像力』（近代文芸社、二〇〇〇年）。
(29) Rodgers, J., & Ruff, W., "Kepler's Harmony of the World: A Realization for the Ear", *American Scientist*, vol. 67, May-June, 1979, pp. 287, 288.
(30) Keats, J., "Ode on a Grecian Urn", l. 11.
(31) Rodgers, J., & Ruff, W., *op. cit.* pp. 291, 292.
(32) Seay, A., *Music in the Medieval World* (Prentice-Hall, Inc., 1975), pp. 19, 20.
(33) 『創世記』第一章一〜二十七節。
(34) Steiner, R., *Cosmic Memory* tr. from the German by Zimmer, K. (Harper & Row, Publishers, 1981), p. 102.
(35) A. E., *The Candle of Vision* (Macmillan & Co., Ltd., 1919), p. 153.
(36) *Hermès Trismégiste: Corpus Hermeticum*, Tome II, Texte établi par A. D. Nock, Traduit par A. J. Festugière (Société d'édition Les Belles Lettres, 2008), p. 200.
(37) *ibid.*, p. 208.
(38) 拙著『眩《まばゆ》い闇《やみ》――宗教的想像力』（朝日出版社、二〇一三年）

(39) *The Works of Henry Vaughan*, ed. by L. C. Martin (O. U. P., 1963), p. 177.
(40) *The Works of Thomas Vaughan: Mystic and Alchemist*, ed. by Waite, A. E., new foreword by Rexroth, K. (University Books Inc., 1968), p. 84.
(41) *Hermès Trismégiste* (*op. cit.*), p. 248.
(42) Clementis Alexandrini, *Protrepticus*, ed. by Marcovich, M. (E. J. Brill, 1995)
(43) Rolle, R., *The Fire of Love*, tr. from the original *Incendium Amoris* into Modern English by Wolters, C. (Penguin Books Ltd., 1981), p. 93.
(44) *ibid.*, p. 96.
(45) *ibid.*, p. 114.
(46) *ibid.*, p. 169.
(47) *ibid.*, p. 147.
(48) *ibid.*, p. 145.
(49) Keats, J., "Ode on a Grecian Urn", l. 14.
(50) ホメーロス『オデュッセイアー』（呉茂一訳）（岩波文庫、一九八四年）、第二十二書三四六、三四七行。
(51) Keats, J., "Faery Bird's Song", ll. 6, 7.
(52) Jacobus a Voragine, *op. cit.*, p. 670.
(53) 『マテオ聖福音書』第七章十二節。
(54) 拙著『笛とたて琴——審美的想像力』（近代文芸社、二〇〇〇年）。
拙著『死の舞踏——倫理的想像力』（近代文芸社、二〇〇六年）。
拙著『眩《まばゆ》い闇《やみ》——宗教的想像力』（朝日出版社、二〇一三年）。

第六章　歌う鳥

(1) 辻惟雄『奇想の系譜』（美術出版社、昭和四十七年）、六十四頁参照。
(2) 辻惟雄『若冲』（美術出版社、昭和四十九年）、一九七頁。
(3) 静岡県立美術館編集『異彩の江戸美術・仮想の楽園』（「仮想の楽園」展実行委員会、一九九七年）、一一〇頁。
(4) 榊原紫峰『花鳥画を描く人へ』（中央美術社、大正十三年）、九頁。
(5) Eliade, M., *Mythe, rêve et mystères* (Édition Gallimard, 1957), p. 80.
(6) *ibid.*, p. 86.
(7) *ibid.*, p. 86.
(8) *ibid.*, p. 89.
(9) *ibid.*, p. 88.
(10) 『コリント後書』第一章一〜四節。
(11) Eliade, M., *op. cit.*, p. 92.
(12) 第三章注(35)、注(36)参照。
(13) 『創世記』第二章九節。
(14) 同上書、第二章十節。
(15) *Collins Gem Dictionary of the Bible* (William Collins Sons & Co. Ltd. 1964), pp. 437, 438.
(16) Milton, J., *Paradise Lost*, Bk. IV, ll. 206〜247.
(17) 『創世記』第一章二十六節。

(18) Milton, J., *op. cit.*, Bk. IV, ll. 288〜295.
(19) *ibid.*, Bk. IV., ll. 323, 324.
(20) *ibid.*, Bk. IV., l. 339.
(21) *ibid.*, Bk. IV., ll. 340〜352.
(22) Dante Alighieri, *Paradiso*, cant. I, vv. 61〜63.
(23) *ibid.*, cant. X, vv. 40〜45.
(24) *ibid.*, cant. XXX, v. 19.
(25) *ibid.*, cant. XXX, v. 61.
(26) *ibid.*, cant. XXX, v. 49.
(27) *ibid.*, cant. XXX, vv. 40〜42.
(28) Dante Alighieri, *Purgatorio*, cant. XXVIII, vv. 1〜21.
(29) *ibid.*, cant. XXVIII, vv. 127〜132.
(30) *ibid.*, cant. XXXIII, vv. 142〜145.
(31) Kerényi, K., *Die Mythologie der Griechen* (Deutschen Taschenbuch Verlag GmbH & Co. KG, München, 1966) Bd. I, S. 62.
(32) Spenser, E., *Faerie Queene*, Cant. VI, st. 29〜 st. 33.
(33) *ibid.*, Cant. VI, st. 48, l. 8.
(34) *ibid.*, Cant. VI, st. 48, ll. 1, 2.
(35) 拙著『カンタベリー日記』（丸善出版サーヴィスセンター、一九八一年）、八四〜八七頁。
(36) Morris, W., "April", St. 2, ll. 1〜4.

(37) Morris, W., "The Earthly Paradise", st. 5.
(38) Kerényi, K., *op. cit.* Bd. I, S. 90.
(39) Coleridge, S. T., "*Kubla Khan*".
(40) Keats, J., "Faery Bird's Song", ll. 6, 7.
(41) Keats, J., "Ode to a Nightingale", ll. 1～10.
(42) *ibid.*, l. 33.
(43) 拙著『笛とたて琴——審美的想像力』（近代文芸社、二〇〇〇年）。
拙著『死の舞踏——倫理的想像力』（近代文芸社、二〇〇六年）。
拙著『眩《まばゆ》い闇《やみ》——宗教的想像力』（朝日出版社、二〇一二年）。

(44) Keats, J., *cp. cit.*, l. 80.
(45) Keats, J., "Ode on a Grecian Urn", l. 49.
(46) Keats, J., *Endymion*, Bk. I, l. 607.
(47) "To Fanny Keats, 10 sept. 1817", *Letters of John Keats* ed. by Gittings, R. (O. U. P., 1987), p. 18.
(48) Keats, J., *Endymion*, Bk. I, l. 1.
(49) Kerényi, K., *op. cit.*, Bd. I, SS. 156, 157.
(50) Keats, J., *op. cit.*, Bk. I, l. 235.
(51) *ibid.*, Bk. I, l. 246.
(52) *ibid.*, Bk. I, ll. 288, 289, 293～302.
(53) Kerényi, K., *op. cit.*, Bd. I, SS. 138, 139.
(54) Keats, J., *op. cit.*, Bk. IV, ll. 772, 773.

(55) *ibid*., Bk. III, ll. 170～173.

(56) *ibid*., Bk. I, ll. 797～800.

(57) *ibid*., Bk. II, ll. 894, 895.

(58) Keats, J., *Hyperion. A Fragment*, Bk. II, ll. 228, 229.

(59) Keats, J., *Endymion*, Bk. II, ll. 211～213.

(60) “To J. H. Reynolds, 3 May 1818”, *Letters of John Keats*, ed. by Gittings, R. (O. U. P., 1987), p. 95.

(61) Lahey, G. F., S. J., *Gerard Manley Hopkins*, (O. U. P., 1930), p. 72.

(62) Keats, J., “Sleep and Poetry”, ll. 122～125.

(63) “To J. H. Reynolds, 3 May 1818”, *Letters of John Keats*, ed. by Gittings, R. (O. U. P., 1987), p. 93.

(64) Keats, J., “The Fall of Hyperion. A Dream”, ll. 189, 190.

(65) 注(60)参照。

(66) 第一章、注(51)参照。

(67) “To Benjamin Bailey, 22 Nov. 1817”, Letters of John Keats, ed. by Gittings, R. (O. U. P., 1987), p. 37.

(68) Keats, J., “Ode on a Grecian Urn”, l. 44.

(69) 注(67)参照。

(70) “To J. H. Reynolds, 18 April 1817”, *Letters of John Keats*, ed. by Gittings, R. (O. U. P., 1817), p. 7.

第七章　歌人《うたびと》の中の歌人《うたびと》

(1) 手塚治虫、「万引き犬（Thieving Dog）」、『ブラック・ジャック』4。

(2)『ブラック・ジャック』2。
(3)同上書、7。
(4)同上書、7。
(5)同上書、7。
(6)同上書、7。
(7)同上書、10。
(8)同上書、11。
(9)同上書、3。
(10)同上書、5。
(11)同上書、6。
(12)「鶴の恩返し」、『水窪《みさくぼ》のむかしばなし』(二本松康広監修)(三弥井書店、二〇一五年)、一五頁。
(13)「雀《すずめ》の報恩の事」、『宇治拾遺物語・十訓抄』(日本の古典をよむ15)(小学館、二〇〇七年)、第48話巻三ノ一六。
(14)同上書、七〇頁。
(15)同上書、七〇頁。
(16)同上書、七一頁。
(17)同上書、七二頁。
(18)「蜂の恩返し」、『宇治拾遺物語・十訓抄』(日本の古典をよむ15)(小学館、二〇〇七年)、「十訓抄」一ノ六。
(19)同上書、一三三頁。
(20)「浦島太郎」、『讃岐の民話』(武田明編)(未来社、二〇一五年)。
(21)柳田国男、「亀恩を知る」、『海南小記』(角川書店、昭和四十年)。

(22) 「亀を買ひて放つ事」、『宇治拾遺物語』 巻第十三、四。

(23) No. 264 “Un bien con un mal se paga”, *Cuentos Populares Españoles*, por Espinosa, A. M. (Consejo Superior de Investgaciones Cientificas, 1946), Tomo Primo, p. 607.

(24) Ovidius, P. N., *Ovid: Metamorphoses* with an English translation by Frank Justus Miller (The Loeb Classical Library) (William Heinemann Ltd., 1964), Bk. XV. ll. 626, 627.

(25) *ibid.*, Bk. XV. ll. 669〜672.

(26) *C. Plini Secvndi: Naturalis Historiae*, Intervm Edidit Carolvs Mayhoff, vol. 2, *Libri VII-XV* (B. G. Teubner, Stuttgart, 1986), VIII-17 (22), p. 99.

(27) *ibid.* p. 99.

(28) *ibid.*, p. 99.

(29) Kipling, R., *The Jungle Books* (Signet Classics, Published by the Penguin Group, 1961).

(30) *ibid.*, p. 8.

(31) *ibid.*, p. 8.

(32) *ibid.*, p. 10.

(33) *ibid.*, p. 10.

(34) *ibid.*, p. 12.

(35) *ibid.*, p. 12.

(36) *ibid.*, p. 12.

(37) *ibid.*, p. 13.

(38) *ibid.*, p. 24.

(39) 「五色の鹿の事」、『宇治拾遺物語』（日本古典文学全集50）（小学館、二〇〇三年）、巻第七。
(40) 同上書、二三四頁。
(41) 同上書、二三四頁。
(42) 同上書、二三四頁。
(43) 同上書、二三四頁。
(44) 同上書、二三五頁。
(45) 同上書、二三五頁。
(46) 同上書、二三五頁。
(47) 同上書、二三六頁。
(48) 同上書、二三六頁。
(49) 同上書、二三六、二三七頁。
(50) 同上書、二三七頁。
(51) 同上書、二三七頁。
(52) 同上書、二三七頁。
(53) 同上書、二三七頁。
(54) 同上書、二三四頁。
(55) 同上書、二三七頁。
(56) Lorenz, K., *Er redete mit den Vieh, den Vögeln und den Fischen* (Deutscher Taschenbuch Verlag GmbH & Co. KG, 1983), S. 18.
(57) *ibid.*, S. 18.

(58) 第六章、注(5)参照。
(59) Lorenz, K., *op. cit.*, S. 20.
(60) *ibid.*, S. 20.
(61) *ibid.*, S. 114.
(62) Lorenz, K., *So kam der Mensch auf den Hund* (Deutscher Taschenbuch Verlag, 1965), S. 100.
(63) *ibid.*, S. 118.
(64) *ibid.*, S. 118.
(65) *ibid.*, S. 119.
(66) *ibid.*, S. 132.
(67) *ibid.*, SS. 132, 133.
(68) *ibid.*, S. 133.
(69) 写真十九、参照。
(70) Lorenz, K., *op. cit.*, S. 82.
(71) *ibid.*, S. 83.
(72) *ibid.*, S. 83.
(73) *ibid.*, S. 89.
(74) *ibid.*, SS. 90, 91.
(75) *ibid.*, S. 90.
(76) *ibid.*, S. 119.
(77) *ibid.*, S. 119.

(78) Lorenz, K., *Er redete mit den Vieh, den Vögeln und den Fischen* (Deutscher Taschenbuch Verlag GmbH & Co. KG, 1983), S. 166.

(79) *ibid.*, S. 167.

(80) *ibid.*, SS. 172, 173.

(81) *ibid.*, SS. 173, 174.

(82) *ibid.*, S. 93.

(83) Lorenz, K., *So kam der Mensch auf den Hund* (Deutscher Taschenbuch Verlag, 1965), S. 143.

(84) *ibid.*, S. 143.

(85) Lorenz, K., *Er redete mit den Vieh, den Vögeln und den Fischen* (Deutscher Taschenbuch Verlag GmbH & Co. KG, 1983), S. 123.

(86) Lorenz, K., *So kam der Mensch auf den Hund* (Deutscher Taschenbuch Verlag, 1965), S. 142.

(87) *ibid.*, SS. 142, 143.

(88) Lorenz, K., *Er redete mit den Vieh, den Vögeln und den Fischen* (Deutscher Taschenbuch Verlag GmbH & Co. KG, 1983), S. 123.

(89) *ibid.*, S. 123.

(90) Lorenz, K., So kam der Mensch auf den Hund (Deutscher Taschenbuch Verlag, 1965), S. 25.

(91) *ibid.*, S. 20.

(92) *ibid.*, S. 20.

(93) *ibid.*, S. 20.

(94) *ibid.*, S. 21.

(95) *ibid.*, S. 21.

(96) *ibid.*, S. 22.

(97) *ibid.*, S. 22.

(98) *ibid.*, S. 23.

(99) *ibid.*, S. 23.

(100) *ibid.*, S. 23.

(101) *ibid.*, S. 24.

(102) Lorenz, K., *Er redete mit den Vieh, den Vögeln und den Fischen* (Deutscher Taschenbuch Verlag GmbH & Co. KG, 1983), S. 103.

(103) *ibid.*, S. 104.

(104) *ibid.*, S. 55.

(105) *ibid.*, S. 55.

(106) *ibid.*, S. 22.

(107) 拙著『笛とたて琴――審美的想像力』（近代文芸社、二〇〇〇年）参照。

(108) Hearn, L., "The Story of Kwashin Koji", *Shadowings and A Japanese Miscellany* (Houghton Mifflin Co., 1923), p. 219.

(109) 『五代目古今亭志ん生全集』第一巻（川戸貞吉、桃原弘編）（弘文出版、昭和五十二年）。

(110) 同上書、二〇一頁。

(111) 同上書、二〇三頁。

(112) 同上書、二〇五頁。

(113) 同上書、二〇五頁。

(114) 同上書、二〇六頁。

(115) A. E., *The Candle of Vision* (Macmillan & Co. Ltd., 1919), pp. 157, 158.

(116) *ibid.*, pp. 153, 154.

(117) *ibid.*, p. 153.

写真の出典

写真一：Haeckel, E., *Kunstformen der Natur* (marixferlag GmbH, Wiesbaden 2009), S. 71, Tafel 31.

写真二：*ibid.*, S. 99, Tafel 41.

写真三：*ibid.*, S. 91, Tafel 38.

写真四：*ibid.*, S. 21, Tafel 8.

この図版は、"Discomedusae"と表示されているが、これは、古い分類群の名称で、現在では、使用されていない。現在の学名は、"Cyanea nozakii"（ユウレイクラゲ）である。これに関しては、東海大学自然史博物館の柴正博氏に御教示を戴いた。

写真五：Antonio del Pollaiuolo, *Apollo and Daphne*, National Gallery, London. cf. Wright, A., *The Pollaiuolo Brothers: The Arts of Florence and Rome* (Yale U. P., 2005), Plate 68.

写真六：Domenico di Michelino, "Ritratto di Dante Alighieri, la citta di Firenze e l'allegoria della *Divina Commedia*", Firenze. Cathedrale di Santa Maria del Fiore.

写真七：Cotterell, A. & Storm, R., *The Ultimate Encyclopedia of Mythology* (Southwater, an imprint of Anness Publishing Ltd., 2012), p. 99.

写真八：*ibid.*, p. 117.

写真九：Fontana, D., *The Secret Language of Symbols: A Visual Key to Symbols and their Meanings* (Chronicle Books, 1993), p. 103.

写真十：*ibid.*, p. 102.

写真十一：*ibid.*, p. 103.

写真十二：*ibid.*, p. 103.

写真十三：*ibid.*, p. 102.

写真十四：Cotterell, A. & Storm, R., *The Ultimate Encyclopedia of Mythology* (Southwater, an imprint of Anness Publishing Ltd., 2012), p. 249.

写真十五：Fontana, D., *op. cit.*, p. 102.

写真十六：Cotterell, A. & Storm, R., *op. cit.*, p. 253.

写真十七：Pleynet, M., *Giotto* (Édition Hazan, Paris, 2013), p. 147.

写真十八：静岡県立美術館編集『異彩の江戸美術・仮想の楽園』（「仮想の楽園」展実行委員会、一九九七年）、三四〜三七頁。

写真十九：Selz, Jean, *La vie et l'oeuvre de Albrecht Dürer* (ACR Édition Internationale, Courbevoie, (Mame Imprimeurs à Tours, 1988), p. 179.

著者紹介

奥田裕子（おくだ　ひろこ）
1940年生まれ。
東京都立大学大学院人文科研究科修士課程修了。
英文学専攻。
静岡大学助教授、静岡大学教授を経て、
現在、静岡大学名誉教授。

著　書
『カンタベリー日記』、『笛とたて琴―審美的想像力―』（近代文芸社）、
『死の舞踏―倫理的想像力―』（近代文芸社）
『眩い闇』（朝日出版社）

論　文
形而上詩人論多数。

翻　訳
共訳『小泉八雲作品集』（河出書房新社）、
『ラフカディオ・ハーン著作集』（恒文社）、他。

歌人《うたびと》の中の歌人《うたびと》

2018 年 2 月22日　初版第 1 刷発行

著　　者　奥田裕子《おくだひろこ》

発 行 者　原　雅久
発 行 所　株式会社　朝日出版社
101-0065 東京都千代田区西神田 3-3-5
電話 (03) 3263-3321 (代表)
D T P　株式会社フォレスト
印　　刷　協友印刷株式会社

ISBN978-4-255-01037-3 C0082